Janka Oertel
Ende der China-Illusion

JANKA OERTEL

ENDE DER CHINA-ILLUSION

Wie wir mit Pekings Machtanspruch umgehen müssen

PIPER

Mehr über unsere Autorinnen, Autoren und Bücher:
www.piper.de

Inhalte fremder Webseiten, auf die in diesem Buch (etwa durch Links) hingewiesen wird, macht sich der Verlag nicht zu eigen. Eine Haftung dafür übernimmt der Verlag nicht. Wir behalten uns eine Nutzung des Werks für Text und Data Mining im Sinne von § 44b UrhG vor.

ISBN 978-3-492-05815-5
© Piper Verlag GmbH, München 2023
Satz: Eberl & Koesel Studio, Kempten
Gesetzt aus der Minion Pro
Litho: Lorenz & Zeller, Inning am Ammersee
Druck und Bindung: GGP Media GmbH, Pößneck
Printed in Germany

Für Lotte und Eddie, meine weltbeste Bestgang

»Was Menschen glauben, ist im Wesentlichen das, was sie glauben wollen. Sie kultivieren Illusionen aus Idealismus – und Zynismus. Sie folgen ihren eigenen Visionen, weil dies ihre religiösen Sehnsüchte befriedigt und weil es nützlich ist. Sie suchen nach Überzeugungen, die ihre Seele erheben und ihre Bäuche füllen können. Sie glauben aus Großzügigkeit und weil es ihren Interessen dient. Sie glauben, weil sie dumm sind und weil sie schlau sind. Sie glauben, um zu überleben.«[1]

Simon Leys, 1989

Inhalt

Vorwort   11

Einleitung: Warum unsere Annahmen auf den Prüfstand müssen   19

1 Die Partei ist kein Stabilitätsanker, sondern ein Risikofaktor   34

2 Die kommunistische Führung setzt auf wirtschaftliche Dominanz   80

3 Chinas Führung will das transatlantische Bündnis schwächen   109

4 Chinas Militär strebt nach globaler Macht   146

5 China ist kein Partner beim globalen Klimaschutz   188

6 Willkommen im Systemwettbewerb   214

7 Realpolitik für Krisenzeiten   246

Dank   272

Literaturempfehlungen   277
Anmerkungen   280
Register   299

Vorwort

In der deutschen außenpolitischen Forschung war es lange gute Sitte, eine gewisse Distanz zur Politik zu wahren, eigentlich zum Tagesgeschehen im Allgemeinen. Sogar im Bereich der politiknahen Forschung in den Berliner Denkfabriken war es mit wenigen Ausnahmen üblich, auf Haltungsnoten für Entscheidungsträger:innen zu verzichten und sich wahlweise auf die großen Linien oder die kleinsten Details zu konzentrieren. Außenpolitische Arbeitsteilung hieß: Journalist:innen sollten die bohrenden Fragen stellen, Menschenrechtler:innen, Klimaschützer:innen und andere Aktivist:innen dem Bohren den nötigen gesellschaftlichen Nachdruck verleihen. Die Wissenschaft allerdings, die sollte eine gewisse Neutralität und Besonnenheit ausstrahlen. Denn Besonnenheit ist ein Attribut, auf das man in Deutschland stolz ist – und das nicht erst, seit Bundeskanzler Scholz es zu seinem Markenzeichen gemacht hat. Auf dem hohen Ross oder geschützt im Elfenbeinturm ist die Aussicht zudem besser, und so war es dort jahrelang recht kommod. Aber was macht die Wissenschaft, wenn sie sieht, dass die Politik im eigenen Forschungsfeld mit hoher Geschwindigkeit gegen eine Wand zu fahren droht?

Dann können Forscher:innen tun, was man eben so tut: Von der Seitenlinie kommentieren, dass Gefahr droht, dass man zum Umsteuern raten würde, dass es schon sinnvoll wäre, zu schauen, ob da nicht irgendwo eine Bremse oder gar ein Rückwärtsgang vorhanden sei, vielleicht können Forscher:innen sogar klug kartografieren, wo genau Abzweigungen wären, die man wählen könnte, um einen besonders harten Aufprall zu verhindern. Zusätzlich könnte man sich in der Wissenschaft schon einmal daranmachen, zu beschreiben, wie viele Knochen wahrscheinlich gebrochen werden, zu berechnen, wie hoch die Wahrscheinlichkeit ist, dass es zum tödlichen Ende kommt, und sich über Aufräumszenarien nach dem Aufprall Gedanken machen. Es ist dann immer einen Versuch wert, all dies sanft an diejenigen, die am Steuer sitzen, zu kommunizieren, ihnen die Misslichkeit der Lage und die Dringlichkeit einer Kurskorrektur darzulegen, mit einem Höchstmaß an Besonnenheit. Aber wenn all das nicht hilft, wenn auch mit Nachdruck vorgetragene Einwände lange ohne Resonanz verhallen? Dann ist ein wenig Aktivismus wahrscheinlich das Mindeste, was man von der Forschungslandschaft erwarten kann.

Das Bild vom drohenden Crash in der China-Politik soll nicht überstrapaziert werden, aber die geopolitische Lage, vor der sich die Bundesrepublik wiederfindet, ist ernst – und die Wissenschaft ist ganz schön aktiv geworden. Das gefällt zwar nicht jedem, aber es ist gut so. Denn was es jetzt braucht, ist Debatte, Streit und viele kluge Köpfe. Denn eine Kurskorrektur im Umgang mit China und den Folgen der Rolle Chinas in der Welt ist möglich.

Seit mehr als fünfzehn Jahren widme ich mich China in unterschiedlicher Art und Weise. Landläufig wird mein Beruf als »China-Expertin« bezeichnet, aber kann man überhaupt Expertin für etwas so Komplexes wie »China«

sein? Und selbst wenn, kann man es auch dann noch bleiben, wenn man jahrelang nicht in die Volksrepublik einreisen konnte? Diese Fragen stellen sich derzeit viele Kolleg:innen in unserem Forschungsfeld.

Ich bevorzuge deshalb den Begriff der »China-Beobachterin«, denn er beschreibt am besten, was derzeit zu leisten ist. Die chinesische Führung macht zwar nicht einmal das Beobachten leicht, aber das hindert uns nicht daran, zu hinterfragen, zu besprechen, zu diskutieren und zu durchdenken, was wir lesen, sehen und hören können. Nach drei Jahren durch die Pandemie erzwungenermaßen nur mittelmäßigen Dialogs am Bildschirm ist es zudem endlich wieder möglich, mit chinesischen Forscherkolleg:innen, Regierungsvertreter:innen oder Militärs in direkten Kontakt zu treten. Es bleibt eine Annäherung, ein Prozess, bei dem ständig Neues und Unerwartetes passiert und der deshalb wahnsinnig spannend ist.

China-Forschung war einmal ein Orchideenfach. So nannte man an der Universität diese seltenen und seltsamen Pflänzchen, die sich dem Reich der Mitte, seiner Sprache und Kultur widmeten. Hübsch anzuschauen, aber auch irgendwie ein bisschen nutzlos. Wir saßen im Institut für Orientalistik neben den Islamwissenschaftler:innen und fristeten ein recht unspektakuläres Nischendasein. Inzwischen ist China überall und China-Forschung wichtiger denn je. Genauso wichtig ist es, China nicht mehr als regionalwissenschaftliches Phänomen zu betrachten, sondern als globale Frage und gesamtgesellschaftliche Herausforderung. Ohne Panikmache, aber mit Mut und Sinn für Details und immer in enger Zusammenarbeit mit anderen Disziplinen.

Als China-Beobachter:innen können wir nicht beschreiben, welche Herausforderung ein chinesischer Telekommunikationskonzern für die Netzwerksicherheit darstellt, ohne die technologische Dimension des Ganzen zu verstehen; wir können die Folgen der Coronapandemie für China nicht bewerten, ohne die Einschätzungen von Gesundheitsexpert:innen zu konsultieren; wir können die Fortschritte Chinas bei der Energiewende nicht einordnen, ohne in engem Austausch mit Klimaexpert:innen zu sein. Die Entwicklungen sind rasant und manchmal überwältigend: Halbleiter, digitale Währung, Seltene Erden, ein Taiwan-Invasionsszenario oder die Kreditvergabe chinesischer Banken an Entwicklungsländer – das, was zu wissen notwendig ist, ist immer umfangreicher und vielfältiger geworden.

Die Stärkung der China-Expertise, wie es die Bundesregierung im Koalitionsvertrag[2] vorsieht, ist wichtig. Zu glauben, dass allein Sprachkenntnis und Landeskunde einem ermöglichen, ein so facettenreiches Phänomen zu erklären, wäre allerdings unfassbar vermessen. Vielmehr gilt es momentan, zu fragen, sich zu wundern, zu verknüpfen, nachzuhaken, zuzuhören und gemeinsam einen neuen Zugang zu finden – mit Wirtschaftsvertreter:innen, Politiker:innen, Wissenschaftler:innen, Lehrer:innen, Kulturschaffenden und Ingenieur:innen. Keine der großen Fragen, vor denen wir in Deutschland stehen, wird künftig beantwortet werden können, ohne sich viel intensiver und breiter mit Chinas Politik, Wirtschaft und Gesellschaft auseinanderzusetzen.

Es geht um eine neue China-Politik und eine neue »Weil China so ist, wie es derzeit ist«-Politik. Zwischen panikgetriebenen Schreckensszenarien und gleichgültigem »Weiter wie bisher« liegt dabei viel Spielraum. Diesen gilt es aktiv auszuloten. Leider haben wir es uns insbesondere in Deutschland ein wenig zu gemütlich eingerichtet in dem Glauben, wir könnten doch so vieles ohnehin nicht beeinflussen, und der gleichzeitigen Überzeugung, es würde trotzdem schon alles irgendwie gut gehen. Zumindest für uns. Doch Russlands Invasion in die Ukraine hat ganz Europa schmerzhaft vor Augen geführt, dass Interdependenz schnell auch einseitige Abhängigkeit bedeuten kann, wenn die Ziele der Kooperationspartner nicht mit den eigenen übereinstimmen. Der Angriffskrieg hat uns gezeigt, wie wenig man sich auf Absprachen mit autoritären Staaten und totalitären Herrschern verlassen kann. Zu glauben, dies wäre mit Blick auf China wesentlich anders, ist bestenfalls leichtsinnig und empirisch betrachtet schon jetzt Unsinn.

Sich von dieser komfortablen Realität zu verabschieden, fällt schwer. Um sich wohler zu fühlen, wird gerade in Politik und Wirtschaft deshalb gern auf allgemeine Weisheiten zurückgegriffen, die trotz all der Veränderungen, die zu beobachten sind, vermeintlich unumstößliche Realitäten beschreiben: »China ist anders als Russland«[3] oder »China ist viel abhängiger von Europa als umgekehrt«,[4] und damit ein Verharren in einem unbefriedigenden intellektuellen Vakuum zementieren. Es gibt einen Diskurs in Elitenzirkeln, und es gibt die eine oder andere aufgeregt hitzige öffentliche Diskussion, die dann auch mal die Boulevardzeitungen erreicht, wenn es um die Beteiligung chinesischer Konzerne an Hafenterminals oder Mobilfunknetzwerken geht. Aber das Interesse verfliegt schnell. Wen interessiert es schon, wenn zunächst eben doch mehr als die Hälfte des neuen 5G-Zugangsnetzes mit chinesischer Technologie ausgebaut wird oder ob Anteile an einem

Hafenterminal am Ende dann wirklich an ein chinesisches Staatsunternehmen verkauft werden oder nicht?

Die Auseinandersetzung mit den unmittelbaren Herausforderungen für die europäische Sicherheitsordnung aufgrund des russischen Überfalls auf die Ukraine stehen derzeit im Zentrum der politischen Aufmerksamkeit. Aber es lässt sich immer weniger ignorieren, dass der Umgang mit China unter der Führung von Staats- und Parteichef Xi Jinping und die weltweiten Folgen der wachsenden Macht Pekings das zweite große Thema neben dem Klimawandel sind, dem wir uns in Deutschland und Europa in diesem Jahrzehnt stellen müssen. Weil wichtige Richtungsentscheidungen jetzt anstehen und weil die Kosten des Nichthandelns größer werden.

Die chinesische Führung unter Xi stellt mit alternativen globalen Ordnungsvorstellungen, Missachtung individueller Rechte und subventionsgetränktem Staatskapitalismus Deutschlands wirtschaftliches und damit auch sein gesellschaftliches und politisches Fundament infrage. Wir können zwar die möglichen Konsequenzen jetzt schon beschreiben, aber eben noch nicht wirklich spüren. In dieser Hinsicht ähneln sich die Herausforderungen China und Klimawandel. Der systemverändernde Effekt, der nicht unmittelbar disruptiv, sondern langsam, aber fundamental daherkommt, stellt politisch immer eine größere Aufgabe dar als eine akute Krisensituation, weil es stets ein dringlicheres Problem geben wird, weil sich vorausschauende Politik so schwer erklären und verkaufen lässt und weil sie bei der nächsten Wahl auch eher nicht belohnt wird. Genau deshalb ist es dann oft der kurzfristige Nutzen kurzsichtiger Entscheidungen, der in der Abwägung der Prioritäten gewinnt.

Es gibt keine breite gesellschaftliche Debatte über Deutschlands künftigen Umgang mit Xi Jinpings China. Noch nicht. Da ist keine »Dienstags für die Demokratie«-Bewegung, kein breiter Diskurs auf kommunaler Ebene. Dabei geht es bei den Herausforderungen, vor die Peking uns stellt, um nicht weniger als die künftige Gestaltung des deutschen Wirtschafts- und Gesellschaftsmodells. Es geht um die Frage, mit wem wir wie international zusammenarbeiten können, wie China- und Klimapolitik zusammengehen, wie wir dazu beitragen können, einen weiteren militärischen Konflikt zu verhindern. Es geht um Macht- und Wohlstandsverteilung. Es geht um richtig viel.

Dieses Buch soll einen Beitrag zur Debatte leisten und die Dinge, die sich in China und durch die Politik der chinesischen Führung in der Welt verändern, erklären und beleuchten. Dabei soll es Neugier wecken für das, was da vorgeht in einem Land, das mit aller Macht auf die Weltbühne und in die Vorstandsetagen drängt. Es soll kein künstliches Feindbild aufbauen, sondern Widersprüche aufzeigen, auf lauernde Gefahren hinweisen und die Chancen darlegen, die eine Kurskorrektor mit sich bringen könnte.

Dieses Buch hat eine politische Botschaft, einen wissenschaftlichen Kern – und eine Portion Menschlichkeit. Denn letztlich werden hier wie in China Politik und Wissenschaft von Menschen gemacht, Individuen mit unterschiedlichen Hintergründen und oft mit einer eigenen Logik, einem eigenen Bild von der Wirklichkeit, die einen umgibt, und den Handlungszwängen, die daraus erwachsen.

Dieses Buch ist gleichzeitig das Angebot für den Start einer breiten Diskussion, die Deutschland jetzt dringend braucht – eine Debatte ohne Wunschdenken und Illusionen. Die Beschäftigung mit dem Umgang mit China ist immer auch eine Auseinandersetzung mit uns selbst, über die Frage, wer wir sind und wer wir sein wollen – zwischen moralischem Anspruch, wirtschaftlichen Begehrlichkeiten und politischer Realität.

Einleitung:
Warum unsere Annahmen auf den Prüfstand müssen

Die Geschichte der europäisch-chinesischen Beziehungen ist eine Erzählung mit Höhen und Tiefen. Gerade für Deutschland war die Zusammenarbeit mit China in den letzten dreißig Jahren eine echte Erfolgsstory: Deutschlands Wirtschaft hat unheimlich von Chinas Aufstieg profitiert und ihn gleichzeitig befördert. Er hat uns reicher gemacht und resilienter gegenüber den kleinen und großen Krisen, die uns begegnet sind. Auch wegen des florierenden China-Geschäfts war Deutschland in der Lage, die Rolle eines finanziell potenten Stabilitätsankers in Europa zu spielen – von der Eurokrise bis zur Coronapandemie.

Das Gute am China-Geschäft war das hohe Maß an Komplementarität. Einfach ausgedrückt bedeutete dies: China brauchte Kapital, Technologie und Innovation; deutsche Konzerne brauchten günstige Produktionsmöglichkeiten und neue Märkte. Das passte hervorragend zusammen. Und tatsächlich: Deutsche Autos, deutsche Maschinen und deutsche Chemieprodukte verkauften sich brillant in China. Wenn die Grundlage der Modernisierung Chinas der Aufbau einer eigenen Industriebasis war, dann lieferte Deutschland dafür die Bauteile. Wie es einmal ein ehemaliger Geschäftsführer eines deutschen Mittelständlers zu mir sagte: »Wir kamen überhaupt nicht hinterher zu produzieren, so rasant wuchs der Bedarf in China. Da brauchtest du keine Werbung und kein Marketing. Einfach nur rausgehauen haben wir die Produkte. Was wir nur konnten.« Die zweistelligen Wachstumszahlen des chinesischen Marktes, vor allem in den 1990er- und frühen 2000er-Jahren, schufen ein Klima der ungeahnten Möglichkeiten. Deutsche Konzerne waren wie im Rausch. Mehr China. Mehr Markt. Mehr Gewinne. Mehr, mehr, mehr ...

Deutschland verlor dabei – anders als die USA – nur wenige Jobs nach China und auch nicht die eigene industrielle Basis. Ein Konzern wie Volkswagen produzierte nicht günstig in China, um dann in Wolfsburg Arbeitsplätze abzubauen. Der Kuchen wurde einfach immer größer.[1] Für Europa in Europa, für China in China wurden so immer mehr Autos verkauft. Mehr als so mancher Ingenieur des Traditionskonzerns vielleicht je zu träumen gewagt hatte. Deshalb haftete dem China-Geschäft in der breiten deutschen Öffentlichkeit auch kaum negativer Beigeschmack an. Solange die Kanzlerin bei ihren insgesamt zwölf China-Reisen immer die Menschenrechtslage ansprach, war für viele Bundesbürger:innen alles in Ordnung. Für Jahrzehnte schien es zu stimmen, dieses *win-win*, von dem die chinesische Führung immer sprach. Alle konnten sich als Gewinner fühlen.

In jüngster Zeit allerdings ändert sich die Stimmung zunehmend. Es sind Brüche aufgetreten. Und dabei ist es bemerkenswert, dass der erste wirklich laute Weckruf gerade aus der deutschen Wirtschaft kam. Noch verwunderlicher ist es, dass es ausgerechnet der Bundesverband der Deutschen Industrie (BDI) war, der die Botschaft in der Breite zur Diskussion stellte. Der BDI steht selten im Verdacht, revolutionäre Umstürze anzuzetteln, gehört er doch eigentlich eher zum konservativen Spektrum des deutschen Verbandswesens. Aber im Januar 2019 war es ein Positionspapier[2] ebendieser Organisation, das etwas tat, was andere bisher vermieden hatten: die Entwicklungen, die man als Unternehmer:in vor Ort beobachten konnte, weiterzudenken und das Problem, das sich da zusammenbraute, klar zu benennen. Es war der Moment, an dem eine neue Form des Wettbewerbs ins Spiel kam, genauer: der »Systemwettbewerb«.

In den sonst doch oft etwas trockenen Debatten des deutschen und europäischen Politikbetriebs kam dieser Moment einem echten Paukenschlag gleich. Die Formulierung »Systemwettbewerb« versuchte, die Herausforderung zu beschreiben, der sich deutsche Konzerne im nach wie vor florierenden China-Geschäft gegenübersahen. Der Wandel von Komplementarität zu Konkurrenz. Und er räumte im selben Atemzug mit einem Mythos auf: der Illusion des friedlichen Aufstiegs der Volksrepublik, der nur Gewinner und keine Verlierer kenne.

Schein und Wirklichkeit

Um China ranken sich viele Mythen und Allgemeinplätze. Das ist nicht verwunderlich. Für die meisten Deutschen ist China weit weg, das politische System wenig einladend, die Sprache kompliziert. Aber es haftet eben allem auch ein Hauch Mystisches, etwas Jahrhundertealtes, kulturell Beeindruckendes an. Die Verkürzungen und Vereinfachungen mit denen einem sehr komplexen Land und einer sehr komplexen Beziehung begegnet wird, sind nicht mehr angemessen. China ist zu wichtig geworden. Es erfordert, genauer hinzusehen. Während wir in Deutschland intensiv die Entwicklungen in den USA verfolgen, ein Präsidentschaftswahlkampf dort in den Medien hierzulande eine zentrale Rolle spielt, bleibt die Beschäftigung mit China noch vergleichsweise kursorisch. In deutschen Schulen wird die pazifische Dimension des Zweiten Weltkriegs kaum gelehrt und bleibt die Auseinandersetzung mit Chinas Geschichte und Kultur eher eine Fußnote.

Hinzu kommt, dass viele der entstandenen Glaubenssätze, mit denen versucht wird, das Phänomen China zu fassen, Versionen der Wirklichkeit und Geschichtsschreibung sind, die von der Kommunistischen Partei Chinas ganz bewusst verbreitet und immer wieder wiederholt werden. Realität entsteht auch durch das Ausbleiben von Widerspruch, und Repetition sorgt für Gewöhnungseffekte. Wenn ein großer Kommunikations- und Propagandaapparat bestimmte Sätze in Dauerschleife von sich gibt, dann werden sie irgendwann kaum noch hinterfragt. »Die Kommunistische Partei Chinas hat 400 Millionen Menschen aus der Armut befreit« ist so ein Satz, oder: »China hat noch nie ein anderes Land angegriffen und kolonialisiert«, »Eine Entkopplung von China ist nicht möglich«, »China ist nicht Russland«, »Ohne Zusammenarbeit mit China ist globaler Klimaschutz unmöglich«, »China will das eigene System nicht exportieren«.

Aber nicht nur die Partei hat den Mythos des modernen China geschaffen, viele andere Akteure haben kräftig daran mitgebaut: Unternehmer:innen, die davon schwärmen, wie effizient die Dinge in China geregelt sind und mit welcher Geschwindigkeit Projekte auf den Weg gebracht werden können; Politiker:innen, die beeindruckt von der Art, wie ihnen der Empfang bereitet und angesichts der schieren Möglichkeiten und technischen Finessen, die ihnen in China von Robotern serviert werden, den Abstieg des Westens voraussagen; Expert:innen, die Chinas kulturelle Besonderheiten beschwören und deshalb jede umfangreichere Kritik an der Kommunistischen Partei zur Anmaßung erklären.

All die Überhöhungen und absoluten Aussagen trüben den Blick dafür, zu beschreiben, was derzeit passiert. Das ist schon ohne diese ganzen argumentativen Strohmänner, die es aus dem Weg zu räumen gilt, kompliziert genug. Obwohl sich der Blick auf China in den vergangenen fünf Jahren deutlich verändert hat, größere Skepsis und Kritik lauter wird, schleichen sich die Aussagen nach wie vor in die Reden und Beiträge von Unternehmensvertreter:innen, Politiker:innen und Vertreter:innen europäischer Regierungen ein und verhindern als vermeintliche Wahrheiten eine dringend notwendige Debatte.

Auf Englisch würde man sagen, dass diese Argumente *unpacked* werden müssen, also ausgepackt, auf ihren Wahrheitsgehalt überprüft, seziert. Genau das soll in diesem Buch exemplarisch geschehen. In jedem Kapitel wird ein wichtiger Aspekt über das China unter der aktuellen Führung von Staats- und Parteichef Xi Jinping untersucht und eingeordnet: die historische Rolle der Kommunistischen Partei, die Wirtschafts- und Klimapolitik, die militärische Aufrüstung oder auch die globalen Ordnungsvorstellungen der chinesischen Führung.

Jedes Kapitel ist mit einer Neuformulierung gängiger Vorstellungen überschrieben. Das ist teilweise herausfordernd oder ein wenig provokant, soll aber bewusst die Diskussion anregen. Auch die Argumentation in den Kapiteln soll explizit zum weiteren Debattieren einladen. Wer bei der Beobachtung Chinas nicht zweifelt – auch nicht bisweilen am eigenen Verstand –, der hat es sich zu leicht gemacht. Aber nur wenn ein klares Argument präsentiert wird, kann eine echte Diskussion darüber stattfinden.

Zur ehrlichen Argumentation gehört deshalb auch Klarheit darüber, dass die Antworten auf die Herausforderungen, vor die China uns stellt, mit Kosten und Umverteilung von Macht und Wohlstand verbunden sein werden. Es werden sich Chancen bieten, es wird Gewinner, aber eben auch Verlierer geben. Wie also kann eine Transformation unseres Umgangs mit Xi Jinpings China gelingen, bei der möglichst viele profitieren und möglichst nachhaltig und langfristig Deutschlands Rolle als führende Volkswirtschaft in Europa und der Welt gesichert werden kann? Wie sieht eine solche sicherheitspolitische, gesellschaftliche und ökonomische Kosten- und Risikoabschätzung mittel- und langfristig aus? Lohnt es sich, einige Schritte früher zu gehen und mit anderen strategisch noch abzuwarten?

Deutschland geht es global betrachtet gut. Ja, auch hierzulande gibt es Kinderarmut in erschreckendem Ausmaß angesichts der volkswirtschaftlichen Gesamtleistung, auch hierzulande braucht das Renten- und Gesundheitssystem ein dringendes Update und steht es mit der Digitalisierung nicht zum Besten – aber auf Basis übergeordneter Parameter wie Bruttoinlandsprodukt pro Kopf, Bildungsstand, Anzahl global marktführender Konzerne, Status der Meinungs- und Pressefreiheit, Zugang zu Information etc. hat Deutschland weiterhin viel zu bieten, das erhaltens- und geradezu beneidenswert ist.

Wir können die künftige Entwicklung der Welt zwar nur schwer voraussagen, aber angesichts der Erfahrungen der letzten Jahrzehnte ist eine lineare Entwicklung eine sehr unwahrscheinliche Option. Wenn die Welt sich also immer weiterentwickelt, Staaten und Unternehmen international immer neue Pfade ausloten, dann ist nur eine Politik, die anpassungsfähig ist, Erfolg versprechend, gerade wenn der Erhalt des so beneidenswerten Status quo das übergeordnete Ziel deutscher Politik ist. Vieles muss sich ändern, damit vieles so bleiben kann, wie es ist.

Niemand hat die Absicht, eine Mauer zu errichten

Die Illusionen, denen wir uns in Deutschland gern mit Blick auf China hingeben, suggerieren uns, dass entweder kein Handlungsdruck besteht oder dass wir es mit alternativlosen Umständen zu tun haben, die den Gesetzen der Physik in kaum etwas nachstehen: »Eine Entkopplung von China ist nicht möglich« – wirklich? Auch eine vollständige Loslösung von russischem Gas innerhalb eines Jahres wäre vor der russischen Invasion in die Ukraine sicher in eine vergleichbare Kategorie des Unmöglichen gefallen. Ist die Entkopplung also eher *nicht wünschenswert*? Das ist dann aber etwas ganz anderes und bringt auch völlig andere politische Fragen und Abwägungen mit sich: Nicht wünschenswert für wen? Warum? Wer profitiert von einer engen Anbindung an China? Wirklich alle? Oder einige wenige besonders stark? Wie verändern sich das Risiko und die Kosten, je mehr Zeit vergeht und je machtvoller China wird?

Es ist nicht polemisch, diese Fragen zu stellen, sondern

vernünftig. Sie führen möglicherweise zu unbequemen Antworten oder zu der Erkenntnis, dass besser erklärt werden muss, warum die derzeitige Kosten-Nutzen-Abwägung nach wie vor Bestand hat. Es sind eben doch keine Gesetze der Physik, mit denen wir es hier zu tun haben, sondern die der Politik und des Marktes. Und die sind vieles, aber definitiv nicht ausschließlich rational und berechenbar.

Nun könnte man argumentieren, dass mit Blick auf den Umgang mit China doch schon richtig viel passiert sei: Seit dem Weckruf des BDI und der EU-Kommission, die diesen aufgriff und die Mitgliedsstaaten damit zwang, sich mit dem Thema auseinanderzusetzen. Der Ton zwischen China und Europa hat sich deutlich verändert, und auch ganz konkret ist einiges passiert – von der EU-Toolbox zur Sicherheit der 5G-Telekommunikationsnetze über mehr Prüfungen von chinesischen Investitionen in Deutschland bis hin zu Versuchen, eine europäische Antwort für das Infrastruktur- und Investitionsdefizit in Afrika, Lateinamerika oder Asien zu finden, Global Gateway Initiative genannt. Es wird in Deutschland und Europa deutlich mehr als vor fünf Jahren über China gesprochen, es werden Begriffe wie De-Risking und Diversifizierung als neue Schlagwörter für den Umgang verwendet.

Aber auch wenn sich die Sprache und der Ton verändert haben, fehlt es nach wie vor an der notwendigen Dringlichkeit und dem politischen Willen, der nötig ist, um 27 EU-Mitgliedsstaaten und die Kommissionsbürokratie zu politischen Antworten und wirtschaftlichen Maßnahmen zu bringen, die der Herausforderung angemessen sind. Stattdessen heißt es hinter vorgehaltener Hand oft: »Wir können nicht auch noch China verlieren«, »Was, wenn die Rechnung mit China doch noch aufgeht?«, »Vielleicht müssen wir mehr Geduld haben mit einem Land von 1,4 Milliarden Menschen«, »China hat doch selbst zu viel zu verlieren«. In der Realität bedeutet dies dann im Klartext vor allem, »Lasst uns wenigstens noch ein paar Gewinne mitnehmen, solange das noch geht.« In Deutschland, Frankreich, aber auch in anderen europäischen Mitgliedsstaaten sind Entscheidungsträger:innen vorsichtig, das, was mit Blick auf Chinas Entwicklung zu beobachten ist, klar zu beschreiben und die daraus folgenden Konsequenzen auszubuchstabieren. Die Mythen vom rationalen Akteur China, von der Win-win-Kooperation, von der Unausweichlichkeit und Unabwendbarkeit des chinesischen Aufstiegs oder von der militärischen Zurückhaltung Pekings tragen dabei zur Behäbigkeit des Nichthandelns bei.

Salami satt

Auf diese Logik – die Trägheit der demokratischen Masse und die Gier der kapitalistischen Eliten in der westlichen Welt – setzt die Führung der Kommunistischen Partei um Staats- und Parteichef Xi Jinping, und die Wette ist in den letzten Jahren mit Blick auf Deutschland und Europa aufgegangen. Kaum etwas hat sich so richtig geändert: Nach wie vor wirbt die Deutsche Telekom für ihre Cloud-Technologielösung, ohne klarzumachen, dass dabei eng mit dem chinesischen Konzern Huawei zusammengearbeitet wird,[3] oder setzt die Deutsche Bahn für die Digitalisierung ihrer Infrastruktur ebenfalls weiter auf den umstrittenen Anbieter;[4] nach wie vor gibt es Lücken in der Regulierung und mangelt es an der konsequenten Umsetzung bestehender Regeln, die den Wettbewerb mit chinesischen Konzernen zumindest auf dem europäischen Heimatmarkt fairer gestalten könnten; nach wie vor rechtfertigen deutsche Großkonzerne ihre Aktivitäten in der aufgrund der massiven Menschenrechtsverletzungen gegenüber der uigurischen Minderheit hochumstrittenen Region Xinjiang damit, dass sich ihre Präsenz positiv auf die Lage der Menschen vor Ort auswirke.[5]

Gleichzeitig wird aufseiten der chinesischen Führung gehandelt. Langsam, aber stetig. In allen Bereichen. Am offensichtlichsten ist dieses Vorgehen in der unmittelbaren chinesischen Nachbarschaft geworden. Im Südchinesischen Meer, wo China Territorialansprüche durchsetzt, wird dieses Vorgehen inoffiziell auch als *Salamitaktik* beschrieben. Ohne Hektik, aber nahezu unbeirrbar schreitet die chinesische Führung voran und schafft es so, kaum merklich, in hauchdünnen Scheibchen die eigenen Vorstellungen durchzusetzen. Bis die ganze Wurst verteilt ist. Oder in diesem Fall: die Region. Es ist eine Zermürbungsstrategie immer haarscharf an oder über der Grenze des Legalen.

Aber nicht nur bei der Durchsetzung von Gebietsansprüchen vom Südchinesischen Meer bis Taiwan findet das Verhaltensmuster Einsatz. Auch bei Investitionen im Ausland oder der Regulierung internationaler Konzerne in China hat es sich breitgemacht. Vorsichtig kalibriert wächst so Pekings Einfluss zu Hause und global.

»Aber was macht es schon, wenn Chinas Staatskonzerne einen Hafen unter vielen kontrollieren?«, »Was soll der ganze Stress wegen ein paar Bauteilen aus chinesischer Produktion?«, »Warum sollten wir nicht noch weitere

Teile unserer Produktion nach China verlegen?« Die Illusion vom friedlichen Giganten – nachhaltig verfestigt durch Chinas Führung selbst und all diejenigen, die auf Rot gesetzt haben – verschleiert das, was eigentlich vor sich geht. Scheibchenweise, um im Bild zu bleiben.

Der X(i)-Faktor

Im November 2012 wurde Xi Jinping auf dem Parteitag zum neuen Generalsekretär der Kommunistischen Partei Chinas und Vorsitzenden der Zentralen Militärkommission gewählt. Im chinesischen politischen System, in dem die Partei und nicht der Staat entscheidet, sind dies die entscheidenden Rollen für die Macht. Im März 2013 folgte dann im Rahmen des Nationalen Volkskongresses die Ernennung zum Präsidenten der Volksrepublik und die Bestätigung als Oberbefehlshaber über die Streitkräfte durch den Volkskongress.

Alle drei Ämter an der Spitze von Partei und Staat de facto gleichzeitig übertragen zu bekommen war keine Selbstverständlichkeit: Deng Xiaoping, oft verkürzt als Vorgänger Xis beschrieben, weil er die Geschicke Chinas über ein Jahrzehnt lenkte, hatte zu keinem Zeitpunkt alle diese Ämter inne; Jiang Zemin, ein tatsächlich auch formeller Vorgänger an der Spitze Chinas, war ab 1989 die ersten vier Jahre lang Generalsekretär, ohne Staatschef zu sein; Hu Jintao wurde zwar im Rhythmus des politischen Kalenders Ende 2002 Partei- und dann im März 2003 Staatschef, aber er musste noch zwei Jahre auf die Übernahme der vollständigen Befehlsgewalt über die Volksbefreiungsarmee warten, die Jiang bis März 2005 behielt.

Zum Beginn seiner ersten Amtszeit wurde Xi von vielen als reformorientierter Pragmatiker gesehen. Jemand, der ein neues Auftreten mit sich brachte, weniger Apparatschik, mehr Staatsmann. Früh in seiner ersten Amtszeit reiste Xi im März 2014 nach Deutschland. Er hielt eine Rede auf Einladung der privaten Hamburger Körber-Stiftung in Berlin. Im Anschluss hatte er sich sogar bereit erklärt, dem Vorstandsmitglied der Stiftung, Klaus Wehmeier, im Gespräch einige Fragen zu beantworten – vorher zumindest nicht im Wortlaut abgestimmt, alles fast spontan. Noch nie zuvor hatte sich ein chinesischer Präsident in Europa zu einem solchen Format bereit erklärt.

Altbundespräsident Richard von Weizsäcker, der enge Verbindungen zur Körber-Stiftung pflegte, hatte die Einladung an Xi persönlich unterstützt und gemeinsam mit Altkanzler Helmut Schmidt auch an einem kurzen Vorgespräch mit dem Präsidenten teilgenommen. Xi hatte dies gewünscht, sah er sich doch gern in der Gesellschaft echter Staatsmänner und hatte großen Respekt für beide – vor allem für Schmidt. Weizsäcker, der Präsident der Wiedervereinigung, der 1990 als einer der ersten europäischen Staatschefs den Dalai Lama offiziell empfing, hatte dabei das deutlich kritischere Profil. Schmidt hingegen, der alle kommunistischen Regierungschefs seit Mao persönlich getroffen hatte und der erste deutsche Kanzler war, der 1975 nach China reiste, hatte sich viele Jahre – aus Prinzip und ganz bewusst ohne große Kritik an der chinesischen Innenpolitik oder Menschenrechtslage – um die Beziehungen zu China verdient gemacht. Schmidt, der Volkswirt, sah früh die ökonomischen Möglichkeiten, die in Fernost auf deutsche Konzerne warteten. Die Hamburg-China-Achse ist bis heute eine besondere Verbindung geblieben.

Xi reiste in Begleitung seiner Ehefrau Peng Liyuan, die wie so oft stilsicher in chinesischem Designer-Outfit gekleidet war und selbstbewusst lächelte, als sie die Herren der traditionsreichen Stiftung begrüßte. Charmant und gewinnend. Xi betrat den Raum und hatte eine ganz besondere Ausstrahlung. Dies war nicht irgendein Staatschef, das war allen Beteiligten klar. Es war nicht die Sicherheitsstufe, die im Berliner InterContinental Hotel kaum hätte höher sein können, aber sich nun auch nicht groß vom Aufwand unterschied, der für den israelischen Premierminister gemacht werden würde. Es war auch nicht die Art der Gäste, die sich an diesem für einen Berliner Politikevent eigentlich ungünstigen Freitagnachmittag zusammengefunden hatte – Abgeordnete des Bundestages, hochrangige Mitglieder der Regierung, Botschafter:innen, Vorstandsvertreter:innen der deutschen Industrie. Es war eindeutig mehr. Hier stellte sich China einem deutschen Publikum in neuem Gewand vor – mächtig und selbstsicher, auch was die eigene Politik anging. Xi sprach von friedlicher Entwicklung, von Chinas Aufstieg und der Freundschaft mit Deutschland. Als er auf die Frage der Rechtsstaatlichkeit angesprochen wurde, erwähnte er die Reform des Arbeitslagersystems so selbstbewusst, dass der Übersetzer den Kommentar aus Versehen überging, war dies doch eigentlich ein hochsensibles Thema. Xi hatte jedoch keinerlei Angst.

Die Rede, die später Eingang in Xis erstes Kompendium seiner gesammelten Werke mit dem Titel *China regieren* fand, das an Besucher:innen und als Gastgeschenk reisender Delegationen immer wieder verteilt wurde, war damals ein kleiner Coup. Der Vorsitzende der Kommunistischen Partei Chinas, Staatspräsident der zweitgrößten Volkswirtschaft der Welt und Oberbefehlshaber über eine der künftig mächtigsten Armeen, plauderte locker auf der Bühne mit dem Vertreter einer privaten deutschen Stiftung, vor laufenden Kameras mit Livestream online – das war alles neu und hinterließ Eindruck.

Xis Besuch fand gerade einmal zehn Tage nach der russischen Annexion der Krim 2014 statt. Die chinesische Enthaltung bei der Resolution in der Generalversammlung der Vereinten Nationen wurde damals als klare Distanzierung Xis von Putin gewertet. Die Zeichen standen gut für die deutsch-chinesische Zukunft. Mit Xi würde man arbeiten können. Er sprach von Chinas Traum, aber man war sich sicher, er würde dabei auch ein paar deutsche Träume wahr werden lassen.

Knapp über zehn Jahre später steht Xi Jinping am Anfang seiner dritten Amtszeit an der Spitze von Partei und Staat. Und er hält nicht nur die drei Elemente der Macht über die Partei, den Staat und das Militär fest in der Hand. Im Innern Chinas hat er die Kontrolle und die Macht der Partei über die Wirtschaft und Gesellschaft ausgebaut, nach außen Chinas Einfluss und Sichtbarkeit massiv vergrößert. Der Ton gegenüber den USA und ihren Partnern ist rau geworden, über der Welt schwebt nicht nur das Gespenst eines erneuten Kalten Krieges, sondern die echte Angst vor einer militärischen Auseinandersetzung. Was ist passiert? Wie konnte die Lage in den letzten zehn Jahren so massiv eskalieren? Warum ist es nicht so gekommen, wie man es sich im Westen gewünscht, ja eigentlich eher schon, wie man es fest geplant hatte? Warum ist inzwischen das Verhältnis zwischen China und der Europäischen Union auf nahe null abgekühlt? Und wer trägt die Verantwortung für all die geplatzten Träume? Die USA? Europa? Oder doch China selbst?

Wie so oft gibt es leider keine einfache Erklärung. Politische Entwicklungen entstehen immer in einem größeren Kontext. Innenpolitik ist überall auf der Welt wichtig und findet dennoch nirgendwo in Isolation vom internationalen Geschehen statt. Vieles hat sich gegenseitig bedingt, und einige Abzweigungen wurden mehr oder weniger ungezielt genommen. Was man aber festhalten kann: Etwas ist anders im China Xi Jinpings, und das ist beunruhigend und bisweilen zutiefst verstörend. Aber ist es wirklich neu? Oder ist es eine Rückkehr zum Naturzustand autoritärer Führung im China der Kommunistischen Partei?

1
Die Partei ist kein Stabilitätsanker, sondern ein Risikofaktor

Gerade in Deutschland hat das Narrativ der Kommunistischen Partei lange überzeugt. Die Partei hat es nicht nur geschafft, China zu einen und zu neuer Stärke zu führen, sondern auch den beeindruckendsten Entwicklungsweg der jüngeren Geschichte vorgelegt. Ja, die Menschenrechte, das ist ein heikles Thema, aber grundsätzlich ist da nach wie vor viel Respekt für den Schritt vom Entwicklungsland zur Supermacht in wenigen Jahrzehnten.

Die Kommunistische Partei schien also lange Zeit richtigzuliegen, wurde als pragmatisch und rational gefeiert. Gern auch im Vergleich zu anderen Staaten, sogar zu Deutschland selbst. Geschwärmt wurde dann von Vorstandsvorsitzenden großer Konzerne – schnelle Genehmigungsverfahren, wenig Bürokratie, Infrastruktur wird bereitgestellt und Arbeitskräfte ohne Ende, fantastisch! Man müsse sich dann mal überlegen, wie lange all diese Dinge, die man machen möchte, in Deutschland brauchen würden. »Der indische Markt? – Katastrophe! Versuchen Sie da mal, ein Werk zu bauen!« Die gängige Annahme war, dass für die Kommunistische Partei die Wirtschaft das Vehikel zum Machterhalt sei und die Partei daraus abgeleitet ein uneingeschränktes Interesse an Wachstum haben müsse. Deswegen sei der Weg der langfristigen Öffnung und partiellen wirtschaftlichen Liberalisierung linear fortzuschreiben, solange diese innerhalb der von der Partei definierten Grenzen der politischen Liberalisierung stattfindet.

So weit, so gut. Nur machte Xi Jinping dieser Illusion recht zügig ein Ende. Bei seiner Amtsübernahme war die Erwartung eine der Kontinuität der vorherigen zwanzig Jahre. Man ging davon aus, dass auch er das Handeln der Partei rational am Wachstum ausrichten würde und dass internationale Unternehmen, die innerhalb dieser Grenzen agieren, in China weiterhin ausgesprochen erfolgreich sein können. Der Mythos von China als Land des fast unbegrenzten Wachstums hielt sich hartnäckig, selbst dann noch, als in einigen Bereichen – auch in der deutschen Wirtschaft – bereits Zweifel lauter wurden, ob das alles noch so weitergehen könne und solle. Dann kam Corona.

Jetzt wurden Zweifel an der Rationalität des chinesischen Regierungshandelns nicht nur in China, sondern vor allem auch außerhalb laut. Ist die Partei unter Xi wirklich noch der Akteur, der für China langfristig Wachstum und Wohlstand generieren kann, und stimmt es eigentlich, dass es das Verdienst der Kommunistischen Partei ist, dass China heute zu neuer Stärke aufgestiegen ist? Macht die Partei auf einmal Fehler?

Für eine bessere Bewertung dessen, was wir da derzeit vor uns haben und was in Zukunft zu erwarten ist, lohnt ein kurzer Blick zurück. In diesem Fall notwendigerweise ein bisschen weiter als auf die vergangenen dreißig Jahre. Schon kurz jenseits der Boomzeit der 1990er- und

2000er-Jahre ergibt sich eine deutlich gemischtere Bewertung dessen, was unter der Führung der Kommunistischen Partei in Chinas Wirtschaftsentwicklung passiert ist und was daraus für Rückschlüsse hinsichtlich ihrer Kontinuität geschlossen werden können. Auch wenn es bei Weitem kein Geheimnis ist, scheint es doch immer wieder in Vergessenheit zu geraten, dass die Kommunistische Partei für mehr steht als für einen linearen Reform- und Öffnungskurs Deng Xiaopings, sondern eben auch für Chaos, Armut und unvorstellbare Widersprüche. Und für Fehler. Richtig große Fehler.

Maos Experimente – vom *Großen Sprung nach vorn* bis zur *Großen Proletarischen Kulturrevolution* – brachten nicht nur keinen Wohlstandszuwachs, sie kosteten vielmehr Millionen von Menschenleben und stellten Erwerbsbiografien vollständig auf den Kopf. All das ist gut erforscht und oft gesagt, aber vor dem Hintergrund des Umgangs der chinesischen Parteiführung mit der Coronapandemie ist es sinnvoll, sich die Wurzeln der Partei noch einmal etwas genauer vor Augen zu führen. Geschichte wiederholt sich nicht, aber die ein oder andere Parallele drängt sich auf. Und nur wenn wir die Prioritätensetzung der chinesischen Führung zutreffend bewerten, können wir ableiten, welche Schritte zu erwarten sind.

Ein Beispiel: Wenn man davon ausginge, dass es das oberste Ziel der Kommunistischen Partei unter Xi Jinping sei, Wirtschaftswachstum und Wohlstand zu steigern, um die eigene Legitimität dadurch zu stärken, dass die Partei »liefert«, folgt daraus eine andere Politik, als wenn man davon ausginge, dass Wirtschaftswachstum zwar ein wichtiger Aspekt unter weiteren sei, andere Prioritäten, wie die Kontrolle über die Wirtschaft und Bevölkerung, aber als deutlich entscheidender für den Machterhalt angesehen werden.

Welchen Stellenwert misst die Parteiführung nun also der Wechselwirkung zwischen wirtschaftlichem Wohlstand und politischer Stabilität bei, und wo und wie verschiebt sich dieses Verhältnis immer wieder? Über die Geschichte der Volksrepublik kann man empirisch beobachten, dass die Kommunistische Partei immer wieder willens und bereit war, wirtschaftliche Verluste für den Erhalt der Macht in Kauf zu nehmen und politische Macht und Gewalt anzuwenden, um alternative Machtzentren einzuhegen.

»Mehr, schneller, besser« – von Mao zu Xi

Die Kommunistische Partei hat sich seit der Gründung der Volksrepublik 1949 als ganzheitliche marxistisch-leninistische Führungspartei verstanden, die nicht nur die politischen, sondern auch die ökonomischen und gesellschaftlichen Geschicke des Landes fest im Griff hält. Bisweilen geriet es in der deutschen und europäischen Debatte in der Euphorie über die Möglichkeiten des chinesischen Marktes in Vergessenheit, dass dieser »Markt« eben immer auch eine Illusion, ein temporäres Konstrukt, eine Übergangsform war und ist und das Befolgen einer nach kapitalistischen Standards rationalen Marktlogik, die Existenz privater Unternehmen und die Bedeutung des Freihandels nach wie vor kein Selbstzweck ist. Allerdings gab es auch zahlreiche Chines:innen, von normalen Bürger:innen über Unternehmer:innen bis hin zu Vertreter:innen der Kommunistischen Partei, die an die Echtheit der Entwicklung glaubten, die davon überzeugt waren, dass Reform und

Öffnung immer weiter gehen würden. Das Verhältnis von Politik und Wirtschaft ist so durch unterschiedliche Phasen gegangen, die sich nicht zufällig entwickelt haben, sondern einer internen Machtlogik der Partei und den ideologischen Wurzeln im Marxismus folgen.

Kommunismus und Wirtschaftswachstum schließen sich nicht aus, ohne unbedingt in einer Marktwirtschaft zu enden. Auch für Mao war bereits bei Gründung der Volksrepublik 1949 wirtschaftliche Entwicklung ein zentrales Anliegen: Nur durch wirtschaftliche Stärke würde China im Systemwettbewerb der Nachkriegsära bestehen können; nur so würde die kommunistische Führung zeigen können, dass der Weg der Partei der richtige Weg ist und China – und andere kommunistische Staaten – in eine rosige Zukunft führen wird. Wirtschaftliche Entwicklung war also kein Widerspruch, sondern die Grundlage für den Aufbau einer kommunistischen Gesellschaft.

Diese Annahme kam aus der historischen Erfahrung nach der langen Phase am Ende der ausgehenden Qing-Dynastie im späten 19. und frühen 20. Jahrhundert. Dieser Zeitraum war von Kolonialisierung, Konzessionen und Fremdbestimmung unter anderem durch Japan, Russland, Großbritannien, Frankreich und auch Deutschland geprägt. Die sogenannten »ungleichen Verträge« hatten zu Gebietsverlusten und einer demütigenden Bereicherung der Fremdmächte auf Kosten der chinesischen Bevölkerung geführt. Der parallel seit 1927 andauernde und erst 1949 endende Bürgerkrieg zwischen den Kommunisten und Nationalchinesen unter der Führung von Chiang Kai-shek erschwerte zusätzlich die wirtschaftliche Entwicklung.

Auch mit Übernahme der Macht der Kommunisten und

der Gründung der Volksrepublik China am 1. Oktober 1949 kehrte keine Phase der Beruhigung ein. Die ersten zwei Jahre der Volksrepublik waren weiterhin von Chaos, Gewalt und Armut geprägt. Vor allem das Vorgehen gegen alle vermeintlich verbliebenen Anhänger Chiang Kai-sheks im Südwesten des Landes war so brutal und weitreichend, dass Mao selbst mahnte, die Anzahl der Tausenden von Hinrichtungen zu verringern, aus Sorge, die »Sympathie der Bevölkerung« zu verspielen und einen Mangel an Arbeitskräften entstehen zu lassen.[1]

Die noch junge Volksrepublik war unter Maos Führung nicht nur damit beschäftigt, die territoriale Kontrolle im eigenen Land zu stabilisieren. Man versuchte gleichzeitig, im Koreakrieg einen militärischen Erfolg mit den kommunistischen Brüdern Nordkoreas zu erringen und die breite Allianz von Staaten, die den Süden unterstützten, allen voran die USA, von der koreanischen Halbinsel zu verdrängen. Dies gelang nur begrenzt. Mit dem Ende der Kampfhandlungen im Sommer 1953 war kein Frieden geschaffen, aber ein bis heute stabiler Waffenstillstand erreicht, der den Konflikt entlang dem 38. Breitengrad, der Demarkationslinie zwischen Nord- und Südkorea vor dem Angriff des Nordens, einfror. Nun konnte sich Mao mit Nachdruck dem Aufbau des Arbeiter- und Bauernstaates widmen, und die Maßnahmen wurden schnell radikaler.

Maos Kampagnen waren brutal, erratisch und intern umstritten. Der *Große Sprung nach vorn*, 1958 mit der Vorstellung des zweiten Fünfjahresplans der Kommunistischen Partei begonnen, war der Versuch, innerhalb kürzester Zeit die industrielle Produktion hochzufahren, mit den westlichen Nationen gleichzuziehen und durch die Kollektivierung der Landwirtschaft ganz nach sowjetischem Vorbild die Bevölkerung zu ernähren. Was in den 1920er-Jahren in der Sowjetunion zum Hungertod von Millionen geführt hatte, sollte in China nach Maos Vorstellung funktionieren. Dafür musste die Bevölkerung auf der gesamten Breite mobilisiert und begeistert werden. Auf dem Land sollte nicht nur viel mehr Getreide, sondern parallel auch Stahl produziert werden. Mao hatte keine Zweifel, dass China bald zu einem der führenden Staaten der Welt werden würde. Ziel war es, China am Ende des zweiten Fünfjahresplans zum größten Stahlhersteller weltweit zu machen. Doch Maos Vorgabe wurde spektakulär verfehlt. Nicht nur konnten die Bauern nicht von jetzt auf gleich zu Industriearbeitern werden und in ihren Hinterhöfen qualitativ hochwertigen Stahl produzieren, sie konnten vor allem nicht gleichzeitig ihre Felder bestellen. Heute ist China mit über einer Milliarde Tonnen Rohstahl tatsächlich der größte Stahlproduzent weltweit,[2] die 100 Millionen Tonnen, die Mao 1962 als Ziel vorsah, waren allerdings damals eine aberwitzige Vorstellung, die nur scheitern konnte.

Maos Maßnahmen, schnell eingeführt und manchmal wieder abrupt zurückgenommen, setzten auf einen Mix aus Gefolgschaft, ideologischer Verpflichtung und Angst, der drakonisch von der Partei und lokalen Kadern umgesetzt wurde. Sie kreierten eine Hungersnot epischen Ausmaßes. Statistiken wurden geschönt, Missernten, die aufgrund der neuen Ideen eingefahren wurden, wegargumentiert, Volkskantinen, die Kollektivspeisungen ermöglichen und Arbeitskraft freisetzen sollten, auf dem Lande eingeführt und wieder geschlossen. Die Toten aber, die sich auf dem Land anhäuften, konnten nicht ohne Weiteres verschwinden. Über sie konnte man nur schweigen. Und da über die Anzahl keine genauen Aufzeichnungen gemacht werden konnten – und durften –, bleiben nur Schätzungen. 30 bis 45 Millionen Menschen sind demnach als direkte Folge des Wirtschaftsexperiments an mangelnder Ernährung gestorben.

Mao hatte keine Ahnung von Wirtschaftspolitik oder -theorie. Laut seinen Biografen Alexander Pantsov und Steven Levine machte ihm das allerdings herzlich wenig aus. »Die Politik ist die herrschende Kraft« – ein Credo, das in den vergangenen Jahren neue Aktualität gewonnen hat. Auch Xi ist kein großer Kenner ökonomischer Theorie und Praxis, hat selbst als Folge von Maos Kulturrevolution nur eine eher vermeintliche universitäre Bildung. Wer sich etwa auf die Erzählung von Maos Idee der Auslöschung der vier Schädlinge einlässt, die den Fliegen, Moskitos, Ratten und Spatzen im ganzen Land den Garaus machen sollte, der kann kaum anders, als vieles dessen, was da in seinem ganzen Wahnsinn beschrieben wird, in der Corona-Antwort der aktuellen chinesischen Führung unter Xi wiederzufinden. Was als plausibler Impuls beginnt – bei Mao die Idee, dass eine Reinigung des Lebensumfeldes der Chines:innen auf dem Land und in der Stadt von Ratten, Fliegen und anderen Kreaturen zu einer verbesserten allgemeinen Gesundheit der Nation führen würde, oder bei Xi der Plan, dass die Bevölkerung vor einem Virus, für den es noch keinen Impfstoff gibt, geschützt werden muss –, endet durch ideologische Überhöhung, vorauseilenden Gehorsam und ein Heer von Parteikadern und lokalen Funktionären, die sich um die Gunst des großen Führers buhlend zu überbieten versuchen, in der Absurdität. Oder – wie in Maos Fall – der Notwendigkeit, Spatzen aus der Sowjetunion zu importieren, weil man aus Versehen zu viele umgebracht hatte, um der Schädlinge auf den Feldern Herr zu werden, die so ein Spatz eben als wichtiger Teil eines Ökosystems vertilgt.³

Der Misserfolg des *Großen Sprungs* hatte Maos Ruf als Visionär und revolutionäres Genie nicht unangetastet gelassen. Die Kulturrevolution der 1960er-Jahre war unter anderem Maos Antwort auf innerparteiliche Divergenzen und sein Versuch, sich in der Macht über die Partei zu behaupten. Es ging darum, das eigene Scheitern mit dieser ideologisch hoch aufgeladenen Kampagne, die die chinesische Gesellschaft gegen sich selbst aufhetzte, zu überdecken. 1964 hatte die Kommunistische Partei der Sowjetunion ihren Partei- und Regierungschef Nikita Chruschtschow gestürzt, auch weil er die sowjetische Wirtschaft mit seinem hektischen Reformkurs nicht stabilisieren konnte. Die Sorge Maos, dass ihn ein ähnliches Schicksal ereilen könnte, war demnach nicht ganz unbegründet.⁴

Die Kulturrevolution, die sich vor allem gegen etablierte Eliten richtete, brachte jedoch erneut die wirtschaftliche Entwicklung und Innovationsfähigkeit zum Erliegen. Die Universitäten waren von 1966 bis 1970 geschlossen, auch in den Schulen fand bis 1969 kein Unterricht statt. Die jungen Chines:innen kämpften stattdessen als Rote Garden für Mao im Kulturkampf gegen ihre eigenen Eltern, Lehrer:innen und Professor:innen. Diese wurden nicht nur bisweilen öffentlich zur Schau gestellt, sondern auch geschlagen, gejagt, aufs Land zur Umerziehung und Feldarbeit geschickt oder sogar getötet. Eine Gesellschaft wie im Rausch, Bildung ein Verbrechen, die Diktatur des Proletariats als brutales Unterfangen.

Auch wenn sich die anfängliche revolutionäre Trunkenheit mit den Jahren abschwächte und der revolutionäre

Geist verblasste, hat diese Zeit Spuren hinterlassen. Dem Machtkampf innerhalb der Partei und auf der Straße wurde erst mit Maos Tod 1976 ein formelles Ende gesetzt. Was 1949 mit Maos Ideen für rasante Entwicklung und Wohlstand begann, endete mit der Kulturrevolution in dem, was die Partei selbst 1981 als »schwersten Rückschlag« für Partei, Staat und Bevölkerung seit der Gründung der Volksrepublik bezeichnete.[5]

Nicht lang nach Maos Tod übernahm Deng Xiaoping de facto die Macht in Partei und Staat, auch wenn sich dies nie vollständig in den von ihm offiziell bekleideten Ämtern widerspiegelte – aber wer unter Mao so oft wie er aller Positionen enthoben wurde, hatte verstanden, dass Macht und Amt nicht zwingend zusammengehören müssen. Deng hatte Maos Experimente kritisiert und war auch deswegen in Ungnade gefallen. Er übernahm an einem Punkt der absoluten Krise der Partei. Er wollte die Wirtschaft zum Laufen bringen und war bereit, dafür zu experimentieren: marktorientierter, lenkend, aber zielgerichteter, ohne die Kontrolle der Partei aufzugeben. So konnten sich das Potenzial der chinesischen Gesellschaft, der Unternehmer:innengeist, pragmatischer »Can do«-Spirit und die Risikobereitschaft auf eine Art entfalten, die das enorme Wachstum der letzten Jahrzehnte ermöglichte – *trotz* und wesentlich weniger als oft dargestellt *wegen* der Führung der Kommunistischen Partei.

Nur ein Jahrzehnt nach Beginn des von Deng Xiaoping 1978 initiierten Reform- und Öffnungsprozesses war China zwar noch keine führende Wirtschaftsmacht, aber ein Entwicklungsland mit viel Potenzial. Die Parteiführung hatte begonnen, sich in einigen Bereichen von festgesetzten Preisen, die typisch für die zentrale Planwirtschaft waren, zu lösen und mit Preisliberalisierungen zu experimentieren, und versuchte, sich langsam zu einer stärkeren Marktorientierung zu bewegen.[6] In den Achtzigerjahren führte dies zu Wirtschaftswachstum, aber durch »Überinvestitionen« auch zu Inflation. Da die Löhne nicht in gleichem Maße angepasst wurden, stagnierten oder sanken folglich die Reallöhne. Auch die intellektuellen Eliten, Beamte, Lehrer:innen oder Professor:innen, waren davon betroffen, während einzelne Parteikader oder Unternehmer:innen in den großen Städten durch Korruption und andere fragwürdige Geschäfte immer reicher wurden.

Je mehr Geld durch das Wirtschaftswachstum im Spiel war, desto größer wurde auch der Spielraum für Korruption. Konzerngewinne in Staatsunternehmen wurden in private Taschen verschoben, Hand in Hand arbeiteten die Kinder der Parteifunktionäre mit ausländischen Investor:innen bei Immobiliengeschäften und anderen Deals zusammen. Das wirtschaftliche Wachstum allein löste die bestehenden politischen Probleme damit nicht. Im Gegenteil, es verschärfte den Wunsch nach politischer Reform unter den Intellektuellen. Zu den ersten Demonstrationen von Studierenden kam es ab Ende 1986. Schon hier ordnete Deng über den Kopf des amtierenden Generalsekretärs der Partei Hu Yaobang, der sich in der Bevölkerung großer Beliebtheit erfreute, an, die Proteste zu beenden. Hu wurde zum Rücktritt gezwungen und Zhao Ziyang zum Nachfolger ernannt. Die Partei jedoch bekam die wirtschaftliche Entwicklung, vor allem mit Blick auf die Inflationsbekämpfung,[7] zunächst nicht in den Griff. Die Wachstumsrate brach nach verschiedenen Versuchen der Kurskorrektur deutlich ein. Zudem hatte die Auflösung von Strukturen der Mao-Ära auf dem Land zu Arbeitslosigkeit geführt. Ohne Arbeit und Einkommen drängte die Landbevölkerung in die Städte. Der Druck wuchs, und die kleine Partei- und Wirtschaftselite, die sich am Wachstum bereichert hatte, stand immer mehr in der Kritik. Die temporäre Beendigung der Proteste von 1986/87 sorgte nur kurz für Ruhe. Die »Rebellion der Intellektuellen« begann 1989.[8]

Krisenjahr 1989

Die schwelende Unzufriedenheit machte sich lautstark bemerkbar. Im ganzen Land brachen Unruhen aus. Sie gipfelten in Massenprotesten in Peking, angeführt von Studierenden und unterstützt von vielen Arbeiter:innen und einfachen Bürger:innen der chinesischen Hauptstadt, und waren nicht auf den Platz des Himmlischen Friedens begrenzt. Was dann kam, ist weithin bekannt. Auch deswegen, weil es die erste große Krise in China war, bei der internationale Kamerateams, Journalist:innen und Fotograf:innen live vor Ort berichteten. Auch innerhalb der Partei gab es Stimmen, die Sympathie mit den Protestierenden äußerten, am prominentesten unter ihnen der noch gar nicht so lange im Amt befindliche Generalsekretär Zhao Ziyang. Er bezahlte dafür einen hohen Preis und verbrachte den Rest seines Lebens in Hausarrest.[9]

Deng, der immer noch die Macht in der Partei innehatte, sprach sich dagegen für ein hartes Vorgehen aus. Auf seinen Befehl schlugen am 4. Juni 1989 Einheiten der Volksbefreiungsarmee auf dem Tian'anmen-Platz im letzten Akt der Protestbewegung den offenen Protest der Menschen nieder. Jenseits des Hauptschauplatzes des Protestes kam es im gesamten Stadtgebiet zur weiträumigen und gnadenlosen Niederschlagung der Bewegung. Hinter den Kulissen folgte die politische Säuberung. Stärker an politischer Reform orientierte Elemente innerhalb der Regierungselite wurden an den Rand gedrängt. Für die Partei diktierten die Lehren von 1989 vor allem eins: mehr Kontrolle.

Bis heute gelten kontinuierliches Wirtschaftswachstum und steigender Wohlstand zwar als wichtig für die Stabilität der gesellschaftlichen Ordnung (und um diesen Prozess zu unterstützen und zu beschleunigen, werden das Know-how und das Kapital westlicher Unternehmen gern gesehen). Zu starke wirtschaftliche und politische Liberalisierung wird aber weiterhin als eine Bedrohung der Herrschaft der Partei betrachtet. 1989 betrug Chinas Bruttoinlandsprodukt rund 350 Milliarden US-Dollar, deutlich weniger als das Spaniens zum selben Zeitpunkt. Was in China zu dieser Zeit vor sich ging, war global betrachtet damit noch immer von geringer wirtschaftlicher Relevanz – und, wenn man ehrlich ist, im Westen auch nicht von entscheidendem Interesse.

Politische Entscheidungsträger:innen genau wie zahlreiche Ökonom:innen und Politikwissenschaftler:innen in den Vereinigten Staaten und Europa waren so überzeugt von ihrer eigenen Erzählung von 1989, so trunken vom Erfolg im Systemwettbewerb des Kalten Krieges und dem Glauben an die westliche kapitalistische Demokratie als Zukunftsmodell, dass sie trotz der rollenden Panzer auf dem Platz des Himmlischen Friedens erstaunlich schnell zum *business as usual* zurückkehrten. Auch wenn die Empörung unter westlichen Staats- und Regierungschefs von George H. W. Bush über Margaret Thatcher bis Helmut Kohl zunächst groß war. Es wurden hochrangige Treffen und Dialoge abgesagt oder Kredite internationaler Finanzinstitutionen auf Eis gelegt. Es wurden Sanktionen verhängt, die im Bereich der Rüstungsexporte nach China bis heute in Kraft sind. Militärische Kooperation und die Menschenrechtslage blieben generell heikle Themen in der Zusammenarbeit.

Die Tatsache, dass eine westliche Öffentlichkeit die Niederschlagung der Protestbewegung und das Handeln der Kommunistischen Führung zunächst verurteilte, führte dazu, dass sich die chinesische Regierung diplomatisch stärker den Nachbarn in der Region und den Entwicklungsländern zuwandte. Es war letztlich Japan, das einen großen Beitrag dazu leistete, die Kreditvergabe an China und Kreditgarantien für das Exportgeschäft des Westens wieder freizugeben. Und trotzdem lag Deng am Ende mit seiner Einschätzung richtig, dass die internationale Ächtung nicht von dauerhafter Natur sein würde – zumindest im Bereich der wirtschaftlichen Kooperation – oder in den Worten des bereits eingangs zitierten belgisch-australischen Sinologen Simon Leys: »Die senilen und grausamen Despoten, die beschlossen, die Jugend, die Hoffnung und die Intelligenz Chinas abzuschlachten, mögen viele Fehlkalkulationen gemacht haben – in einem Punkt haben sie sich jedoch nicht geirrt: Sie haben klug eingeschätzt, dass unsere Fähigkeit, unsere Empörung aufrechtzuerhalten, sehr begrenzt sein würde.«[10]

Im Oktober 1990 nahm die EU wieder normale wirtschaftliche und diplomatische Beziehungen zur Volksrepublik auf.[11] Man war sich einfach sicher, dass auch der chinesische Kommunismus bald der Vergangenheit angehören würde, ja müsste. Der Systemkonvergenzgedanke war nach wie vor dominierend: Mit mehr Handel, mehr Integration, mehr Wachstum würde die chinesische Bevölkerung das, was 1989 begonnen hatte, schon zu Ende führen oder gar die Partei den Wandel schaffen.

Der wirtschaftliche Erfolg kam in der Tat – wenn auch erst nach harten parteiinternen Kämpfen. Es stellte sich die Frage nach dem Weg vorwärts, es brauchte eine intensive Auseinandersetzung mit dem Scheitern der Sowjetunion, und es wurde innerhalb der Partei und intellektuellen Elite diskutiert, wie viel Reform nach westlichem Vorbild nötig war, ohne gleichzeitig den Untergang des Sozialismus chinesischer Prägung zu besiegeln. Es war erneut Deng, der das Zepter in die Hand nahm und wirtschaftliche Reform und Öffnung propagierte. Experimente wurden gewagt und Sonderwirtschaftszonen eingerichtet. Insbesondere nach 1992 hatten westliche Unternehmen einen steigenden Anteil am Handel mit und an der Produktion in China, und westliche Verbraucher:innen profitierten von niedrigen Preisen für begehrte Konsumgüter.

Die Führungselite der Kommunistischen Partei hielt jedoch an den politischen Lehren aus ihrer eigenen Erfahrung von 1989 fest und stemmte sich aktiv gegen den politischen Wandel, den der Westen implizit erwartete.[12] Die Kontinuität in China war nach 1989 deutlich größer als in Europa oder der ehemaligen Sowjetunion, wo epochaler politischer und ökonomischer Wandel vonstattenging. Die Niederschlagung der Protestbewegung war damit mehr Zäsur als Zeitenwende. In Deutschland aber – und im Westen im Allgemeinen – blieb es wichtig, die Illusion aufrechtzuerhalten, dass dies nicht das Ende des möglichen demokratischen Wandels in China war. Es war Teil unseres eigenen Narrativs über den spektakulären Erfolg, über die fundamentale Überlegenheit unseres Systems, über die unumstößlichen Werte der Aufklärung, die nur noch ein wenig mehr fruchtbaren Boden bräuchten, um auch die Kommunistische Partei zu überwuchern.

Wirtschaftliche Boomjahre

Die kurzlebigen offiziellen Vorsitze in Partei und Regierung stabilisierten sich ab 1993 mit der Amtsübernahme von Jiang Zemin als Staats- und Parteichef und dessen Nachfolger ab 2002, Hu Jintao. Beide setzten die schrittweise Reform- und Öffnungspolitik fort. Mit all den Nebenwirkungen, die dieser Weg mit sich brachte – von Umweltverschmutzung über Ausbeutung im Niedriglohnsektor bis hin zur Korruption auf allen Ebenen.

Wichtigste Veränderung unter Jiang war die Tatsache, dass die Kommunistische Partei die Bedingungen für die Entwicklung und Legalisierung eines privatwirtschaftlichen Sektors kreierte und in dringend benötigte Infrastruktur investierte. Dafür wurde sie mit guten Wachstumszahlen und ausländischem Kapitalzufluss belohnt. Die Entwicklung des Reichtums über einen Zeitraum von gerade einmal dreißig Jahren war enorm. Der Gini-Index gibt in der Forschung an, wie gleich oder ungleich Reichtum in einer Gesellschaft verteilt ist – je höher der Wert, desto ungleicher beziehungsweise ungerechter die Verteilung. 1990 war dieser Wert in China 32,2 – 2010 lag der Wert in der Volksrepublik bei 43,7, signifikant höher als in den USA 2019 unter Donald Trump (41,5).[13] Erst seit Xi Jinping ins Amt gekommen ist, ist der Wert bis zum Beginn der Coronapandemie wieder kontinuierlich gesunken und damit die Schere zwischen Arm und Reich wieder kleiner geworden.

Im China unter Jiangs Führung erlebte der kurz vor 1989 legalisierte Privatsektor einen enormen Boom. 1995 wurden die privaten Unternehmen den staatlichen formell rechtlich gleichgestellt, und ab 2002 konnten private Geschäftsleute sogar Mitglied der Kommunistischen Partei werden. Schon bald wurde der Privatsektor zur produktiven Triebkraft der chinesischen Wirtschaft und ließ die reformbedürftigen Staatskonzerne links liegen. So entwickelte sich eine zunächst kleine, aber durch den Einfluss internationaler Investor:innen wachsende Tech-Szene, die in den kommenden Jahren schwindelerregende Marktwerte erzielte und den chinesischen Einzelhandel genauso umkrempelte wie den antiquierten Banksektor. Die Simulation des freien Marktes wurde immer besser.

Noch unter Dengs Führung wurde mit der strategischen Entscheidung, Mitglied in der Welthandelsorganisation (WTO) zu werden, eine echte Richtungsentscheidung getroffen. Nach fünfzehn Jahren Verhandlungen war es dann 2001 unter Jiang so weit. Ein Wendepunkt nicht nur für China, sondern für die gesamte internationale Handelsordnung. Auch wenn die Volksrepublik bei ihrem Beitritt noch nicht alle Kriterien einer Marktwirtschaft erfüllte, schien die Modernisierung unaufhaltsam, die Indikatoren wiesen in die richtige Richtung, Zölle wurden gesenkt, Handelsbarrieren in zahlreichen Sektoren aufgehoben. Die Geduld der internationalen Partner war zunächst groß, denn das Potenzial Chinas war einfach zu gewaltig.

Die Kehrseite der Medaille für die Partei blieb der Kontrollverlust, der bei immer größerem Wohlstand und Liberalisierung drohte, und aufgrund der mangelnden rechtsstaatlichen Strukturen die grassierende Korruption. Noch mehr Möglichkeiten für Reichtum bedeutete eben auch noch mehr Möglichkeiten für Bereicherung. Die Partei griff immer wieder in den Markt ein – mal mehr, mal weniger intensiv. Auch zwanzig Jahre Geduld sollten nicht ausreichen, um die Volksrepublik zur »echten Marktwirtschaft« zu machen. Die Erzählung ging jetzt so: Der weise Deng Xiaoping hatte China der Welt zugewandt und geöffnet, Jiang Zemin hatte China weiterentwickelt und in die WTO gebracht, und Hu Jintao hatte China in die Moderne geführt. Gekrönt von den Olympischen Spielen 2008 in Peking schien Chinas Aufstieg nicht nur rasend schnell, sondern auch unaufhaltsam und fast schon magisch. Unbedingt wollten westliche Konzerne Teil dieses Booms sein. China roch und schmeckte nach Aufbruch und Abenteuer, nach Innovation und reichlich Rendite. Moderne auf Chinesisch. Und Chinas Wirtschaft profitierte massiv vom Einfluss internationaler Konzerne und internationalem Kapital.

2009 im neuen Pekinger Nationaltheater zu sitzen, diesem hypermodernen, vom französischen Architekten Paul Andreu entworfenen Ei, einen Steinwurf entfernt von der Verbotenen Stadt und dem Platz des Himmlischen Friedens, war ein Privileg der besonderen Art. An Tickets kamen wir, frisch aus der Uni, über einen befreundeten Künstler, dessen Freundin sich nebenbei als Garderobiere verdingte. Die Pekingoper handelte vom helfenden Ostwind, der den Sieg in der Schlacht herbeiführen würde. Schon unter Mao wurden chinesische Raketen entwickelt, die ebenfalls den Namen »Ostwind« tragen und deren neueste Generationen konventionelle Sprengköpfe tragen,

Flugzeugträger zerstören, aber auch Nuklearwaffen über Tausende von Kilometern transportieren können. 2009 war der Ostwind für uns junge China-Begeisterte jedoch eine erfrischende Brise. Wir tanzten zu Indierock im Mao-Club mit einer komplett weiblichen Liveband auf der Bühne unter einem stilisierten Mao-Bild an der Wand. Diktator als Popkultur. Kulturrevolutionskitsch deluxe. Keine dunklen Schatten mehr, mit kaltem Bier und feurigem Hotpot, moderner Kunst und exzellentem Espresso in Pekings Cafés ging es auf in eine neue Zukunft.

Ein »Weiter so«, das sich viele im Westen wünschten, weil es doch der Wirtschaft so gut ging, war zu diesem Zeitpunkt für viele innerhalb Chinas aber längst zum Problem geworden. Vor allem der Grad an Korruption, den die chinesische Bürokratie und Wirtschaft erreicht hatten, begann das System zu zerfressen. Die Destabilisierung, die dies mit sich brachte, machte dann erneut deutlich: In der Abwägung der Prioritäten der Partei müssen Wachstum und Wohlstand warten, wenn die Macht der Partei zu wanken droht. Die Partei war innerlich ausgehöhlt. Proteste waren im Land an der Tagesordnung, und auch wenn sie sich bis dahin meist nur gegen die lokale Ebene richteten, so war das, was im Rest der Welt geschah – vor allem in den ehemaligen Sowjetrepubliken, in Nordafrika und Nahost –, für Xi Jinping in seiner Zeit als Vizepräsident des Landes ein wichtiges Lehrstück. Der »Arabische Frühling« und schon zuvor die »Farbrevolutionen« waren für die Kommunistische Partei ein echtes Horrorszenario. Zudem hatten die globale Finanzkrise 2008 und die Eurokrise 2010 die Aufmerksamkeit der Kommunistischen Partei verstärkt auf die Risiken der Globalisierung gerichtet. Exportabhängigkeit, Volatilität der Märkte, Risiko durch unkontrollierte Finanzmärkte – wenn der Zusammenbruch einer Investmentbank in New York Schockwellen durch die gesamte Weltwirtschaft schicken konnte, dann sollte man sich besser darauf vorbereiten, dass daraus keine wirtschaftlichen, vor allem aber keine politischen Risiken für die chinesische Führung entstehen. Bis 2007 war die Produktivität des staatlichen Sektors durch die Reformen tatsächlich vergleichbar mit dem dynamischen Privatsektor geworden. Danach jedoch war die Produktivität durch Investitionen in unproduktive oder nicht ausreichend produktive Sektoren im Infrastruktur- und Immobilienbereich, die nach der Finanzkrise getätigt wurden, um das Wachstum hochzuhalten, wieder gesunken. Die Immobilienblase, die schon vorher existierte, hat dies weiter verschlimmert. Die Finanzkrise 2008 brachte insgesamt ein Umdenken mit sich, und die Reform der Betriebe hin zu mehr Flexibilität und Internationalisierung kam ins Stocken. Langfristig sollten Chinas Unternehmen also nicht nur besser und global wettbewerbsfähiger, sondern auch chinesischer werden. Sonst drohte noch mehr Kontrollverlust. Machtverlust. Chaos.

Xi über allem, allen und alles

Als Xi 2012 an die Macht kam, war die Hoffnung auf allen Seiten groß. Im Westen war es die Hoffnung auf ein Weiter so, auf das »Mehr, schneller, besser« der Reform- und Öffnungspolitik. Xi hingegen war besorgt über den Zustand der Partei. Er sah überall die Folgen der Selbstbereicherung der Eliten, die Folgen unkontrollierten Wachstums für die Gesellschaft und die Wirtschaft, aber auch die

Umwelt. Da waren Lehrer:innen, die bezahlt werden mussten, um Schulempfehlungen für die Kinder zu erhalten; Behörden, die für die Ausstellung eines Ausweisdokuments geschmiert werden wollten; Land, das zwar von lokalen Bürokraten verkauft wurde, aber das Geld landete nicht in der öffentlichen Kasse, sondern in ihrer eigenen Tasche; superreiche Eliten, die ihren Einfluss auf die Politik geltend machten; Technologiekonzerne, die immer wichtigere Funktionen einnahmen, die eigentlich dem Staat vorbehalten sein sollten.

Xi war überzeugt, dass die Entwicklung alternativer Machtzentren – innerhalb der Partei, der Wirtschaft und der Gesellschaft – auf jeden Fall verhindert werden musste. Die Partei müsste dafür in die Geschicke der Wirtschaft wieder wesentlich stärker eingreifen, die Kontrolle in Bereichen zurückgewinnen, die kaum oder gar nicht gesetzlich reguliert waren, die Grauzonen eliminieren, um das Land erneut im roten Glanz erstrahlen zu lassen. Er sah jedoch, wie eine schwache Führungselite offenbar nicht mehr in der Lage war, die Maximen der Partei durchzusetzen – während er sich selbst bis heute als Erben der alten Führungsgarde um Mao betrachtet.

Xi ist kein gewöhnlicher Autokrat und ebenso kein gewöhnlicher Staatsmann. Er ist Ideologe und glaubt an die theoretischen Ausführungen, die er zur Untermauerung seines Machtanspruchs heranzieht. Marx, Lenin, Stalin, Mao – ihre Gedanken und Theorien sind seine Inspiration. Und daraus hat er seine eigene theoretische Grundlage kreiert. Die Theorie nennt sich »Xi Jinpings Gedanken zum Sozialismus chinesischer Prägung für das neue Zeitalter«. Klingt sperrig. Ist es auch. Es ist ein recht wildes Potpourri aus Xis sozialistischen Vordenkern aus dem Westen und der Sowjetunion gemischt mit einer großen Portion Mao, ein wenig konfuzianischer Ethik und sehr viel Herrschaftsanspruch.

Zu Beginn von Xis erster Amtszeit stand Korruptionsbekämpfung innerhalb der Partei ganz oben auf der Agenda. Wie ein brutaler Wirbelsturm fegten seine loyalen Ermittler auf allen Ebenen und in allen Provinzen durch die Funktionärsriegen. Da fast jeder irgendwie und durch irgendetwas belastet werden konnte, gab es bis in die höchsten Ränge der Partei hinein genug Exempel, die statuiert werden konnten. Dieses Vorgehen half dabei, auch innerhalb der Eliten Angst und Schrecken zu verbreiten und Xis Machtbasis zu konsolidieren. Er machte genauso wenig Halt vor Generälen der Armee wie vor den eigenen Geheimdiensten, Funktionär:innen und Unternehmer:innen – Tausende wurden verhaftet, verloren ihren Reichtum und ihre gesellschaftliche Stellung.

Als 2013 die Ermittlungen gegen Zhou Yongkang, ein ehemaliges Mitglied des Ständigen Ausschusses des Politbüros der Partei, begannen, wurde klar, wie ernst es Xi war, seine Ziele zu erreichen. Zhou war einst eines von neun Mitgliedern des Gremiums, er zählte zur Topgarde der Partei mit ihren mehr als 90 Millionen Mitgliedern. Eine solche Korruptionsermittlung, die mit Zhous Verurteilung und lebenslanger Haftstrafe endete, hatte es seit Maos Tod nicht mehr gegeben. Xi wollte damit einschüchtern und die Partei auf Linie bringen. Auf seine Linie. Mit Erfolg: Die Eliten waren in einem Schockzustand.

Kontrolle über die Wirtschaft

Neben der Antikorruptionskampagne verfolgte Xis Kurs drei Ziele für die Wirtschaft: Er wollte die direkte Kontrolle der Partei wiederherstellen, die Resilienz gegenüber externen Schocks erhöhen und alternative Machtzentren außerhalb der Partei ausschalten.

Für die direkte Kontrolle der Partei über die Konzerne setzte Xi vor allem auf eine Stärkung der Staatsunternehmen und Parteizellen innerhalb der privaten Konzerne. Die Rolle des Staatssektors wurde wieder massiv ausgebaut. Und so entstanden unter anderem durch Firmenzusammenlegungen, etwa im Infrastruktursektor oder in den Bereichen der Energiewirtschaft, riesige Konglomerate wie die China COSCO Shipping Corporation (zweitgrößte Reederei der Welt), CRRC die China Railway Rolling Stock Company (größter Schienenfahrzeughersteller der Welt) oder State Grid (größtes Versorgungsunternehmen der Welt).

Es ist immer wieder wichtig, diese Informationen in den Kontext zu setzen: Auf Basis von Daten der Weltbank von 2017 wird der Anteil der Staatskonzerne am chinesischen Bruttoinlandsprodukt auf 23 bis 28 Prozent geschätzt, der Rest entfällt auf private Unternehmen.[14] Für Xi sind die Staatsunternehmen mehr denn je Mittel zum Zweck, es geht ihm um seine politischen Zielvorgaben: Wirtschaftlicher, produktiver oder gewinnbringender hat er sie damit nicht gemacht – politisch mächtiger innerhalb des internen chinesischen Wirtschaftsökosystems allerdings schon. Die Staatsunternehmen stellen eine wichtige Basis zur Stabilisierung der Volkswirtschaft für die chinesische Führung dar und sind vor allem auch in sensiblen Energie- und Infrastrukturbereichen wie dem Bergbau, dem Schiffs- oder Bahnverkehr oder aber auch der Energieproduktion führend. COSCO, State Grid oder CRRC haben inzwischen die weltweite Bedeutung von Maersk, Siemens oder Airbus erreicht und prägen das internationale Gesicht Chinas.

Das zweite Element bei der Stärkung der Kontrolle über die Wirtschaft ist die verbesserte Aufsicht über Privatunternehmen. Auch wenn die Präsenz von Parteivertreter:innen innerhalb der Industrie schon in den 1990er-Jahren begann, hat Xi seit seiner Amtsübernahme die Schrauben fester angezogen. Inzwischen hat mehr als die Hälfte aller privaten Konzerne eine sogenannte Parteizelle – also Repräsentant:innen der Kommunistischen Partei, die das Unternehmen auf Parteilinie halten sollen –, bei den relevanten, großen Konzernen sind es bereits über 92 Prozent.[15] Die Parteizellen sind für die Unternehmen verpflichtend und nicht nur dafür zuständig, den Mitarbeiter:innen mit Schulungen und anderen Aktivitäten die Arbeit der chinesischen Führung unter Xi und das Gedankengut der Partei zu vermitteln, sie greifen inzwischen durchaus auch aktiv in den Arbeitsalltag, strategische Entscheidungen und Personalfragen ein – selbst in internationalen Konzernen, für die in diesem Fall die gleichen Spielregeln gelten.[16]

Die Grenzen zwischen Staatsunternehmen mit direkter staatlicher Kontrolle und nominell privaten Unternehmen verschwimmen durch diese Maßnahmen immer stärker. Für internationale Kund:innen ist es oft nicht zu erkennen, ob es sich bei dem Global Player, von dem man einen Kühlschrank, einen Flachbildfernseher oder ein Mobiltelefon kauft, um private oder staatliche Akteure handelt – nicht einmal die Tatsache, dass es chinesische Firmen sind, ist immer klar. Nimmt man die Fußballweltmeisterschaft 2022 als Beispiel, so waren mit der Wanda Group und Hisense, deren Namen neben McDonald's, Coca-Cola und anderen globalen Marken immer wieder über die Bandenwerbung liefen, sowohl ein börsennotierter privater Mischkonzern aus Peking als auch ein Staatskonzern im Elektroniksektor aus Qingdao ganz prominent bei einem der wichtigsten Sportereignisse der Welt dabei.

Neben der erhöhten Kontrolle über die Unternehmen sollen diese unter Xis Führung auch dazu beitragen, die nationale Sicherheit zu stärken. Gerade für Deutschland war diesbezüglich die Veröffentlichung der sogenannten »Made in China 2025«-Strategie[17] im Mai 2015 ein echter Weckruf. In der ursprünglichen Verlautbarung des Staatsrats, die als Rahmen für spätere detaillierte Umsetzungsmaßnahmen zu verstehen ist, führte die Parteiführung glasklar auf, in welchen Bereichen chinesische Unternehmen künftig Marktführerschaft und Marktdominanz erreichen sollten. Derzeit, so die Situationsanalyse der Partei, sei China noch in einem Status der nachholenden Entwicklung. Die verarbeitende Industrie sei zwar enorm groß, aber noch nicht von einer angemessenen Qualität, die Innovationsfähigkeit noch zu träge und die Abhängigkeit vom Ausland bei Schlüsseltechnologien und hoch entwickelten Produktionsmaschinen noch viel zu umfassend. Vor allem stellte das Dokument aber eines sehr deutlich in den Vordergrund: Industrie ist die Grundlage für alles. Nur indem das Land eine »international wettbewerbsfähige Herstellungsindustrie aufbaut, kann China umfassende nationale Stärke erreichen, die nationale Sicherheit gewährleisten und zur Weltmacht aufsteigen«.[18]

Wenn ein Land diese Einstellung nachvollziehen kann, dann ist das Deutschland. Es erklärt auch, warum nach wie vor in der chinesischen Führung viel Respekt für die Bundesrepublik vorhanden ist. Deutschland hat seine industrielle Basis nie aufgegeben, das mit der nationalen Stärke ist allerdings eine ganz andere Frage. Deutschland versteht die eigene Rolle eingebettet in den europäischen Rahmen und innerhalb des globalisierten Weltmarktes. Deutsche Konzerne sind wettbewerbsfähig, stark, aber eben gar nicht mehr so wahnsinnig deutsch. Sie sind multinationale Player auf einem internationalisierten Spielfeld – und darin lag lange ihre Stärke. Die chinesische Führung unter Xi hingegen hat ein anderes Verständnis der Funktion einer herausragenden industriellen Basis: Sie soll der nationalen Stärke und Sicherheit dienen, und das ist eben nicht dasselbe wie dem Wohlstand.

Die »Made in China 2025«-Strategie liest sich in manchen Teilen wie frisch aus der Feder einer westlichen Unternehmensberatung – innovationsgetrieben, qualitätsorientiert, grün und effizient soll Chinas Wirtschaft sein und Talente daheim fördern. Aber es kommen auch die anderen Schwerpunkte der Partei klar zur Sprache. So soll zum Beispiel die militärisch-zivile Integration bei Technologien nicht minder gefördert werden. Die Industrien, die für Peking Priorität haben, sind Robotik, Luft- und Raumfahrttechnik, Hochgeschwindigkeitszüge, Elektromobilität, Gasturbinen, hoch entwickelte Landwirtschaftstechnik, Neue Materialien, Biotechnologie und Pharmaprodukte. Überall hier soll China bis 2025 global wettbewerbsfähig werden, bis 2035 sollen die führenden Industriezweige die Weltspitze erreichen, und bis 2049, dem hundertjährigen Bestehen der Volksrepublik, soll dieser Prozess dann beendet sein und China da angekommen, wo es hingehört: an der Spitze der fortschrittlichsten Industrienationen der Welt.

Auch wenn es ein wenig so klingt, ist dies keine irrwitzige Vorgabe im Stil des Großen Sprungs. Der Plan ist ambitioniert, aber nicht unerreichbar. Hat die Partei also gelernt? Ist die Zeit der willkürlichen Einmannherrschaft überwunden? Ganz so einfach ist es leider nicht.

Misswirtschaft, Überkapazitäten, falsche oder fehlende Anreize sind nach wie vor ein Problem für die Führung der Kommunistischen Partei. Immer mehr Kontrolle durch die Partei hat das Problem nicht verschwinden lassen. Die perfekte Balance zwischen gerade genug Staat, um die Stabilität der Herrschaft der Partei zu sichern, und nicht zu viel Staat, um die Innovationskraft und das Unternehmer:innentum nicht zu ersticken (so dies denn existiert), ist bislang zumindest nicht gefunden. Im experimentierenden Suchen danach oszilliert die Partei zwischen Extremen. Unter Xi sind Willkür und Unberechenbarkeit für alle Konzerne neue Risikofaktoren geworden. Der Bereich der digitalen Zahlungssysteme ist ein gutes Beispiel dafür. Der reformorientierte Gouverneur der chinesischen Zentralbank Zhou Xiaochuan ließ über weite Strecken Unternehmen in diesem Bereich freie Hand, schützte sie vor politischen Eingriffen und ermöglichte so in fast vollständig unreguliertem Rahmen den Aufstieg der Zahlungssysteme von Alibaba oder Tencent und damit eine Revolution im chinesischen Banken-, Finanz- und Kreditsektor. Das Risiko aber trugen die Unternehmer:innen, denn man konnte sich nicht sicher sein, wann oder wo, nachträglich oder zukünftig, die Partei zuschlagen würde, um ihr unliebsame Entwicklungen einzuhegen.[19] Der Umgang mit dem Tech-Sektor ist in vielerlei Hinsicht ein guter Indikator, aber auch die Corona-Politik, auf die wir noch zu sprechen kommen, gibt wertvolle Hinweise, wohin die Reise unter Xi für die Volksrepublik zu gehen scheint.

Alternative Machtzentren ausschalten

Für eine auf Stabilität und Machterhalt ausgerichtete Partei ist das digitale Zeitalter Fluch und Segen gleichermaßen. Wie Kai Strittmatter in seinem weitsichtigen Buch *Die Neuerfindung der Diktatur* hervorragend illustriert, sind die Möglichkeiten, die die digitale Welt einer Partei mit unbändigem Drang nach Kontrolle bietet, beeindruckend.[20] Mao hätte vermutlich seine wahre Freude daran gehabt, dass nun durch lückenlose Kameraüberwachung in chinesischen Städten und Handyortungsdaten die Bewegungsmuster der gesamten Gesellschaft aufgezeichnet werden können, dass man durch digitale Zahlungsabwicklung vom Klopapier bis zur Luxusuhr genau verfolgen kann, welche Käufe getätigt werden, und dass durch Gesichtserkennung jede noch so kleine Zuwiderhandlung gegen die Maximen der Partei viel unproblematischer zurückverfolgt werden kann. Bei der Entwicklung von – nicht zuletzt auch für die Verteidigungsindustrie – relevanten Technologien auf Basis von künstlicher Intelligenz ist die schiere Menge an Daten, die in China täglich generiert und gesammelt wird, eine wahre Goldgrube.

Gerade chinesische Privatunternehmen haben diese Entwicklung aufgenommen und mit viel Geld und Unternehmer:innengeist, Risikobereitschaft und klugen, auf den chinesischen Markt ausgerichteten Ideen (und bisweilen dem recht offensiven Diebstahl geistigen Eigentums internationaler Konzerne) in kürzester Zeit unglaubliche Fortschritte gemacht: Neben Alibaba und Tencent, deren Angebot weit umfangreicher als das vergleichbarer Konzerne wie Amazon und Facebook ist, ist Huawei zum globalen Telekommunikationsriesen geworden. Auch die Video-App *TikTok* des chinesischen Konzerns ByteDance kennt inzwischen jedes Kind (und fast jede:r Erwachsene), und der E-Commerce- und Fast-Fashion-Riese Shein verkauft mit seinem deutschsprachigen Webshop inzwischen auch bei uns trendige Shirts für unter 10 Euro. Der Erfolg dieser Konzerne ist einerseits großartig für das Wirtschaftswachstum und das Selbstbewusstsein Chinas, auf der anderen Seite bringt die Datenmacht ein Regulierungsproblem mit sich.

Auch in Europa wird die Frage, wie viel Macht eigentlich in den Händen großer Plattformen wie Google, Twitter, Facebook oder Amazon liegen darf, heiß diskutiert. Für die Kommunistische Partei ist die Entstehung alternativer Machtzentren womöglich ein noch größeres Problem. Mit Regulierung und Selbstverpflichtungen ist es da nicht getan. Nur eine umfassende Kontrolle auch der chinesischen Tech-Giganten kann der Partei, die sich immer ums eigene Überleben sorgt, ein höheres Maß an Sicherheit vermitteln.

Ameisen und Taxis

Einer der Tech-Giganten, der dabei Probleme machen sollte, war Jack Ma. Die Ende der 1990er-Jahre von ihm gegründete Alibaba Group war lange das absolute Wunderkind des boomenden chinesischen E-Commerce.[21] Ein digitaler Marktplatz, der Investitionen globaler Player wie Goldman Sachs oder Softbank in Millionenhöhe anzog, die das große Geschäft witterten, das dieses Unternehmen im chinesischen Markt – und weltweit – machen würde. Zudem waren die aufstrebenden Technologiekonzerne auch für all diejenigen ein Gegenargument, die meinten, ein autoritäres China könne kein innovatives China sein. Und tatsächlich schienen Alibaba und seine Freunde die bekannten Gesetze des Marktes außer Kraft zu setzen und Innovation und Erfolg mit den gesteckten Grenzen einer kommunistischen Einparteienherrschaft verbinden zu können.

Neben dem Ursprungsgeschäft, einer Mischung aus Ebay und Amazon, kamen über die Jahre weitere Sparten hinzu. Eine davon war 2014 die Gründung von Ant Financial, die den Fin-Tech-Markt revolutionierte. Ant – Englisch für »Ameise« – ist inzwischen eine milliardenschwere Alibaba-Tochter für digitale Zahlungen, Kredite und Bonitätsprüfung. Nach allen Regeln der Kunst ließ Jack Ma sein Unternehmen wachsen und wachsen. Er war nicht nur ein extrem erfolgreicher Entrepreneur, er war ein Gesicht des neuen China: ein ehemaliger Englischlehrer, der seinen chinesischen Traum verwirklichen konnte und zu den reichsten Männern des Landes mit mehr als 20 Milliarden US-Dollar Privatvermögen aufstieg. Aber Reichtum ist kein Schutz. Im Gegenteil. Wie unter Mao kann dieser jederzeit gegen einen verwendet werden, vor allem dann, wenn die Politik der Partei infrage gestellt wird. Und genau das war 2021 bei Jack Ma der Fall.

Kurz vor dem Börsengang der inzwischen mit mehr als 300 Milliarden US-Dollar bewerteten Ant Group, dem damit höchstdotierten Aktiendebüt der Welt, hielt der charismatische Ma eine Rede in Schanghai, bei der er die enge Kontrolle des Finanzsektors durch die Partei scharf kritisierte und der Parteiführung vorwarf, dass China durch ihre Politik hinter seinen Möglichkeiten bliebe. So würde man es nie schaffen, die Speerspitze technologischer Entwicklung zu werden. Xi Jinping persönlich griff nach diesem Frontalangriff ein – und wenige Tage später war der Börsengang abgesagt. Der lange Arm der Regulierungsbehörden setzte den Prozess außer Kraft, bis heute.

2021 musste Jack Mas Alibaba dann im Rahmen des weiteren Vorgehens der Führung unter Xi eine Rekordsumme von 2,8 Milliarden US-Dollar Kartellstrafe bezahlen. Die Kommunistische Partei wollte die Macht des Technologieriesen um jeden Preis brechen. Offiziell, heißt es, sollen Monopole aufgebrochen und die »unordentliche« Anhäufung privaten Kapitals beendet werden.[22] Mit anderen Worten: Unternehmen sollen der Parteiführung und nicht der Marktlogik folgen.

Wie viel Wertvernichtung dabei in Kauf genommen wird, zeigt ein weiterer Fall: die chinesische Uber-Variante, die Taxi-App DiDi. Im Juni 2021 ging DiDi an die New Yorker Börse und konnte innerhalb von vier Tagen mehr als 4 Milliarden US-Dollar Kapital einsammeln. Dann folgte eine Ermittlung der chinesischen Behörden gegen das Unternehmen, mit dem Ergebnis, dass die Anwendung aus sämtlichen chinesischen App-Stores entfernt wurde. Der Konzern verlor rasant fast die Hälfte an Wert, und die Unternehmensführung entschied sich Ende desselben Jahres für ein sogenanntes Delisting, also ein Ende des Traums, ein US-börsennotiertes Unternehmen zu sein und dadurch weltweit Kapital einsammeln zu können. Milliarden wurden durch dieses Manöver der chinesischen Behörden mit einem Fingerschnippen vernichtet.

Die Systematik, mit der gegen weite Teile der Technologiebranche vorgegangen wird, ließ sich zunächst nicht vollständig erschließen, die Aktionen schienen willkürlich und impulsiv. Datenauswertungen über einen längeren Zeitraum von mehr als 230 führenden chinesischen Tech-Konzernen – durchgeführt von dem in Chicago ansässigen Team von »MacroPolo«, das zum Paulson Institute, einem US-amerikanischen Thinktank, gehört – lassen aber einige etwas allgemeinere Rückschlüsse zu: Etwa ein Viertel der Unternehmen war bereits von staatlichen Eingriffen in Form von Zwangsumstrukturierungen, Strafzahlungen oder anderen Maßnahmen betroffen. Das Vorgehen richtete sich in erster Linie gegen Softwarefirmen und -plattformen und nicht gegen Hersteller von Hardware. Und es richtete sich vor allem gegen die größten Akteure – je kleiner eine Firma, desto unwahrscheinlicher war ein Eingriff der Behörden.[23]

Die Maßnahmen, die vor allem 2021 so massive Auswirkungen hatten, sind inzwischen etwas subtiler, aber nicht weniger effektiv. Die Partei erwirbt jetzt bisweilen sogenannte *golden shares,* also Vorzugsaktien mit Sonderrechten, entsendet Parteikader aus dem Mittelbau in die Aufsichtsräte und ins Management der Tech-Konzerne und übernimmt in einigen Bereichen die inhaltliche Kontrolle und Zensur, vor allem bei Konzernen wie ByteDance.

DiDi ist übrigens seit Anfang 2023 wieder im App-Store herunterzuladen. Der Schaden aber, den das knallharte Durchgreifen und die anhaltende Kontrolle auf das Innovations-Ökosystem, vor allem mit Blick auf ausländische Investor:innen, angerichtet haben, ist jenseits der Wertverluste der börsennotierten Konzerne kaum zu beziffern. Und auch nach dem Ende der Null-Covid-Maßnahmen und den Bekundungen der Parteiführung, die Wirtschaft wieder voll in Schwung zu bringen, hat sich dies nicht fundamental verändert. Im Februar 2023 sendete das »Verschwinden« des Beraters und Investors Bao Fan, eines der Topbankiers der chinesischen Technologiebranche, erneut Schockwellen durch die Finanzmärkte und machte international Schlagzeilen. Jack Ma wurde aus seinem selbst gewählten Exil in Japan zurückbeordert, um gute Miene zum bösen Spiel zu machen und von der kommunistischen Partei vorgeführt zu werden, um zu signalisieren, dass China wieder offen fürs Geschäft ist.[24] Für alle, die in diesem Sektor Geld verdienen wollen, gilt: Das China-Geschäft war schon immer riskant, für private Unternehmer:innen in sensiblen Bereichen ist es aber noch einmal – und ohne Aussicht auf Besserung – unberechenbarer geworden.

Wo Ideologie herrscht, ist Wahnsinn nicht fern

So richtig spürbar wurde der Risikofaktor Kommunistische Partei mit dem Ausbruch der Coronapandemie. Das Virus begann sich von Wuhan aus zu verbreiten, und mit ihm die Kontrolle der Partei über das gesamte Leben aller, die sich in China aufhielten, für die kommenden knapp drei Jahre. Um uns diesem Thema anzunähern, bietet es sich an, die Berichterstattung in dieser Zeit noch einmal etwas genauer anzusehen.

Die Bewertung dessen, was von China aus täglich in deutsche Wohnzimmer gesendet wurde, verlief in Wellen. Anfang 2020 war die Bestürzung über die chinesischen

Lockdown-Maßnahmen groß – das Abriegeln ganzer Städte ohne Rücksicht auf Verluste, Desinfektionen von Bussen, Beschränkungen der Bewegungsfreiheit, grüne und rote Codes auf den Handys, die den Eintritt in Geschäfte regulierten, lange Schlangen bei Massentests, erschöpfte Kurierfahrer, die auf der Straße kampierten, um dem möglichen Einschluss im eigenen Wohnblock zu entgehen. In der ersten Phase der Infektionswelle kamen die Lieferketten innerhalb Chinas zum Erliegen, Lastwagen konnten notwendige Vor- oder Zwischenprodukte nicht mehr über Stadt- und Provinzgrenzen verbringen, die Produktion kam ins Stocken, in den Häfen, über die sonst die Warenmassen von China aus in alle Welt verschifft wurden, kam der stete Fluss der globalisierten Wirtschaft zum Halt.

Noch im Januar 2020 auf einer Veranstaltung in Berlin hatte ein deutscher Unternehmensvertreter vor der illustren Runde aus China-Beobachter:innen, Ex-Botschafter:innen und Regierungsvertreter:innen gestanden und beklagt, dass der singuläre Fokus der Partei auf die Bekämpfung des Virus manische Züge annehme und man sich im Klaren darüber sein müsse, dass an *business as usual* nicht zu denken sei. China wäre jetzt erst einmal mit sich selbst beschäftigt. Noch schien die Bedrohung durch Covid-19 weit entfernt. Bis es auf einmal dem Rest der Welt genauso erging.

In der zweiten Phase schien die Reaktion der Kommunistischen Partei von Lockdowns und massiven Beschränkungen individueller Freiheitsrechte gar nicht mehr so absurd. Auch in Europa kamen Masken über Mund und Nase, wurden strikte Bewegungseinschränkungen durchgesetzt und regelten Apps den Zugang zu Restaurants und

Einzelhandel. Die chinesische Führung sonnte sich im Erfolg, das Virus ohne das Chaos und die unfassbar große Menge von Toten, die Europa und vor allem die USA zu beklagen hatten, in den Griff bekommen zu haben. Chinas Modell wurde auch in deutschen Zeitungen mit Anerkennung versehen und die Arroganz des Westens gescholten, nicht von den strikteren Maßnahmen in Asien lernen zu wollen.[25] In einer Rede vor Parteimitgliedern im März 2022 sagte Xi: »Die Überlegenheit unseres politischen Systems und unserer Staatsführung zeigt sich noch deutlicher in der Reaktion auf die Covidpandemie und im Kampf gegen die Armut. […] Der Kontrast zwischen der chinesischen Ordnung und dem westlichen Chaos ist noch schärfer geworden.«[26]

Dann kamen die hoch entwickelten Impfstoffe und das Auf und Ab der jeweiligen Pandemielage. Die Anzahl der Toten war in der westlichen Welt hoch, der Schaden an der Gesundheit auch durch die langfristigen Folgen des Virus massiv, aber letztlich bewegte sich Europa und der Rest der Welt in dieser dritten Phase dann in ein Leben mit dem Virus, versuchte den Schutz der vulnerablen Gruppen hoch zu halten, Impfquoten zu erreichen und mit Impfgegner:innen umzugehen. Die Freiheitsrechte galten wieder, und sehr, sehr langsam kehrten der Reiseverkehr, das Arbeitsleben und der Schulalltag auf ein Vorpandemieniveau zurück. Nicht so in China, wo die Partei sich weigerte, westliche mRNA-Impfstoffe aus dem Ausland zu kaufen und eine großflächige Impfkampagne zu starten. Der Westen sollte nicht erfolgreicher dastehen, kein Risiko der Abhängigkeit von ausländischen Impfstoffen entstehen, schließlich wartete man auf den eigenen Durchbruch, und das war wichtiger als die schnelle Impfung der Bevölkerung.

In Xis Reich hieß die Devise deshalb zunächst weiterhin »Null Covid«. Der Staatspräsident ging mit gutem Beispiel voran und verließ die Volksrepublik bis zum Sommer 2022 für fast 900 Tage nicht. Alle wichtigen Gipfeltreffen wurden zu Videokonferenzen. Internationale Sichtbarkeit war für die chinesische Führung nur digital akzeptabel. Das Narrativ, dass der Westen die Pandemie nicht mehr ernst nehme und die demokratischen Führungen dieser Länder im Angesicht der Gesundheitsbedrohung vor dem Virus kapituliert hätten, wurde weiter befördert.

China, so die Botschaft der chinesischen Regierung, hätte die Lage unter Kontrolle gebracht, dies zeige, dass das chinesische System überlegen sei und künftig andere noch viel mehr davon lernen wollen würden. Die Einreise- und Quarantänebestimmungen waren so hart, dass kaum noch ein internationaler Flug die Volksrepublik ansteuerte; dass Manager:innen internationaler Konzerne entweder entnervt aufgaben, ausreisten und nicht mehr zurückkehrten oder für Jahre das Land nicht verließen; dass bisweilen keine neuen Pässe mehr für Chines:innen ausgestellt wurden. Wer sollte schon in diese Welt da draußen reisen wollen, in der die Regierungen anderer Länder nicht willens oder in der Lage waren, ihre eigene Bevölkerung so zu schützen, wie es die kommunistische Partei zu Hause tat?

Unter ebendiesen Bedingungen ein Megasportevent durchzuführen, klang verrückt, aber es gelang Xi. Die Olympischen Winterspiele 2022 fanden wie geplant in Peking statt und sollten den Triumph der Kommunistischen Partei unterstreichen. Peking war die erste Stadt der Welt, die sowohl die Sommer- als auch die Winterspiele durchführen durfte. Die Sommerspiele 2008 waren so etwas wie Chinas Coming-out-Party als kommende Supermacht. Die Winterspiele sollten diesen Prozess beenden, China angekommen in der Rolle als führende Nation – die Welt zu Gast bei Freunden. Das offizielle Motto der Spiele lautete »Together for a Shared Future« – nur leider konnte nicht wirklich viel miteinander geteilt werden, denn Kontakt war unerwünscht, und eigentlich waren die Athleten auch gar nicht in China, sondern in einer abgeschotteten Blase, die ihnen die Idee eines Chinas vorgaukelte. Und aus der »Olympic Bubble« gab es kein Entkommen, es sei denn, man gehörte zu den unglücklichen wenigen, die trotz des rigorosen PCR-Testmarathons im Vorfeld und während der Veranstaltung ein positives Resultat erhielten. Dann mussten die Athlet:innen in Quarantäneeinrichtungen, deren mangelnde Qualität für großen Unmut bei den betroffenen Verbänden sorgte.

Das Internationale Olympische Komitee unter deutscher Führung von Thomas Bach fand das alles weniger problematisch. The Show must go on. Zu viel stand auch für die Organisation finanziell auf dem Spiel, Verträge in Milliardenhöhe waren geschlossen worden, und die Sponsoren blieben schließlich auch nicht fern.[27] Anders als die Politik: Die US-Administration und Partner in Australien oder Kanada übten ausdrücklich diplomatischen Boykott, und auch die meisten europäischen Staats- und Regierungschefs glänzten durch Abwesenheit, ohne allerdings den Boykott als solchen zur deklarieren. Neben der Corona- war vor allem die Menschenrechtssituation in Xinjiang für viele zu dramatisch, um Xi und die chinesische Führung für ihre Erfolge zu feiern. Einzig der polnische Präsident Andrzej Duda und sein serbischer Kollege Aleksandar Vučić reisten zur Eröffnungsfeier persönlich an und wurden mit einem Abendessen im illustren Kreis der Präsidenten Kambodschas, Kasachstans, Kirgistans, Tadschikistans, Singapurs und Ägyptens, des Emirs von Katar sowie der Kronprinzen aus Saudi-Arabien und den Vereinigten Arabischen Emiraten belohnt. Ein Zusammentreffen der eher autoritären Art. Ein Gast, der dem Abendessen, aber nicht der Eröffnungszeremonie fernblieb, war besonders wichtig für Xi, um den Spielen Gravitas zu verleihen: Russlands Präsident Wladimir Putin. Seine Anwesenheit degradierte alle anderen Staatschefs zu Statisten der großen Xi-Putin-Gala.

Das gemeinsame Statement, das die beiden zu diesem Anlass unterzeichneten, kam einer politischen Liebeserklärung gleich. In einer Zeit, in der sich die Spannungen zwischen Russland und dem Westen wegen der russischen Aggression gegenüber der Ukraine und des Truppenaufmarsches unweit der ukrainischen Grenze mehr und mehr aufbauten, sicherte Xi seinem Freund rhetorische Unterstützung für das Zurückdrängen gegen den »NATO-Expansionismus« zu. Ausgerechnet zu diesem heiklen Zeitpunkt bekam der russische Präsident zum ersten Mal so offene chinesische Unterstützung für seine Haltung gegenüber den USA und ihren Allianzpartnern.[28] China und Russland als Partner »ohne Grenzen«, wie es im gemeinsamen Dokument hieß. Der Unterstützung Chinas sicher ließ es sich leichter in die Ukraine einmarschieren, kaum dass das olympische Feuer gelöscht war. Die Zukunft der Kommunistischen Parteiführung in Peking war damit nur noch fester als zuvor an einen russischen Präsidenten gekettet.

Innenpolitisch wurde die Olympiashow von Xi auch später im Jahr beim 20. Parteitag noch einmal als riesiger Erfolg verkauft, auch wenn so richtig olympische Stimmung im Land nicht aufkommen konnte bei diesen Spielen, die wie ein Raumschiff aus einer anderen Welt in der Volksrepublik gelandet waren und deren Künstlichkeit von der permanenten Anwesenheit voll maskierter Menschen in weißen Ganzkörperschutzanzügen geprägt war. Jubelnde Athlet:innen wirkten fast wie ein Störfaktor dieser endzeitlichen Inszenierung. Die chinesische Bevölkerung befand sich zu diesem Zeitpunkt schon zu lange in der Selbstisolation.

Auch nach den Spielen blieb das Corona-Regiment in China hart. Ein roter Code in der App bedeutete weiterhin: Gehen Sie in die Isolation, ziehen Sie nicht über Los, warten Sie auf den erlösenden PCR-Test, und wenn dieser nicht kommt – Pech gehabt. Ganze Warenhäuser wurden mitsamt aller anwesenden Kunden bei einem Verdachtsfall in Geiselhaft genommen, der Besuch bei IKEA wurde so schnell zum Hochrisiko-Unterfangen. Da musste man sich schon gut überlegen, ob es das Billy-Regal wert war. Einige Unternehmen produzierten mit ihrer Belegschaft einfach gleich im geschlossenen Kreis. Wer braucht schon Familie, Freunde oder Freizeit, wenn es eine Pandemie zu besiegen gilt in ideologischer Einheit und kommunistischem Geiste? Bilder von Coronatests in Fischmäulern oder der Desinfektion von Fahrradwegen machten die Runde. Die spontanen und rigorosen Lockdowns nahmen kein Ende, und die kurzfristigen Wirtschaftsaussichten in China wurden immer katastrophaler. Die Partei, eigentlich hochgelobter Stabilitätsanker und pragmatischer Heilsbringer effizienzversessener CEOs, hatte – zumindest aus westlicher Perspektive – offenbar den Verstand verloren.

Auch innerhalb der chinesischen Bevölkerung begann es zu rumoren. Das absurde Theater, zu dem das Leben in

China mutiert war, dieser Spießrutenlauf zwischen Massentests und Lockdown-Furcht, Trennung von Kleinkindern von ihren Eltern und den wirtschaftlichen Folgen der Pandemiebekämpfung, wurde zu einem explosiven Mix. Solange die Mehrheit die Einschränkungen in ihrem Leben als vertretbar empfand, die fast totale digitale Kontrolle als Sicherheitsmaßnahme zur Eindämmung der Virusgefahr tolerieren konnte und die wirtschaftlichen Schäden Einzelne und nicht alle trafen, so lange war Xis Null-Covid-Strategie zu halten. Die schnelle Übertragbarkeit der Omikron-Variante veränderte diese Gleichung jedoch massiv. Der Staat kam nicht mehr hinterher mit dem Isolieren, Einsperren und Kontrollieren. Ausgerechnet eine gravierende Menschenrechtsverletzung und ein weiteres Sportereignis trugen dann dazu bei, das Fass – zumindest temporär – zum Überlaufen zu bringen.

Null Covid wird zum Schreckgespenst

In Urumqi, der Hauptstadt der autonomen Region Xinjiang, brach Mitte November 2022 in einem Wohnkomplex ein Feuer aus. Zehn Menschen starben, weitere wurden verletzt. Die Schuld an dieser Tragödie wurde den strikten Lockdown-Maßnahmen in der Region gegeben, die es Millionen von Menschen monatelang untersagt hatten, das Haus zu verlassen. Diese hätten das Entkommen der Bewohner genauso verhindert wie das verspätete Eintreffen der Rettungskräfte. Wütend zogen am Folgetag Hunderte Chines:innen im Protest auf die Straße. Xinjiang ist vor allem für die Masseninternierungslager bekannt, in denen die Angehörigen der muslimischen Minderheit der

Uiguren eingesperrt, drangsaliert, gefoltert und zur Zwangsarbeit gezwungen werden. Bis zu einer Million Menschen befinden sich glaubwürdigen Schätzungen zufolge in Lagerhaft. Der Hohe Kommissar der Vereinten Nationen für Menschenrechte hat in einem Gutachten die massiven Menschenrechtsverletzungen gegenüber den Uiguren in der Region angeprangert und die chinesische Regierung aufgefordert, diese umgehend zu beenden.[29] Xinjiang steht unter engmaschiger digitaler Überwachung, offiziell zur Terrorbekämpfung, der Vorwurf, der international erhoben wird, lautet jedoch kulturelle Assimilierung und Völkermord. Eine Tatsache, für die Xi insbesondere im Westen scharf in der Kritik steht und auch die Europäische Union Sanktionen wegen der Menschenrechtslage verhängt hat – zum ersten Mal seit 1989.

Bis zu dem Unglück war die Solidarisierung der chinesischen Gesellschaft mit der uigurischen Minderheit eher gering ausgeprägt und blieb auch von kurzer Dauer. Die Situation aber, in der, eingeschlossen und verriegelt in der Wohnung wegen eines Covid-Verdachtsfalls, das eigene Heim zur tödlichen Falle werden konnte, traf einen Nerv. Viele Chines:innen konnten diese Sorge nachvollziehen. Wie leicht könnten sie selbst in die gleiche Lage kommen? Das machte Angst. Die Proteste weiteten sich im Rest des Landes in Form von Gedenkmärschen für die Opfer aus. Sie waren vergleichsweise klein, aber eben auch vergleichsweise ungewöhnlich. Diese Form des Protests hatte es in dieser Breite seit den Achtzigerjahren nicht mehr gegeben. Hinzu kam dann noch ein zweiter, deutlich subtilerer Faktor: Fußball.

Die Weltmeisterschaft in Katar, aufgrund der Menschenrechtslage im Land fast ebenso umstritten wie die

Olympischen Spiele in Peking, waren das erste wirklich postpandemische Massenevent. Die Fans, die anreisten, feierten, jubelten, weinten und applaudierten ohne Masken, als hätte es den globalen Ausnahmezustand der vergangenen Jahre nie gegeben. Das Fernsehen übertrug diese Bilder live – auch in chinesische Wohnzimmer.

Fußball hat enorm an Popularität gewonnen in der Volksrepublik. Dafür ist unter anderem Xi persönlich verantwortlich. Ein begeisterter Fan, der sich schon mal beim eigenen Spiel mit den Kaderkameraden ablichten lässt, um seine Bodenständigkeit zu demonstrieren. Xi träumt davon, dass Chinas Nationalmannschaft einmal Weltmeister wird.[30] Er unterstützt deshalb den Breitensport und fördert den Austausch – auch mit Deutschland – zur Fußballförderung im Lande. Als die Chines:innen an den Bildschirmen die ausgelassenen Fans aus aller Welt so fröhlich feiern sahen – ohne Maske, ohne Angst –, da begannen online die Foren vor Protesten nur so zu brodeln. Die chinesische Führung sah sich gezwungen zu intervenieren. Die Liveübertragungen wurden verändert, statt Zoom auf die Fans gab es nur noch Nahaufnahmen der Spieler oder der Ersatzbank, die Zuschauer wurden einfach ausgeblendet. Weil nicht ist, was nicht sein darf.

Aber es war eben nicht nur die Weltmeisterschaft, sondern die Öffnungen weltweit, die über das globale Medienumfeld den Weg über die große Brandschutzmauer der Zensur und Abschottung des chinesischen Internets fand. Der Rest der Welt war auf dem Weg zurück in die Normalität – nur China nicht. Der Unmut entlud sich und vermischte sich mit den Gedenkmärschen. Zeitgleich in mehr als zwanzig Städten war für wenige Tage etwas los auf der Straße, die Universitäten in Peking und anderen Großstädten wurden zu Zentren des kleinen, aber durchaus lauten Aufstands. Zeichen des Protests war das leere weiße Blatt. Man brauchte eben nicht auszubuchstabieren, wogegen man sich auflehnte, das war durch die reine Präsenz auf der Straße schon klar. Die Autorin und Journalistin Lin Hierse brachte dies in ihrer *taz*-Kolumne in wunderschönen Worten auf den Punkt: »Im späten November stand ein Fenster offen. Da hat eine etwas in die Nacht gebrüllt und dann noch eine und noch einer und immer mehr, so klar wie seit dreißig Jahren nicht. *Du weißt, was ich sagen will.* Das Papier wird sehr schnell wieder weiß, aber erinnerst du dich an magische Tinte? Da steht nichts. Und trotzdem alles.«[31]

Neben den leeren DIN-A4-Blättern wurden allerdings auch Parolen gebrüllt, die sich gegen die Kommunistische Partei und Xi Jinping persönlich richteten – in Peking, Schanghai, Shenzhen, Chongqing, Chengdu und zahlreichen weiteren Städten. Es war ein Symptom dafür, dass die Gleichung der Partei nicht mehr aufging, Omikron hatte die Variablen zu stark verändert. Keine Reaktion war keine Option. Die Proteste wurden durch die Polizei und weiträumige Absperrungen innerhalb weniger Tage beendet, aber sie hatten einen Effekt. Die miserablen Wirtschaftszahlen, die schon zuvor für Diskussionen innerhalb der Partei über Xis Null-Covid-Kurs geführt hatten, in Kombination mit den offenen Protesten und dem Unmut in der Breite der Gesellschaft führten zu einer unerwarteten Kehrtwende. Von Null Covid zu null Kontrolle in weniger als zwei Wochen. Xi sagte, man würde nun einen neuen Weg suchen, die Ausgangslage habe sich durch Omikron geändert, ältere Menschen sollen geimpft werden. Ab jetzt also: Augen zu und durch.

Das Pendel schwingt von einem Wahnsinn zum nächsten

Was als Pragmatismus verkauft wurde, kam mehr einer Notbremsung gleich. Um die taumelnde Wirtschaft vom totalen Kollaps abzuhalten, sollten sich lieber die Menschen mit dem Virus infizieren. Anstatt anzuerkennen, dass die westlichen mRNA-Wirkstoffe einen wirksameren Schutz bieten könnten, und diese zu bestellen, wurde unter den neuen Umständen der absehbare Tod Tausender Menschen als kalkulierbares Risiko in Kauf genommen. Aber eine Notbremse ist eben keine echte Kehrtwende, kein Eingeständnis, dass man sich verrannt hat. Außer dem Ende der Null-Covid-Maßnahmen änderte sich nichts. Seine übergeordneten Ziele hat Xi keineswegs beiseitegelegt. Zeitgleich ging es weiter mit den Maßnahmen zur Erhöhung der Kontrolle in der Wirtschaft.

Der große Mythos, dass die Partei alles im Griff hat, ja gar einen Plan für Jahrzehnte und Jahrhunderte, dass China offen fürs Geschäft bleibt, solange man sich an die Spielregeln der Führung hält, dass es immer noch so viel Geld zu verdienen gibt in diesem China Xi Jinpings, all das ist so einfach nicht mehr zu halten. Chinas Wirtschaft wuchs im Jahr 2022 offiziell um drei Prozent. Dies ist schon an sich keine hohe Zahl, aber die Wahrscheinlichkeit, dass auch sie noch geschönt ist, ist hoch. Insgesamt ist es eine deutliche Verlangsamung gegenüber dem Vorjahr. Und daran ist nicht allein die Pandemie Schuld. Die Partei vernichtet Kapital, zerstört Wachstum, das nicht zu kontrollieren ist, und verschreckt ausländische Investoren.[32] Die Partei hat während der Pandemie aufgezeigt, zu welchem Wahnsinn sie fähig ist. Sie ist selbst zum Risiko geworden. 2022 war nach 2020 das schlechteste Jahr mit Blick auf das Wachstum des Bruttoinlandsprodukts in China seit 1976, als Maos Tod die Phase der Kulturrevolution beendete und China vor den Scherben seiner Politik stand.[33]

Während Maos Experimente zwar die chinesische Bevölkerung massiv beeinträchtigten und das Wirtschaftswachstum Chinas unterdrückten, sind die radikalen Maßnahmen unter Xi für Deutschland jetzt ein direktes Problem. Unter Mao war China für die globale Volkswirtschaft ein eher vernachlässigter Faktor, fast gänzlich isoliert vom Westen, der Wahnsinn blieb damit lokalisiert. Heute ist das anders. Jede irrwitzige Idee, jede tiefgreifende Regulierung, jedes Umsteuern in der Wirtschaft der Kommunistischen Partei wirkt sich unmittelbar auch auf uns aus. Dadurch, dass die Volkswirtschaften Chinas und Deutschlands eng miteinander verbunden sind, ist eine Schicksalsgemeinschaft entstanden. – Ob das wirklich eine gute Idee ist? Wie eng sollte Europa sich zukünftig an China binden? Diese Fragen sind drängender denn je.

Sollte China auch nach der Pandemie weiter hinter den Wohlstandsgewinn der letzten Jahrzehnte zurückfallen, die demografische Krise der alternden Gesellschaft und die Immobilienblase genauso wenig meistern wie eine wirkliche technologische Unabhängigkeit, Produktivitätszuwachs, ein attraktives Umfeld für Innovation, soziale Sicherheit und Lohnsteigerungen, dann bleiben der Partei nur zwei Optionen: Macht abgeben oder noch mehr Kontrolle, mehr Druck, mehr Intervention. Derzeit spricht vieles dafür, als wäre der zweite Weg der bevorzugte.

Die jungen Menschen, die im November 2022 mit leeren Blättern wortlos ihrem Unmut Luft machten, wurden still und leise identifiziert, verhaftet, eingeschüchtert. Die Möglichkeiten der digitalen Überwachung sind nahezu absolut, die Bereitschaft, diese Mittel einzusetzen, ebenso. Nichts daran ist pragmatisch oder flexibel, aber alles davon hat inzwischen Auswirkungen auf die ganze Welt. Und Deutschland braucht nicht zu glauben, dass es vom Wahnsinn verschont bleiben wird.

2
Die kommunistische Führung setzt auf wirtschaftliche Dominanz

Parteitage der Kommunistischen Partei Chinas sind ein ganz besonderes Spektakel. Nur alle fünf Jahre im Herbst finden sie statt und bringen mehr als 2000 Delegierte zusammen. Hier wird nicht nur die Führung bestimmt, sondern auch das politische Programm für die nächsten Jahre abgesegnet und die Programmatik der Partei weiterentwickelt. Doch vor allem ist es eine strikt choreografierte Show: In der Großen Halle des Volkes in Peking leuchten die roten Teppiche, Spruchbänder und Fahnen, in der Mitte über dem Podium prangen Hammer und Sichel auf goldgelbem Hintergrund. In den Reihen rote Krawatten, die eine oder andere Uniform der Volksbefreiungsarmee und auf den Tischen vor den Delegierten mit einem Deckel verschlossene Becher aus Porzellan gefüllt mit Tee.

Vor etwas mehr als zehn Jahren, als Xi Jinping das Amt als Parteivorsitzender von seinem Vorgänger Hu Jintao übernahm, war das internationale Interesse an diesen Veranstaltungen noch überschaubar. Die Veränderungen unter Xi führten dazu, dass sein erster Parteitag als Vorsitzender fünf Jahre nach Amtsübernahme bereits ein deutlich größeres Medienereignis im Westen wurde. Auch wenn Xis legendäre dreieinhalbstündige Rede von 2017 nicht nur für die Augenlider und Blasen der Delegierten, sondern auch für westliche Journalist:innen eine Strapaze war – er untermauerte in epischer Breite seinen Führungsanspruch und unterstrich die Bedeutung von Kontrolle und die Maximen der Ideologie. Kontrolle, wie wir bereits gesehen haben, ist zentral, denn das totalitäre leninistische System hat kein Vertrauen zu Dingen, die es nicht kontrollieren kann.

Bei seinem zweiten Parteitag 2022 fasste sich Xi kürzer, wurde aber umso klarer. Sollten nach Ende der ersten fünf Jahre an der Spitze der Partei noch Zweifel bestanden haben, wie sehr er seine eigene Macht und die Rolle der Partei in der künftigen Entwicklung Chinas festschreiben wollte, bot der 20. Parteitag der Kommunistischen Partei Gelegenheit, den Plan für die Zukunft noch einmal in aller Deutlichkeit ausbuchstabiert zu bekommen. Zum Mitschreiben, Merken und Fürchten.

Der Mao-Stil der frühen Jahre ist optisch zwar meist dem klassischen schwarzen Businessanzug gewichen, aber die Methoden und die Rhetorik seiner Ära erleben ein echtes Revival. So wurde zum Beispiel Xis Vorgänger Hu vor laufenden Kameras aus dem Raum geführt, was zu zahlreichen Spekulationen über die Machtverteilung innerhalb der Partei unter den Beobachter:innen des Events führte. Hu repräsentierte eine einst mächtige Gruppierung innerhalb der Kommunistischen Partei, die Gruppe um diejenigen Parteikader, die durch die Kommunistische Jugendliga zur Macht gekommen sind und nicht wie zum Beispiel die sogenannten Prinzlinge, die Abkommen der Kommunisten der ersten Stunde um Mao (wie z. B. Xi Jinpings Vater), ihren Führungsanspruch untermauern. Hu Jintaos Abgang und die neue Besetzung des Politbüros, die der Jugendliga keinen Platz mehr einräumte, wurde als Symbol für die Bedeutungslosigkeit dieser Parteigruppierung seit der Machtübernahme Xis gewertet. Die genauen Gründe für die öffentliche Entfernung Hus aus dem Raum sind allerdings bis heute unklar. Jenseits sichtbarer Botschaften wie Hus Abgang sind unter Xi aber vor allem Wörter zu hören, die in den großen Reden seiner Vorgänger weniger stark betont wurden. Ein echtes Comeback erlebt die Idee des »Kampfes«, wobei die Übersetzung ins Englische als *struggle* den Wesenskern des chinesischen Begriffes besser trifft. Es ist ein Ringen gemeint, vor allem mit sich selbst, eine Überwindung der eigenen Schwäche mit dem Ziel der Verbesserung der eigenen Position, das Durchschreiten einer harten und schmerzvollen Phase, um danach von größerem Glück belohnt zu werden. Sowohl für die Außenpolitik Chinas als auch für die Wirtschaftspolitik hat dieser Begriff inzwischen eine enorme Bedeutung. Er gibt allen, die außerhalb Chinas versuchen wollen, das Handeln der chinesischen Führung zu verstehen, eine Interpretationshilfe an die Hand. Er macht deutlich, wie Xi auf die Welt blickt. Eine Welt, in der weite Teile China feindlich gesinnt sind. Eine Welt, deren Ordnung die USA und ihre Alliierten strukturell bevorzugt. Eine Welt, die fundamental umgestaltet werden muss, um dem Machtanspruch der Kommunistischen Partei und der nationalen Sicherheit Chinas gerecht zu werden.

Schon Mao hatte sich dem Kampf verschrieben, und Xi schien genau diesen Geist heraufbeschwören zu wollen, als er wenige Tage nach dem 20. Parteitag den Ständigen Ausschuss des Politbüros, sein siebenköpfiges Team der Topkader, das die Geschicke der Partei und des Landes in allen

Fragen vom Management der Provinzen bis zur Finanzpolitik oder militärischen Fragen lenkt, nach Yan'an brachte. 1935 war dieser Ort in der Provinz Shaanxi, im Norden Zentralchinas, das Ziel von Maos *Langem Marsch* gewesen und wurde damit zunächst zur zentralen Heimat der Kommunistischen Partei. Von hier aus kämpften sie gegen japanische Besatzungstruppen und im Bürgerkrieg gegen die Nationalchinesen. Yan'an steht für die Reinheit der politischen Ideologie und für harte Arbeit, die Früchte trägt. Selbst militärische Belagerung und wirtschaftliche Blockade konnten Mao der Geschichtserzählung der Partei zufolge nicht aufhalten. Das Überleben der Partei und der anschließende Siegeszug waren nur aufgrund des Kampfgeistes und des hohen Maßes an Autarkie erfolgreich. Referenzen hierzu werden auch heute noch in Propagandafilmen im chinesischen Fernsehen gezogen, was natürlich zur Legendenbildung beitragen soll.[1]

Ein zweites Element des »Kampfes« findet sich in der starken Betonung, die Xi auf den Nationalismus setzt. China muss stark sein, um sich gegenüber ausländischen Mächten zu behaupten, die immer im Verdacht stehen, Chinas Aufstieg einhegen zu wollen und die Stabilität Chinas zu unterminieren. In Anlehnung an die frühe ideologische Positionierung Maos und in Abkehr von der seit Deng Xiaoping dominanten Reform- und Öffnungsagenda stehen für Xi also Sicherheit und Kontrolle im Vordergrund. Dazu gehören die Abkehr und Ablehnung des Westens, die Hinwendung zu wirtschaftlicher und technologischer Autarkie und die Logik des Kampfes der Systeme. Und auch wenn die Welt heute eine andere ist, stehen dieser Rückgriff auf den Gründungsmythos der Kommunistischen Partei, dieser Besuch in Yan'an 2022, auch symbolisch für Xis Antwort auf die aktuelle Welt voller Risiken und geopolitischer Spannungen: China soll unabhängiger von der Welt werden und die Welt abhängiger von China, dies maximiert die nationale Sicherheit – und die Chancen für die Kommunistische Partei, den Beweis ihrer unerschütterlichen Dauerhaftigkeit anzutreten. Nicht zuletzt ist die Kommunistische Partei 2023 gerade einmal so lange für die Geschicke der Volksrepublik zuständig, wie die Kommunistische Partei der Sowjetunion es bei ihrem Zusammenbruch war – im verflixten 74. Jahr.

Zwei Kreisläufe für den Machterhalt

An der eigenen Unabhängigkeit arbeitet die Parteiführung schon seit Jahren unablässig, aber der russische Angriff auf die Ukraine und die daraus folgenden Sanktionen nie da gewesenen Ausmaßes gegen die russische Volkswirtschaft durch eine breite Koalition um die EU, die USA, aber auch Japan, Korea oder Singapur, waren eine erneute Zäsur. Vor allem die Geschlossenheit des Westens war ein echter Weckruf für die Kommunistische Partei. Die chinesische Führung setzt seither noch mehr darauf, die bisherigen Bestrebungen zu beschleunigen und zu vertiefen.

Eine ambitionierte Industriepolitik in ausgewählten Bereichen, wie beispielsweise bei der Halbleitertechnik, bei grünen Technologien, der Robotik, Materialwissenschaft oder Raumfahrttechnik, ist dabei nur eine der Maßnahmen, mit denen sich die chinesische Führung gegen die Gefahren der Interdependenz abzusichern sucht. Genau genommen ist das, was als »De-Coupling« bezeichnet wird, also eine einseitige Entkopplung von der internationalen, globalisierten Wirtschaft, in der chinesischen Variante eine parallele Entkopplungs- und Neukopplungsstrategie: Die gezielte Ablösung von allen Staaten, die China potenziell politisch nicht wohlgesonnen sind oder deren Handeln nicht durch politischen oder wirtschaftlichen Druck kontrolliert werden kann, also vor allem der USA und ihren Verbündeten, findet dabei parallel zu einer Stärkung des heimischen Marktes und einer verstärkten »Kopplung« mit einer Reihe von nicht westlichen Staaten statt, allen voran Russland, außerdem Iran oder Saudi-Arabien, aber auch in der unmittelbaren Nachbarschaft Indonesien, Vietnam, Kambodscha, Laos oder Myanmar, Länder, denen die chinesische Führung aus einer Position der Stärke begegnen kann. Aus diesen Ländern sollen Rohstoffe oder Zulieferprodukte kommen, und hierhin können auch Arbeitsplätze verlagert werden, da die chinesische Lohnentwicklung und der demografische Wandel dies langfristig erforderlich machen werden. Und nicht zuletzt können sie als Absatzmärkte der Zukunft mit hohem Wachstumspotenzial für Chinas Industrie-, Infrastruktur- und Technologieexporte dienen.

Seit 2020 steht dieser Ansatz im Zentrum des aktuellen Fünfjahresplans (2021–2025). Grob übersetzt kann die Strategie »Prinzip der zwei Kreisläufe« genannt werden. Der erste Kreislauf ist die heimische Wirtschaft. Sie soll durch möglichst autarke Produktionsbedingungen, rein nationale Lieferketten, starke heimische Unternehmen und hohen inländischen Konsum gestärkt werden. Denn auch wenn China den größten Heimatmarkt der Welt hat, ist der Anteil des privaten Konsums am Bruttoinlandsprodukt mit knapp unter 40 Prozent seit 2016 eher gering.[2] 2010, auf dem Zenit der Hu-Jintao-Ära, lag er auf dem

Tiefpunkt von knapp unter 35 Prozent. In den USA liegt der Wert bei knapp 70 Prozent, im stärker exportorientierten Deutschland liegt der Anteil des privaten Konsums bei 51 Prozent des BIP (2019).[3]

Weil es zu wenig soziale Absicherung, solide Renten oder bezahlbare Altersversorgung gibt, sparen viele Chines:innen. Bis 2015 hatte China eine der höchsten Sparquoten weltweit. Seitdem sind allerdings auch die Schulden in den einzelnen Haushalten stark angewachsen. Es wurde vor allem in den zunächst boomenden, inzwischen aber immer mehr in Schieflage geratenen Immobiliensektor investiert, und die Entwicklung von Onlinezahlungsdiensten und Kreditgebern im rasant an Bedeutung gewinnenden FinTech-Sektor ermöglichte es auch, eine Vielzahl von Bürger:innen direkt mit dem Finanzsystem in Kontakt zu bringen – auf deutlich unkompliziertere Art als über staatliche Banken.[4] Das hat dazu geführt, dass viele einfache Bürger:innen ihr Erspartes in fragwürdigen Geschäften anlegten, in wertlosen oder nie fertiggestellten Immobilien, und damit groß angelegtem kriminellem Betrug zum Opfer fielen. Der Skandal um den Konzern Evergrande Ende 2021 schaffte es dabei aufgrund der unfassbaren Ausmaße sogar in die westliche Presse: Der zweitgrößte Bauträger und Projektentwickler Chinas konnte Schulden in Milliardenhöhe nicht mehr bedienen und drohte die gesamte Immobilienwirtschaft in China in Mitleidenschaft zu ziehen. Die Zukunft Evergrandes ist bis heute trotz Umschuldungsplänen nicht gesichert.

Im Dezember 2022 kündigte Xi an, als Antwort auf die lahmende Wirtschaft das volle Potenzial des heimischen Konsums entfesseln und dafür auch die private Kreditaufnahme befördern zu wollen.[5] Ein Plan, der nicht ohne Risiko ist angesichts all der bereits verschuldeten Haushalte. Gleichzeitig bleibt aber vor allem bei den Einkommen für die Mittelschicht und in den ländlichen Regionen nach wie vor enormes Entwicklungspotenzial. Millionen von Millionären kaschieren bisweilen die Tatsache, dass auch heute noch fast 50 Prozent der Bevölkerung Chinas deutlich weniger als 10 US-Dollar pro Tag zur Verfügung haben, auch wenn der Anteil derer, die unter der von der Weltbank definierten Armutsgrenze von unter 1,90 US-Dollar pro Tag leben, inzwischen auf unter 1 Prozent der Bevölkerung gesunken ist.[6] Die absolute Armut in China ist fast beseitigt, aber zwischen »nicht mehr bitterarm« und einer Mittelklasseexistenz ist es eben für weite Teile der Bevölkerung immer noch ein langer Weg. Und die schwachen postpandemischen Wirtschaftszahlen zwingen lokale Regierungen entgegen Xis angekündigter Entfesselung zu Sparmaßnahmen. So sorgten Anfang 2023 Kürzungen im Gesundheitssystem für immer wieder aufflammende Proteste unter Rentner:innen, zum Beispiel in Wuhan.[7]

Für Chinas Wirtschaft ist daheim noch viel zu erreichen, aber ohne nachhaltige soziale Absicherung, eine Stabilisierung des Immobiliensektors, steigende Gehälter und größere Rechtssicherheit wird dies nicht ohne Weiteres passieren, nur weil Xi Jinping gerne Wachstum *made in China, for China* hätte.

Deswegen soll parallel auch noch der bisherige Motor der chinesischen Wirtschaft, der Exportsektor, gestärkt werden. Nach Xis Logik soll dieser zweite Kreislauf seines Modells China offen bleiben für die Welt, um Kapital und Know-how anzuziehen und ausländische Märkte zu erobern. Die beiden Kreisläufe sollen sich gegenseitig positiv beeinflussen und doch nicht zu eng miteinander verbunden sein. Vielmehr soll der internationale Kreislauf dazu dienen, Chinas nationale Sicherheit zu stärken, indem die Abhängigkeiten anderer Staaten vom riesigen chinesischen Markt und seinen Produkten als Abschreckung dienen, China nicht zu politischen Zugeständnissen zu zwingen oder Liberalisierungsdruck auszuüben. Zudem kann ein attraktiver Markt oder Marktzugang als offensive Waffe eingesetzt werden, um politische (und wirtschaftliche) Ziele zu erreichen. In Europa sind hier vor allem die immensen Schwierigkeiten, Masken, Schutzkleidung und andere Güter während der Pandemie aus China zu bekommen, ein zentrales Beispiel. Die Gesundheitskrise wurde von der chinesischen Regierung politisiert. Die Schocks für globale Lieferketten waren eine Warnung für die Zukunft. Hinzu kam der fast vollständige Zusammenbruch der Handelsbeziehungen zu Litauen, nachdem die Regierung nicht die gewünschte Terminologie für ein Liaisonbüro Taiwans wählte. Peking besteht bei der Benennung von Taiwans Quasibotschaften auf dem Begriff »Taipeh Vertretung« (nach der Hauptstadt) und nicht Taiwan, da dies einer diplomatischen Anerkennung der als abtrünnige Provinz betrachteten Insel zu nahekommen würde. Diese Ereignisse waren qualitativ anders als frühere Maßnahmen wie der Importstopp für norwegischen Lachs nach der Verleihung des Friedensnobelpreises an Regimekritiker Liu Xiaobo.

Die chinesische Führung setzt bereits jetzt schrittweise eine Entkopplung in entscheidenden Bereichen um, chinesische Lösungen werden im Markt bevorzugt – von Windturbinen bis Telekommunikationsinfrastruktur. Erneuerbare Energien sollen zu größerer Energieunabhängigkeit beitragen, und gleichzeitig setzt die chinesische Führung auch beim Import fossiler Energieträger so weit wie möglich auf Diversifizierung. Keine zu große Abhängigkeit von einzelnen Staaten soll entstehen, nicht von Russland, nicht von den Golfstaaten oder dem Iran. Risikovermeidung und Risikostreuung sind das Ziel. Es ist eine neue Risikoabwägung – und eine deutliche Veränderung der internationalen Handelsordnung. Reformen werden zurückgedreht, und Chinas Markt öffnet sich nicht immer weiter, sondern verschließt sich in bestimmten Sektoren formell oder informell für internationale Konzerne. Dadurch entstehen Vorteile für chinesische Großkonzerne in strategischen Industrien, im Bereich der Wind- und Solarenergie, bei der Telekommunikationstechnologie, im Bereich der Schienenfahrzeuge, und rasant zunehmend in der Elektroautomobilindustrie, die eine Verdrängung europäischer Wettbewerber nicht nur in China, sondern auch auf dem globalen Markt nach sich zieht.

Dominanz zu Hause und in der Welt

Chinas Führung will in keinem einzigen relevanten Bereich auf einzelne Staaten angewiesen sein. Das gilt für die Energieversorgung genauso wie für den Automobilbau oder die Technologieindustrie. Deswegen werden in China gleichzeitig Kohle ab- und erneuerbare Energien ausgebaut, wie sonst nirgendwo auf der Welt, während parallel Ölverträge mit den Golfstaaten abgeschlossen werden und der Bau von Gaspipelines aus Russland vereinbart wird. Doppelt und dreifach hält besser. Deswegen sind deutsche Autobauer beziehungsweise ihr Know-how und Technologietransfer derzeit noch willkommen, während chinesische Elektrofahrzeuge den heimischen und den Weltmarkt erobern. Deswegen wird mit unfassbaren Mengen an staatlichem Kapital die heimische Halbleiterindustrie und -forschung unterstützt und in der eigenen Verwaltung immer mehr auf Softwarelösungen *made in China* gesetzt. Für Max J. Zenglein, Chefökonom des Berliner China-Forschungsinstituts Merics, stellt sich deshalb die Frage, ob es der chinesischen Führung darum geht, europäischen Unternehmen einen warmen Empfang zu bereiten, oder ob sie, wie er es formuliert, »statt in den Salon zu einem Drink vielmehr auf rotem Teppich in den Keller geführt würden, aus dem so leicht kein Entkommen ist«.[8]

Bislang hält die deutlich formulierte Strategie der chinesischen Führung, internationale Konzerne entweder zu assimilieren oder durch eigene Akteure innerhalb des chinesischen Marktes zu marginalisieren, die großen deutschen und europäischen Konzerne nicht davon ab, ihr Engagement in China zu vertiefen – zu hoch ist weiterhin die Attraktivität des chinesischen Marktes, zu stark die Angst, bei Innovation und Wachstum den Anschluss zu verlieren.

Jürgen Matthes vom Institut der Deutschen Wirtschaft in Köln macht dies in seiner Forschung immer wieder deutlich. Deutsche Firmen importieren inzwischen mehr aus China, als sie exportieren, und die Direktinvestitionen erreichten im ersten Halbjahr 2022 ein Rekordhoch. Matthes stellt fest, dass »die deutsche Wirtschaft den chinesischen Markt zunehmend durch Produktion und immer weniger durch Exporte bedient«, dafür sorgt, dass »der Standort Deutschland wohl weniger stark vom China-Engagement der deutschen Firmen profitieren« wird.[9]

In anderen Worten: Wenn es so weitergeht, wächst der Kuchen in China zwar langsam weiter, aber unser Anteil daran schrumpft schneller und umfangreicher. Das kostet in Deutschland dann sehr wahrscheinlich Wohlstand und Arbeitsplätze. Die Kombination aus der Größe des chinesischen Marktes, der marktverzerrenden Praktiken des chinesischen Staates und dem oft kurzfristig orientierten Profitstreben internationaler Unternehmen stellt für die internationale Handelsordnung, wie wir sie kennen, eine immer ernstere Herausforderung dar.

Heimvorteil

Besonders schwierig wird es dann, wenn die chinesische Führung keine formellen Regelungen wählt, gegen die im Zweifel internationale rechtliche Schritte eingeleitet werden könnten, sondern informelle Maßnahmen den Wettbewerb verzerren. Als Schlüsselelement, das die nach innen gerichtete Dimension mit der nach außen gerichteten Dimension verbindet, lohnt es sich, ein Phänomen näher zu erläutern, das meine Kollegin Agatha Kratz von der Rhodium Group, einer Beratungsfirma, deren Hauptaugenmerk unter anderem auf dem China-Geschäft liegt, und ich 2021 in einem gemeinsamen Bericht als »Heimvorteil« beschrieben haben.[10]

Als China 2001 Mitglied der Welthandelsorganisation wurde, war die Erwartung, dass die Entwicklung in eine Richtung gehen würde: hin zu mehr Markt und mehr Offenheit. Über zwanzig Jahre später ist klar: Auch wenn die formellen Marktzugangsbeschränkungen in vielen Bereichen zurückgegangen sind, bleibt Chinas riesiger

Heimatmarkt in weiten Teilen formell oder informell für internationale Akteure verschlossen – Tendenz steigend. Mehr als dreißig Sektoren sind nach wie vor formell von internationaler Konkurrenz ausgenommen oder können nur mit einer Mehrheitsbeteiligung eines chinesischen Konzerns zugänglich gemacht werden. Dazu zählen unter anderem der Bereich des Abbaus Seltener Erden oder der Bergbau im Allgemeinen, der Bau und Betrieb von zivilen Flughäfen, der gesamte Bereich der Energieversorgung, aber auch andere hochprofitable Sektoren wie die riesige Entertainmentindustrie, also zum Beispiel der Filmvertrieb, Kinounternehmen oder Filmproduktionsfirmen.[11] Europas Markt hingegen ist einer der offensten der Welt. Auch die USA – gern vor allem in Deutschland in Verruf, seit Trumps Parole, nur noch auf »America First« und Protektionismus zu setzen – sind im Vergleich zu China ein Vorbild für einen offenen Marktzugang.

Neben der formellen Ausschlussliste für Investitionen ausländischer Firmen sind aber die Bereiche, in denen die Produkte internationaler Hersteller nicht – oder nicht mehr – zum Einsatz kommen, weil chinesischen Konzernen informell Vorrang gegeben wird, besonders relevant. Im Bereich 2G und 3G waren europäische Telekommunikationsanbieter in China noch Marktführer, im Bereich 5G werden sie kaum noch eine Rolle spielen. Das liegt nicht daran, dass sie weniger gut oder innovativ sind, sondern daran, dass heimische Anbieter der Vorzug bekommen. Gleiches sieht man im Bereich der Windenergie. Ein Sektor, in dem also offiziell keine Beschränkung besteht, wird durch diese Form der Bevorzugung nationaler Champions de facto zum exklusiven Biotop. Auch wenn die Beantwortung der Frage, ob der durchaus intensive Wettbewerb zwischen chinesischen Konzernen im heimischen Markt ausreichen wird, um die Unternehmen langfristig innovativ und leistungsfähig zu erhalten, noch aussteht, können chinesische Firmen – ob privat oder staatlich, ist dabei nicht entscheidend –, die in einem geschützten Heimatmarkt tätig sind, zumindest kurz- bis mittelfristig höhere Einnahmen und größere Gewinne erzielen, als sie es unter wirklich offenen Markt- und fairen Wettbewerbsbedingungen tun würden. Durch diese Gewinne können sie verstärkt in Forschung und Entwicklung investieren. Und sie haben auch die Sicherheit, langfristig exklusiven Zugang zum Markt zu haben, das schafft Ruhe und verändert die Risikokalkulation. Die größeren Forschungs- und Entwicklungsetats sind dabei aber nicht der einzige Vorteil: Unternehmen können schneller wachsen, ihre Produkte auf einem riesigen Markt testen und verbessern und sind resilienter gegenüber externen Nachfrageeinbrüchen. Die Skaleneffekte, die sich aus dem bevorzugten Agieren auf dem chinesischen Markt ergeben, sind enorm.

All dies ist auch von Vorteil für Konzerne, die auf den internationalen Markt drängen. Hier kommt Xis Maxime ins Spiel, die Welt abhängiger von China zu machen. Nur wenn – wie in der bereits in Kapitel 2 erwähnten »Made in China 2025«-Strategie vorgesehen – Dominanz in zentralen Bereichen der globalen Industrie- und Technologieproduktion erreicht werden kann, hilft dies, Chinas nationale Stärke und die Macht der Kommunistischen Partei langfristig zu sichern. Die Idee dahinter: Chinesische Unternehmen, die auf dem heimischen Markt erfolgreich sind, können global niedrigere Preise verlangen und damit Wettbewerber ausbremsen, sie können aber auch bisweilen flexiblere oder stärker auf den neuen Markt zugeschnittene

Angebote machen, weil sie finanzielle Spielräume haben, die es ihnen ermöglichen, zu investieren, um Märkte perspektivisch für sich zu gewinnen. Das schafft quasi einen doppelten Rückkopplungseffekt, denn es erhöht für die chinesischen Unternehmen wie für die ausländischen Märkte die Abhängigkeit von Chinas Wirtschaftsökosystem.

Mythos Neue Seidenstraße

Damit kommt ein letztes Element ins Spiel, das älter ist als das »Prinzip der zwei Kreisläufe«, sich aber gut in dieses integrieren lässt. Wenn China führend sein will, muss also erstens der Heimatmarkt als Grundlage der Wirtschaftskraft funktionieren, zweitens müssen chinesische Konzerne wettbewerbsfähig sein und ihre Marktanteile weltweit ausbauen, und drittens müssen gleichzeitig nicht saturierte Märkte für den Export erschlossen werden. Letzteres hat bereits seit 2013 einen Namen: die von vielen Mythen umrankte *Neue Seidenstraße*.

Die deutsche Übersetzung des chinesischen Originals ist dabei eine der elegantesten Varianten, die englische Version »Belt and Road Initiative« ist ähnlich schwergängig wie die chinesische Bezeichnung *Yīdài Yīlù* (»Ein Gürtel, eine Straße«), aber die Abkürzung BRI funktionierte im weltweiten Marketing erstaunlich gut. So richtig wichtig ist der Name eines Produkts anscheinend nicht, wenn er nur mit der nötigen Überzeugung, in der richtigen Frequenz und mit dem gewissen Etwas an Kapital oder dem Versprechen von Wachstum und Reichtum vorgetragen wird. Im Kern war das, was Xi Jinping 2013, also ganz zu Beginn seiner ersten Amtszeit, mit einer Rede in Kasachstan als Idee für eine vergrößerte globale wirtschaftliche und strategische Präsenz Chinas präsentierte, noch ein recht unausgegorener Plan. Er war zunächst nur Teil einer internen strategischen Debatte über Chinas Rolle in der Welt, in der es um den Abbau von Überkapazitäten, verbesserte Konnektivität in Chinas unmittelbarer Nachbarschaft und größere chinesische Auslandsinvestitionen zur Unterstützung chinesischer Konzerne ging. Die Initiative wurde dann aber zügig zu einem deutlich größeren Projekt.

Es ist ein Phänomen, das unter Xi immer wieder zu beobachten ist: Eine noch recht vage Vorgabe wird von ihm selbst vorgetragen, dann vom Parteiapparat aufgenommen, und anschließend wird – auf lokaler Ebene, innerhalb von Staatsunternehmen und zum Teil in der Gesellschaft – versucht, sich gegenseitig darin zu überbieten, die Worte des Parteichefs möglichst umfangreich umzusetzen. Das kann bisweilen positive Effekte haben, wie im Bereich der Investitionen in grüne Technologien (siehe Kapitel 5), oder negative, wie beim Umgang mit der Coronapandemie (siehe Kapitel 2). Aber es entzaubert das, was da wirklich passiert: Wenn man die Propaganda der Partei einmal vorsichtig auseinandernimmt, beginnt das Bild von Xi als großem Visionär schnell zu bröckeln. Die Seidenstraßen-Initiative ist ein exzellentes Beispiel einer aus Opportunität erwachsenen Strategie, die durch geschickte oder einfach nur brutal offensive und repetitive Propaganda zu einem kohärenten Ganzen geformt wird, wo eigentlich keines war. Dazu kommt ein sich selbst verstärkender Effekt: Alles, was das Seidenstraßen-Label bekommt, findet die Zustimmung der Propaganda der Partei, kann damit Fördergelder bekommen oder mit Aufmerksamkeit versehen werden. So entstehen dann selbst ernannte Seidenstraßen-Forschungsinstitute an Hochschulen, Seidenstraßen-Freundschaftsgruppen, die sich für den Austausch von Kulturschaffenden einsetzen, oder Seidenstraßen-Foren, in denen über die großen Fragen der Zeit gesprochen wird. Das alles ist nicht Teil eines Masterplans, sondern Teil einer Motivationslogik, die durch das Vorgehen der Parteiführung entsteht. In China (und auch außerhalb) ist dann die Frage für den Einzelnen und für Institutionen: Wie können wir vom neuen Hype profitieren? Gibt es Gelder, die dafür bereitgestellt werden? Als Unternehmer:in kann man sich die Frage stellen: Sollte ich einen Seidenstraßen-Preis stiften, eine Seidenstraßen-Stiftung gründen, hilft mir dies im Hinblick auf gute Beziehungen zur Partei?

Und je mehr Seidenstraßen-Hype kreiert wird, desto weniger fragt irgendwer am Ende noch nach, was das Ganze eigentlich bedeutet. Und sollte dann Gegenwind kommen, weil in der Realität viele der Projekte eben weder richtig funktionieren noch in den Partnerländern uneingeschränkt auf Gegenliebe stoßen, dann fährt der zentrale Propagandaapparat die Seidenstraßen-Maschinerie eben wieder herunter. Auch bei radikalen Kehrtwenden, etwa bei der Null-Covid-Politik der Regierung, funktionieren das stoische Aussitzen der kurzen Verwirrung und das anschließende Behaupten, man habe schon lange das Gegenteil geplant und deshalb Anpassungen vorgenommen, erstaunlich gut.

Xis Seidenstraßen-Initiative ist also nicht Chinas lang ausgeklügelter Plan für Weltherrschaft und Dominanz – und ist es auch nie gewesen. Auch wenn es im Nachhinein oft so scheint, als folgte die weltweite chinesische Entwicklungs- und Investitionsstrategie zentralen Vorgaben, sind nicht alle Investitionen eines jeden Staatsunternehmens in Containerterminals von Afrika bis Europa in einer geheimen Excel-Datei in einem Computer in der Schaltzentrale der Macht in Peking registriert und werden Stück für Stück abgearbeitet. Die Vorstellung ist absurd, aber die Illusion, die chinesische Regierung sei so viel besser darin, sich Ziele zu setzen und zu erreichen, wird von Beobachter:innen im Westen gern wiederholt – vor allem als Kritik an den eigenen Regierungen, denen eine solche Weitsicht offenbar zu fehlen scheint. Ein Narrativ, das die chinesische Propaganda nur allzu bereitwillig aufgreift.

Realistisch bewertet ist die chinesische Führung vor allem sehr viel besser darin, zu experimentieren, dynamisch ihre Ziele anzupassen und mögliche Fehlschläge so lange durch den Propagandaapparat zu schleifen, bis sie aussehen, als hätte es sie nie gegeben. So werden zum Beispiel Wachstumsziele verringert und dann von einem nachhaltigeren, gleichmäßigeren Wachstumskurs gesprochen, oder es werden eben einfach keine Corona-Toten mehr erfasst, dann wiegt ihr Verlust auch statistisch nicht mehr so schwer. Fakt und Fiktion liegen oft nah beieinander, entscheidender ist daher meist das Narrativ. Und so verhält es sich auch mit der Seidenstraßen-Initiative.

In Deutschland wird die Initiative immer noch oft als Erfolg angesehen. Als etwas, gegen das kaum ein Kraut gewachsen ist. Wer kann es schon mit Chinas Milliarden aufnehmen? China kauft sich – so eine der gängigen Sichtweisen – mit der Initiative Einfluss in der ganzen Welt, wirtschaftlich sichert es sich Zugänge, gute Beziehungen, freundlich gesinnte Regierungen in der Gruppe der Entwicklungsländer, die dann auch politisch näher an Peking heranrücken. Der ganze afrikanische Kontinent wird praktisch schon als chinesischer Vorgarten betrachtet.

Tatsächlich aber ist der Widerstand gegen Chinas wachsende ökonomische Präsenz schon seit spätestens 2018 in vielen Staaten deutlich spürbar.[12] Von Malaysia bis zu engen Partnern wie Pakistan stehen die Projekte der Neuen Seidenstraße in der Kritik. Zahlreiche Vorhaben wurden angekündigt und nie realisiert. Gerade in Mittel- und Osteuropa, das noch 2015 geradezu euphorisch auf die Chancen blickte, die sich durch den Handel mit China ergeben könnten, hat sich Ernüchterung breitgemacht. Wenig ist passiert, jenseits von Ungarn und Serbien kaum Direktinvestitionen und auch kein verbesserter Marktzugang für polnische, tschechische oder baltische Unternehmen.

In Europa war die Neue Seidenstraße keine Erfolgsgeschichte. Anders war dies in zahlreichen Staaten in Asien, im Nahen Osten, Afrika oder auch Lateinamerika, die eine höhere Komplementarität mit der chinesischen Volkswirtschaft aufweisen: kritische Rohstoffe wie Öl und Gas für den Import und auf der anderen Seite große Märkte für chinesische Überkapazitäten bei Stahl und Zement sowie die Bereitstellung von Infrastruktur. Neben den klassischen Exporteuren aus dem Nahen Osten und Russland zählen beispielsweise auch Angola, Malaysia und Brasilien zu den Erdöllieferanten für die chinesische Volkswirtschaft.

Angola ist ein gutes Beispiel für den ursprünglichen chinesischen Ansatz: Der südwestafrikanische Staat bekommt großzügige Kredite, dafür bekommen chinesische Konzerne Zugriff auf günstiges Öl, und zusätzlich kriegen chinesische Firmen einen großen Teil der Infrastrukturaufträge. In Angola haben chinesische Firmen Straßen und Bahnstrecken, den Flughafen der Hauptstadt Luanda und zahlreiche Fußballstadien gebaut – zum Teil schon lange bevor die Seidenstraßen-Initiative ihren Namen bekam. Aber es ist auch viel schiefgegangen: Qualitätsmängel, Korruption und wechselnde Regierungen haben auf beiden Seiten für Frustration gesorgt. Die umfangreichen chinesischen Kredite wurden zum Problem für die neue, ebenfalls autoritäre Regierung von João Lourenço. Der politische Einfluss Pekings ist jedenfalls deutlich gesunken.[13]

Die »Schuldenfalle«, also die hohe Schuldenlast aufgrund von ökonomisch nicht nachhaltigen Projekten, die mit chinesischen Krediten finanziert wurden, ist ein Grund dafür, dass die Initiative vielerorts ins Stocken gerät, aber der Begriff verschleiert das, was dort passiert, und nimmt die Regierungen der Kreditnehmerländer zu weit aus der Verantwortung. Chinesische Geldgeber haben mit intransparenten Praktiken Geld an oftmals korrupte und autoritäre Eliten gegeben, die damit zur Ausbeutung ihres eigenen Staates, aber auch zur Selbstbereicherung beigetragen haben und dadurch bisweilen die Stabilität ihrer gesamten Volkswirtschaften aufs Spiel setzen. Die Dimensionen sind nur schwer vorstellbar: Innerhalb nur eines Jahrzehnts haben chinesische Geldgeber rund 1 Billion US-Dollar an Krediten in 150 Ländern vergeben und China zum inzwischen weltweit größten einzelstaatlichen Gläubiger gemacht. Chinas Anteil an der externen Schuldenlast von Staaten mit niedrigem oder mittlerem Einkommen ist von 17 Prozent 2010 auf fast 30 Prozent 2021 angewachsen.[14] Ein zentraler Punkt, der den Umgang mit chinesischen Kreditgebern erschwert, ist nicht nur die Schuldenlast in ihrem Volumen, sondern die Art und Weise, in der Verträge mit den Regierungen der Nehmerländer geschlossen werden. Geheime Absprachen, zum Beispiel die Vorzugsbehandlung chinesischer Geldgeber bei Rückzahlungen, erschwert es Staaten, bei einem drohenden Staatsbankrott mit anderen globalen Partnern verhandeln zu können. Die Zahl der Staaten, die so in Schieflage geraten sind, ist enorm, und die chinesische Führung steht immer stärker unter Druck des Internationalen Währungsfonds, von den betroffenen Ländern, aber auch von den westlichen Industriestaaten ebenfalls Abschreibungen zu akzeptieren.

Beispiele dafür gibt es zahlreiche, besonders eindrucksvoll gestaltete sich jedoch der Fall der Bahnverbindung East Coast Rail Link (ECRL) in Malaysia. Der östliche Teil des südostasiatischen Staates liegt auf Borneo, der westliche am Südende der Malaiischen Halbinsel zwischen Thailand und Singapur, und an seiner Westküste verläuft die strategisch so wichtige Straße von Malakka, die Meerenge, die zwischen Indonesien und Malaysia verläuft. Wie für so viele Länder im Indopazifik ist China auch für Malaysia der größte Handelspartner, insofern ist es wenig verwunderlich, dass die Bahnstrecke ECRL als zentraler Bestandteil von Pekings Seidenstraßen-Aktivitäten in der Region galt. Als das überwiegend von Chinas staatlicher Export-Import-Bank (Exim) finanzierte Projekt 2016 vom damaligen malaysischen Premierminister Najib Razak vorgestellt wurde, sollten sich die Gesamtkosten auf geschätzte 10 Milliarden US-Dollar belaufen. 2017 waren es dann schon 15 Milliarden, und das *Wall Street Journal*, das damals die korrupten Machenschaften der malaysischen Führung unter Najib und der chinesischen Unterstützung investigativ verfolgte, zeigte anhand von Dokumenten, dass malaysische Beamte vorgeschlagen hatten, einige der Infrastrukturprojekte mit China zu über dem Marktwert liegenden Werten zu finanzieren, um so an überschüssiges Geld für andere Zwecke zu gelangen.[15] Damit sollten zum Beispiel Schulden aus dem Betrugsskandal um den malaysischen Entwicklungsfonds (1MDB), bei dem öffentliche Gelder in Milliardenhöhe geplündert wurden, getilgt werden. Gleichzeitig sollte China politischen Einfluss geltend machen, um die Ermittlungen der USA gegen Najib in diesem Skandal zu stoppen. Chinas Verwicklung in die Machenschaften zeigt, wie eng politische und wirtschaftliche Ziele im Rahmen der Seidenstraßen-Initiative miteinander verbunden sein können und wie wenig transparent Chinas Zusammenarbeit stattfindet. Erst mit dem Wahlsieg Mahathir bin Mohamads im Jahr 2018 wurde Najib in seinen kriminellen Tätigkeiten gestoppt und in Haft genommen. Mahathir gelang es, mit China neue Konditionen über den Bau der ECRL zu verhandeln – auf einmal war diese dann ein Drittel günstiger, allerdings auch etwas kürzer. Die dann dritte Regierung von Muhyiddin Yassin hat 2021 die alte Streckenführung wiederhergestellt,[16] wodurch auch die Kosten erneut angestiegen sind – etwa auf den ursprünglichen Preis. Viel politisches Drama dafür, dass noch kein einziger Zug gefahren ist und Malaysia nach wie vor unter der Schuldenlast der Investitionsentscheidung ächzt.

Ein anderes Beispiel, geografisch deutlich näher an Deutschland, ist der oft diskutierte, ungefähr vierzig Kilometer lange Autobahnstumpen in Montenegro, der unfertig im Nirgendwo endet und ein riesiges Problem für die Staatsfinanzen des Westbalkanstaates mit EU-Beitrittsambitionen darstellt. Auch hier ging es um ein Prestigeprojekt für die damalige Regierung, von großer Freundschaft mit China wurde gesprochen, eine Alternative zu europäischem Geld, das immer mit so furchtbar vielen Konditionalitäten daherkommt und Rechtsstaatlichkeit, Transparenz und Machbarkeitsstudien einfordert. Chinesische Arbeitskräfte rückten an und realisierten den Abschnitt, dessen Anschluss an die weitere Strecke nach wie vor fragwürdig ist. Montenegro fehlt das Geld, das Mega-Infrastrukturprojekt fertigzustellen. Der inzwischen 1 Milliarde Euro teure Autobahnstreckenabschnitt über unwegsames Bergterrain, der zu den teuersten Straßen der Welt gehört, hat Montenegro nun fast in die Staatspleite getrieben. Ein Drittel des Staatshaushalts macht die Schuldenlast gegenüber China aus, der mit der chinesischen Exim-Bank vereinbarte Zinssatz lag weit über dem sonst in Europa üblichen für Infrastrukturkredite. Die Nachfolgeregierung hat bei der EU und den USA angefragt, ob eine Refinanzierung der Schulden möglich sei, da man die chinesischen Geldgeber sonst nicht länger bezahlen könne. Eine Umstrukturierung des Kredites über europäische und amerikanische Banken ist inzwischen erfolgt, um den Staatsbankrott zu verhindern. Eine Fertigstellung der fehlenden 120 Kilometer bleibt allerdings unwahrscheinlich.[17]

Die beiden Beispiele zeigen aber auch, dass immer zwei zum Schuldenmachen gehören. Einer, der das Geld hat, und einer, der es unbedingt will und dabei selbst nicht immer die besten Interessen seines eigenen Staates im Sinn hat. Sie zeigen, wie leicht es zahlreiche Regierungen der chinesischen Führung machen, mit begrenztem finanziellen Risiko für die chinesische Führung zumindest zeitweilig politische und wirtschaftliche Abhängigkeiten zu schaffen. Was die Beispiele aber auch zeigen, ist, dass wechselnde Regierungen in den Partnerstaaten für die chinesische Regierung ein Problem darstellen, wenn sich die Bedingungen vor Ort von heute auf morgen ändern können. Auch wenn schwache und autoritäre Staatsführungen es Peking ermöglichen, kurz- bis mittelfristig Einfluss auszuüben, schafft dies nur selten Verlässlichkeit und noch seltener Gewinne. Viel Kapital wurde so bereits vernichtet, und die chinesische Führung musste zahlreiche Rückschläge einstecken.

Zwischen 2013 und 2017 schien es, als wäre die Initiative quasi zum Synonym für chinesische Außenpolitik geworden. Deutsche Manager wie Joe Kaeser von Siemens applaudierten und nannten die Seidenstraßen-Initiative »ein weises und mächtiges Instrument für die globale Infrastrukturentwicklung«.[18] Inzwischen hält sich die chinesische Führung mit den Seidenstraßen-Referenzen zurück, und auch deutsche Manager:innen nehmen den Begriff fast kaum noch in den Mund. Es gibt Parallelinitiativen, mit denen die chinesische Führung ihre Außenwirtschaftspolitik gestaltet, neue Namen, ein vorsichtigeres Vorgehen und weniger Geld. Seit 2017 ist die chinesische Entwicklungsfinanzierung weltweit kontinuierlich gesunken – nicht nur bei der Anzahl der Projekte, sondern auch bei deren finanziellem Volumen, ein Prozess, der sich mit Beginn der Coronapandemie Ende 2019 noch einmal beschleunigte.

Die Investitionen sind nicht nur kleiner, sondern auch zielgerichteter geworden.[19] Und die Parteiführung in Peking ist nicht bereit, den bestehenden großen Kreditnehmern Schulden zu erlassen. Im April 2023 beim jährlichen Frühlingstreffen von Währungsfonds und Weltbank wurde die Machtverschiebung deutlich. In einem Bericht der *Financial Times* fasst der Ex-Hedge-Fond-Manager Jay Newman die Herausforderungen für die Frage globaler Umschuldung so zusammen: »Es gibt jetzt einen großen staatlichen Gläubiger mit der Macht, Bedingungen zu diktieren, und der Geduld, kein Geschäft abzuschließen, wenn es ihm nicht passt. Es hat das Spiel komplett verändert.«[20]

Viele einzelne Auslandsinvestitionen chinesischer Staatsunternehmen und Finanzierungsprojekte in strategischen Industrien, ob Minen in Madagaskar, Gas-Deals in Zentralasien oder Hafenprojekte vom Indopazifik bis ins Mittelmeer, sind und waren sinnvoll für die übergeordneten Ziele der Parteiführung. Auch wenn nicht alles davon ein finanzieller Erfolg war, hat sich die chinesische Wirtschaft insgesamt breiter aufgestellt und fest im weltweiten Wirtschaftssystem verankert. Zur nachhaltigen Reduktion des globalen Defizits bei klassischen Infrastrukturinvestitionen hat Chinas Initiative allerdings nur sehr bedingt beigetragen. Die Bilanz ist bestenfalls gemischt, und enormes Kapital muss weiterhin weltweit mobilisiert werden, um die Finanzierungslücke zu schließen. Es sieht derzeit nicht danach aus, als hätte die Kommunistische Partei großen Appetit auf eine Wiederholung der massiven Investitionsphase aus Xis erster Amtszeit. China als Heilsbringer für das klassische Infrastrukturdefizit des Globalen Südens ist entgegen seinem immer noch weitverbreiteten Ruf und jenseits einzelner Prestigeprojekte mehr Fiktion als Fakt.

Digitaler Erfolg

Der Bereich, der weniger Aufmerksamkeit bekommen hat, in dem Chinas Führung allerdings definitiv Erfolge vorzuweisen hat, ist die tiefe Durchdringung der globalen digitalen Infrastruktur im Rahmen dessen, was als »Digitale

Seidenstraße« bezeichnet wird. Von der Kooperation bei Weltraumprojekten – zum Beispiel mit Partnern in Lateinamerika, von Argentinien über Brasilien bis Chile oder Peru, findet Zusammenarbeit beim Ausbau der Raumfahrtkapazitäten statt – profitiert die chinesische Führung auch für die militärische Nutzung von Satellitenbildern und Datenaustausch.[21] Beim Bau von Telekommunikationsnetzwerken über den von Unterseekabeln bis hin zu Datenzentren und Smart-City-Lösungen – vom Breitbandausbau bis zur Datenhaltung der Behörden in der Cloud für die intelligente und vernetzte Stadt und Verwaltung – sind chinesische Unternehmen nicht nur in Entwicklungs- und Schwellenländern, sondern auch in Europa inzwischen zu einem echten Machtfaktor geworden. Sogar in Deutschland arbeitete die Stadt Duisburg eng mit dem chinesischen Konzern Huawei zusammen. Ende 2022 wurde diese Zusammenarbeit nach politischem Druck vor allem mit Blick auf die Sorge vor einem Abfluss sensibler Daten nach China vorerst beendet. All diese digitalen Projekte sind zwar deutlich weniger sichtbar als Brücken, Häfen, Bahnstrecken oder Autobahnen, ihr langfristiger Einfluss ist aber wahrscheinlich signifikant höher als bei Stahl, Beton und Asphalt.

Durch Unterstützung der chinesischen Regierung in Form von Kreditvergabe oder enge politische Verbindungen, die Vorteile bei der Vergabe von Lizenzen und Verträgen mit sich bringen, sind chinesische Unternehmen in diesen Sektoren weltweit in eine führende Rolle geschlüpft. Gerade auf dem afrikanischen Kontinent sind die mobile Telekommunikation und mobile Datennutzung ein riesiger Wachstumsmarkt.[22] 5G ist hier noch kein großes Thema, es gibt bislang nur wenige kommerzielle 5G-Netze, aber der 4G-Ausbau schreitet voran.[23] Laut GSMA, der Industrievereinigung der Mobilfunkanbieter, ist 3G nach wie vor der dominierende Standard in Subsahara-Afrika und wird es kurzfristig auch bleiben. Bis 2025 wird 3G mehr als die Hälfte aller Verbindungen ausmachen. Seit 2023 allerdings geht der Anteil erstmalig zurück. Bis 2025 schätzt die GSMA, dass 4G ungefähr ein Drittel der Mobilfunkverbindungen in der Region abdecken wird. 2021 waren es noch unter 20 Prozent. Das Potenzial – das muss man sich immer wieder bewusst machen – ist riesig: Bis 2025 werden allein in Subsahara-Afrika mehr als 600 Millionen Menschen Mobilfunkverträge besitzen, und das ist nur die Hälfte der möglichen Nutzer:innen.[24] Und aufgrund der demografischen Struktur des afrikanischen Kontinents wird diese Zahl weiter massiv steigen. Chinesische Konzerne bauen Telekommunikationsnetze in Angola, Nigeria, Sambia, Mali, Äthiopien oder Uganda. Sie sind Partner für Smart-City-Projekte in Südafrika, Kenia, Marokko, Madagaskar, Kamerun oder Botswana und haben bereits Datenzentren in Ägypten, Tansania, Südafrika, Kenia, Mali oder Dschibuti fertiggestellt. Huawei hat Forschungs- und Entwicklungszentren in Ägypten, Südafrika und in Nigeria in Zusammenarbeit mit der Universität Lagos, und der chinesische Staatskonzern ZTE unterhält ein Forschungs- und Entwicklungszentrum als Joint Venture mit einem äthiopischen Partner in Addis Abeba.[25]

Aber auch hier ist das Bild eher grau als schwarz-weiß und der Durchmarsch chinesischer Konzerne bei Weitem nicht ausgemacht. Im Bereich der Cloud-Technologie und auch bei der Satlitentechnologie sind die USA nach wie vor dominant. Dass Alibaba Cloud, Huawei Cloud, Tencent Cloud oder Baidu AI Cloud im chinesischen Markt führend sind, überrascht nicht, aber die wachsende Skepsis gegenüber zu großer Abhängigkeit von China sorgt dafür, dass sich zum Beispiel in Asien die Gewinnung von Marktanteilen für chinesische Konzerne zunehmend schwieriger gestaltet. Chinas eigene Technologie-Infrastruktur hat schon ein hohes Maß an Unabhängigkeit von westlicher Technologie erreicht. Dies zeigt sich zum Beispiel sehr deutlich an den Marktanteilen europäischer Konzerne im Bereich der 5G-Infrastruktur im chinesischen Markt: Nachdem diese den Mobilfunkmarkt vor zwanzig Jahren noch dominierten, spielen sie inzwischen nur noch eine kaum erwähnenswerte Rolle. Gleichzeitig sind chinesische Anbieter wie Huawei und ZTE weltweit zu den Topkonkurrenten europäischer Anbieter geworden. Wie kaum ein anderer Bereich symbolisiert der Mobilfunkmarkt das große Ziel, China unabhängiger von der Welt und die Welt abhängiger von China zu machen. Auch wenn Verwundbarkeiten bleiben, wie wir im folgenden Kapitel noch sehen werden.

Die digitale Infrastruktur unterscheidet sich vom Bau von Straßen und Brücken signifikant darin, dass der Einfluss chinesischer Unternehmen über die Fertigstellung hinaus bleibt. Durch Wartungsverträge, Sicherheits- und Software-Updates bleibt der Kontakt mit den Herstellern langfristig erhalten und Einflussmöglichkeiten dauerhaft vorhanden. Zudem ist Technologie im Gegensatz zu einer Straße oder Brücke eben auch nicht »wertneutral«. Oder anders formuliert: Gerade bei Sicherheitstechnologie – von Bodyscannern am Flughafen bis zur Überwachungskamera – oder Datenspeicher-, Datenübertragungs- oder Datenverwaltungslösungen kommt es eben darauf an, wie viel Wert Hersteller auf den Schutz von Privatsphäre und die Zugriffsmöglichkeiten von staatlichen Akteuren legen und wie transparent der Umgang damit erfolgt. Für zahlreiche Staaten ist Chinas Angebot in dieser Hinsicht besonders interessant. Das Ausspionieren politischer Gegner inklusive – wie in Uganda oder Sambia mit chinesischer Unterstützung geschehen.[26]

Zudem besteht die Möglichkeit, über entstehende Abhängigkeiten politischen Druck auszuüben und die technologische Infrastruktur auch dann zu nutzen, wenn Regierungen wechseln. In einer Welt, die aus der Sicht der chinesischen Führung so potenziell feindlich gesinnt ist, in der die chinesische Bevölkerung auf den langen Kampf um nationale Sicherheit durch wirtschaftliche Unabhängigkeit eingeschworen werden muss, bildet dieser relativ neue Bereich chinesischer Dominanz in den Technologien der Zukunft eine wirksame Rückversicherung. Und es ist sehr wahrscheinlich, dass auf genau diesem Terrain die kommenden Herausforderungen – nicht nur zwischen den USA und China, sondern auch für Europa und den Rest der Welt – entschieden werden.

3
Chinas Führung will das transatlantische Bündnis schwächen

Als Olaf Scholz im Januar 2023 in der Pariser Universität Sorbonne auf die Bühne trat, um mit einer großen Rede den 60. Jahrestag des Élysée-Vertrages zu feiern, ging es angesichts des in der Ukraine wütenden Angriffskriegs Russlands und der komplexen Gemengelage aus Inflation, schwächelnder Weltwirtschaft, hohen Energiepreisen und angespannten Beziehungen zwischen den globalen Großmächten um weit mehr als um die enge Partnerschaft zwischen Paris und Berlin. Es ging um Souveränität, Selbstbefähigung und Selbstbehauptung, und es ging um die »geschwisterliche Zuneigung« der beiden größten europäischen Staaten als Grundlage für ein starkes Europa in einer multipolaren Welt. »Multipolar« ist ein Begriff, der viele überzeugt. Er klingt gut – er klingt besser als unipolar oder bipolar, die Welt dominiert von einer Macht oder dem Wettstreit zwischen zweien. Europa muss dabei natürlich einer dieser vielen Pole sein, das versteht sich nicht nur für Scholz und Macron, sondern den ganzen Kontinent von selbst, schließlich ist die Europäische Union die drittgrößte Volkswirtschaft der Welt und der Euro die zweitstärkste Leitwährung. Und auch die chinesische Führung ist ein großer Fan der Multipolarität. In einem Wettstreit mit den USA ist es aus ihrer Perspektive deutlich besser, wenn die wirtschaftliche und politische Macht auf viele Schultern verteilt wird, dann ist sichergestellt, dass China langfristig unter diesen vielen immer der größte Spieler sein kann. Man ist sich in Peking der bestehenden eigenen Schwächen bewusst und erfreut darüber, dass eine zu enge Verbindung der USA und Europa zu einem gemeinsam agierenden Akteur bislang noch verhindert werden kann. Europäische Staats- und Regierungschefs bemühen sich weiterhin darum, den Unterschied zwischen einer amerikanischen Position und einem genuin europäischen Ansatz im Umgang mit China zu betonen. Insofern genießt die Idee der »europäischen strategischen Autonomie«, vor allem von Frankreichs Präsident Macron immer wieder als Ziel ausgerufen, Pekings volle Unterstützung.

Scholz mahnt davor, nicht denjenigen »auf den Leim zu gehen, die von De-Globalisierung sprechen oder De-Coupling predigen«. Dies seien »Rezepte zur Gefährdung unseres Wohlstands, der doch auf Offenheit, freiem Handel, Innovation und fairem Wettbewerb beruht.« Viel lieber wolle man nun »(d)iversifizieren, um so riskante, einseitige Abhängigkeiten zu verringern«.[1]

In diesem einen Absatz der Scholz-Rede steckt sehr viel Scholz-Weltbild, ein bisschen Wahrheit und eine Portion Selbstbetrug. Richtig ist: Deutschland ist eine Wirtschaftsmacht und abhängig von einer internationalen Ordnung, die auf Regeln basiert und nicht auf reiner Macht. Das Problem beginnt mit der Annahme, dass diese Ordnung in ihrer für Deutschland ausgesprochen vorteilhaften Form noch existiert oder zu retten ist. Dies setzt voraus, dass eine Veränderung der Importstrategie hin zu mehr Resilienz – also weniger Abhängigkeit bei einzelnen Produkten von nur einem Zuliefererstaat – und bei der Erschließung alternativer Märkte eine Art taktischer Kniff ist, den es benötigt, um Deutschland als große Volkswirtschaft sicher weiterschippern zu lassen. Stets vor allem auf das eigene Wohl bedacht. Die Formulierung »auf den Leim gehen« lässt gleichsam darauf schließen, dass andere Interpretationen der Realität bewusste Fehlleitungen sind, bei denen Deutschland und Europa ausgetrickst werden sollen, um Dinge zu tun, die nicht im eigenen Interesse sind.

Aber wen meint Scholz genau, wenn er von denjenigen spricht, denen man nicht auf den Leim gehen sollte, und denen, die »De-Globalisierung predigen«? Er bleibt im Abstrakten, wird nicht konkreter und baut damit ein Strohmannargument auf. Abarbeiten kann man sich so an all diesen vermeintlichen Entkopplern und De-Globalisierern, ohne sie zu benennen, und damit gleichzeitig vermeiden, mögliche Partner durch zu direkte Attacken zu verprellen. Klar ist, dass den Zuhörer:innen vor allem die USA in den Sinn kommen, wo seit der Trump-Administration das De-Coupling-Gespenst durch die Flure geistert. Auch unter der Führung seines Nachfolgers Präsident Biden setzt die US-Regierung auf eine Abwendung vom chinesischen Markt, chinesischen Herstellern und Zulieferern, vor allem im Bereich der Hochtechnologie. Wer die Debatte in den USA allerdings genauer verfolgt, kann sehr deutlich das Ringen um einen künftigen Umgang mit der Frage, wie viel Diversifizierung und Entkopplung ist nötig und sinnvoll, sehen. Können wir es uns leisten, weniger an China zu verkaufen? Dürfen wir den Technologietransfer an einen möglichen militärischen Rivalen weiter befördern? Welche Dynamiken entstehen durch Exportbeschränkungen? Welche Antworten wird Peking geben?

Wirklich aktiv für eine einseitige Entkopplungsstrategie setzt sich auf Regierungsebene momentan vor allem Xi Jinping ein – in westlichen Hauptstädten spricht man eher von der Reduktion von Klumpenrisiken oder auch nur von Diversifizierung. Der Begriff Klumpenrisiko stammt eigentlich aus dem Finanzwesen und beschreibt dort Risiken in einer Anlagestrategie, die zu stark auf eine bestimmte Branche oder Währung setzt. Dadurch entsteht bei einem Problem in einer Branche oder einer Währung ein sich gegenseitig verstärkender Effekt. Jenseits der Finanzbranche versucht man mit dem Begriff ebenfalls ein besonders hohes Ausfallrisiko zu beschreiben, das einen Effekt auf die ganze Volkswirtschaft eines Landes oder die nationale Sicherheit hat. Vereinfacht dargestellt könnte man also von der deutschen Automobilindustrie als einem solchen Klumpenrisiko sprechen. Laut einer aktuellen Studie im Auftrag der Bertelsmann Stiftung gemeinsam mit dem Institut der deutschen Wirtschaft, BDI und Merics[2] haben sich die Direktinvestitionen von deutschen Unternehmen in China von 2010 bis 2020 verdreifacht. Auf die Automobilbranche entfalle dabei, so die Autor:innen, mit knapp 30 Prozent der Löwenanteil der deutschen Direktinvestitionsbestände in China. Ihr Ausfall durch Fehlentscheidungen in der Strategie oder eben ein zu starker Fokus auf einen einzelnen Markt – China – hat das Potenzial, die gesamte deutsche Volkswirtschaft in Mitleidenschaft zu ziehen. Diversifizierung zielt auf die Verbreitung der Optionen ab und soll Risiken und die besonders problematischen Klumpenrisiken mindern.

Dies ist genau die Debatte, die auch in den USA geführt

wird, nur ist hier der Fokus auf die nationale Sicherheit deutlich größer als in Europa, weil China als möglicher direkter Gegner einer militärischen Auseinandersetzung eine andere Bedrohungswahrnehmung mit sich bringt. Es ist demnach ein Mythos, dass die USA unter Präsident Biden darauf setzen, sich vollständig von der chinesischen Volkswirtschaft zu entkoppeln. Gezielte Risikoreduktion? Ja. Stärkung der eigenen Wirtschaft? Absolut! Verhindern von Abfluss kritischer Technologie? Wo immer möglich. Friendshoring – also der Fokus auf Produktion und Zulieferung in und aus befreundeten und alliierten Staaten? Sehr gern! Gleichzeitig wächst der Handel zwischen den USA und China aber sogar noch weiter: Sowohl die Importe der USA als auch die Exporte nach China nahmen 2022 auf Rekordniveau zu.[3] Was also unterscheidet dann die US-Position so stark von der Europas?

Für Europa scheint die Abgrenzung zu den USA oft genauso wichtig wie die enge Anbindung. Das gilt nicht nur für Deutschland. Beim Staatsbesuch des französischen Staatspräsidenten in Peking im April 2023 wurde die bewusste Distanzierung sogar noch deutlicher. In einem Interview machte Macron die Botschaft explizit: Europa solle sich keinesfalls in eine Auseinandersetzung der USA und Chinas hineinziehen lassen. Es wäre ein Risiko, wenn Europa »in Krisen verwickelt wird, die nicht unsere sind, was uns dann daran hindert, unsere strategische Autonomie zu entwickeln«.[4] In fast schizophrener Weise fällt es dadurch jedoch schwer, eine echte Formulierung der eigenen politischen Position zu erkennen. Wir wollen es »nicht so wie die USA« machen, ist in sich eben noch keine Strategie. Dies gilt auch für Deutschland.

Ein Mantra der deutschen Außenpolitik seit der Trump-

Administration ist, dass Europa zwar im Grunde die Analyse der USA mit Blick auf China teilt, aber andere Ableitungen daraus zieht. Die Interessen mit den USA seien eben nicht deckungsgleich. Das klingt erst einmal plausibel für deutsche Ohren: Die USA wollten ihren Supermachtstatus erhalten, es falle ihnen schwer, Chinas Konkurrenz um die Weltordnung zu akzeptieren, und außerdem hätten die USA militärische Ambitionen im Indopazifik, und da sei es ja kein Wunder, dass man Peking ins Gehege komme. Europa aber hätte ja keinerlei militärische Rolle in Chinas Nähe, es wolle doch nur Handel treiben. Wenn Washington finde, dass China unter der Führung Xi Jinpings eine Sicherheitsbedrohung ist, dann sei das eine Sache, das müsse Europa noch lange nicht genauso sehen.

Aus dieser Logik ergibt sich dann tatsächlich ein Dissens in der Politikformulierung. Wenn die Grundannahme der deutschen Politik ist und bleibt, dass China keine fundamentale Sicherheitsbedrohung darstellt und es grundsätzlich möglich bleibt, China in eine funktionierende internationale Handelsordnung einzubinden, dann ist dies nicht mit der innerhalb der USA über die Parteigrenzen hinweg mehrheitlich geteilten Einschätzung zusammenzubringen. Allerdings auch nicht mit der von Xi geteilten Einschätzung in Peking.

Drei Pole, drei Realitäten?

Wenn man versucht, derzeit die Wahrnehmung der Realität der US-Administration, die durchaus auch unter Vertreter:innen der republikanischen Partei geteilt wird, sehr vereinfacht darzustellen, könnte man dies wie folgt formulieren: *Wir hätten China gern als Teil einer regelbasierten internationalen Ordnung. Vor allem im Wirtschaftsbereich sehen wir hier große Chancen. Deswegen haben wir uns für Chinas Beitritt zur Welthandelsorganisation vor zwanzig Jahren starkgemacht. Wir haben geglaubt, dass ein entwickeltes, innovatives, reiches China in unserem Interesse ist, weil wir mit einem reichen China mehr Handel treiben können, weil es weniger wahrscheinlich ist, dass ein solches China Kriege führt, und weil wir bei globalen Fragen zusammenarbeiten können. Wir haben uns auch – selbst unter der Trump-Administration noch – mit aller Kraft bemüht, unsere Handelsbeziehungen auf eine gemeinsame Grundlage zu stellen. Wir hatten Geduld, weil wir dachten, die Zeit sei auf unserer Seite. Außerdem haben unsere Unternehmen viel Geld verdient und unsere Bürger:innen günstige Produkte einkaufen können, das war prima. Allerdings gingen auch zahlreiche Jobs in der Fertigung nach China verloren, das war nicht so prima. Jetzt ist unsere Geduld aufgebraucht. Wir müssen handeln. China hat die Offenheit des Zugangs zu unseren Technologien genutzt, um ein Militär aufzubauen, das unsere nationale Sicherheit und die unserer Alliierten bedroht. Die chinesische Führung unter Xi Jinping hat entschieden, dass sie künftig einen anderen Pfad einschlagen möchte. Ein aggressives China, das internationale Handelsregeln unterläuft, die Sicherheit unserer Partner im Indopazifik bedroht, unsere Unternehmen auf dem Weltmarkt durch unfaire Praktiken und Ideenklau torpediert und aus dem eigenen Markt herausdrängt und die existierende internationale Ordnung unterminiert, ist nicht in unserem Interesse. Wir werden unsere derzeitige Vormachtstellung nutzen, um in allen Bereichen, in denen uns das möglich ist, die*

Balance (wieder) zu unseren Gunsten zu verschieben. Die internationale Ordnung, wie wir sie kennen, gibt es so nicht mehr, wir müssen eine neue Ordnung schaffen.

Die Wahrnehmung der Realität, die sich aus dem ergibt, was Xi Jinping in Reden und öffentlich zugänglichen Dokumenten verlautbaren lässt, weicht davon deutlich ab. Stark vereinfacht und zusammengefasst könnte man das, was in Peking vorgeht, so beschreiben: *Die USA sind eine absteigende Macht. Ihr Verhalten ist von imperialem Streben getrieben. Washington nutzt andere Staaten aus, um die eigenen strategischen Interessen durchzusetzen. Die USA wollen Chinas Aufstieg verhindern, um den eigenen Abstieg zu vertagen. Die USA sind eine Sicherheitsbedrohung für China. China muss unabhängiger von der Welt werden und die Welt abhängiger von China machen, um sich möglichen Zwangsmaßnahmen aus Washington zu entziehen. Ein Konflikt mit den USA ist nahezu unausweichlich, und noch operiert Washington aus einer Position der Stärke. Wo immer es möglich ist, müssen wir deshalb die Machtbalance zu unseren Gunsten verschieben. Die derzeitige internationale Ordnung begünstigt die USA und den Westen im Allgemeinen. Es ist daher notwendig, eine neue Ordnung aufzubauen. Dafür brauchen wir Partner außerhalb des Westens, eine starke eigene industrielle Basis und ultimative Parteidisziplin. Nur unter der starken Führung der Kommunistischen Partei kann dieser existenzielle Kampf gelingen. Wir sind bereit, wann immer wir es sein müssen, und so werden wir daran arbeiten, unsere eigene Ausgangslage schrittweise zu verbessern.*

Nun kann man zu diesen Wahrnehmungen stehen, wie man möchte, sie falsch oder richtig finden, aber diese Vorstellungen, diese Interpretationen der Realität leiten derzeit – so oder so ähnlich – das Regierungshandeln in

Peking und Washington und bereiten damit den Hintergrund, vor dem Politikformulierung in Europa stattfinden kann.

Für eine eigenständige, von den USA unabhängige Politikformulierung müsste auf der deutschen beziehungsweise europäischen Seite klar sein, was man eigentlich erreichen möchte. Und was davon dann auch mehr als bloßes Wunschdenken ist und mit den Zielen der Kommunistischen Partei zusammengebracht werden kann. Bei vielen Fragen, die so essenziell sind für Deutschland und das europäische Wirtschaftsverständnis, wie dem so oft beschworenen *level playing field*, den fairen Handelsbedingungen auf allen Seiten, ist dies aber einfach nicht der Fall. Es gibt aus Sicht der chinesischen Führung überhaupt kein Interesse daran, ein wirkliches *level playing field* herzustellen. Warum auch, wenn daraus keine Vorteile mehr erwachsen?

Die deutsche Überzeugung ist dabei weiterhin oft, dass China Europa doch genauso sehr brauche wie Europa China – gerade mit Blick auf das konfrontative Verhältnis mit den USA.[5] Man glaubt weiterhin – wieder stark vereinfacht formuliert –, *dass für die chinesische Wirtschaft Technologien und ausländische Investitionen gerade aus Deutschland so wichtig sind, dass die chinesische Führung bereit sein wird, sich an gewisse Spielregeln zu halten. Als Kompromiss gewissermaßen. Solange man freundlich und professionell im Umgang bleibt. Das hieße dann aber, Europa könne sich doch vorsichtig in der Mitte positionieren und genau dadurch ein kleines bisschen mehr profitieren. Wenn zwei sich streiten, freut sich schließlich der (oder die) Dritte. Wenn China die USA als Partner abgeschrieben hat, dann muss da für die europäische Wirtschaft doch etwas drin sein!*

Aber stimmt das? Und wenn ja, ist das relevant für das Verhalten Chinas? Führt es wirklich dazu, dass wirtschaftliche Schwachpunkte auf chinesischer Seite zu politischen Einflussmöglichkeiten führen?

Rein empirisch lässt sich das über den Verlauf der vergangenen Jahre zumindest nicht zeigen. Das Auftreten der chinesischen Führung gegenüber europäischen Regierungsvertreter:innen ist deutlich robuster geworden. Drohungen, Zwangsmaßnahmen und Sanktionen gehören mittlerweile fest zu Pekings europapolitischem Repertoire. Dies reicht beispielsweise von bewusstem und gezieltem wirtschaftlichen Druck gegenüber Litauen, der in einem fast vollständigen Handelsboykott mündete, Sanktionen gegen Abgeordnete des Europaparlaments sowie deutsche oder schwedische Forschungseinrichtungen oder Vergeltungsdrohungen des chinesischen Außenministeriums nach Besuchen europäischer Politiker:innen in Taiwan.

Wenn man also die These zugrunde legt, dass China Europa weiterhin braucht, scheint sich dies zumindest nicht in besonders zuvorkommendem Umgang oder fantastischen Zugeständnissen zu manifestieren. Beim Besuch von Olaf Scholz in Peking Ende 2022, beim Besuch Emmanuel Macrons oder im Gespräch mit EU-Kommissionspräsidentin Ursula von der Leyen, die gemeinsam im April 2023 nach Peking reisten, gab es zwar warme Worte mit Blick auf wirtschaftliche Zusammenarbeit, aber keinen Zentimeter an Zugeständnissen mit Blick auf die Verurteilung des russischen Angriffskriegs gegen die Ukraine oder konziliantere Töne mit Blick auf Taiwan. Im Gegenteil, das Flugzeug Macrons war kaum in der Luft, da begann eine groß angelegte militärische Operation in der Taiwanstraße, mit scharfer Munition und erhöhtem Risiko. Es wirkt so, als wäre die chinesische Führung bereit, die Beziehungen zu Europa mehr denn je zu strapazieren, ohne zu große Angst vor Gegenreaktionen zu haben.

Wofür braucht China Europa noch? Mit welchen Mitteln möchte die chinesische Führung bekommen, was sie gerne hätte? Und welche Rolle spielt dabei die Beziehung zu den USA?

Die chinesische Führung steht vor zahlreichen strukturellen Problemen. Dazu gehören unter anderem die hohe Verschuldung auf Provinzebene, weiterhin anhaltende Korruption, eine durch Überinvestition und falsche Anreizstrukturen geschaffene gewaltige Immobilienblase, Umweltschäden, wirtschaftliches Missmanagement, sinkende Produktivität und riesige Herausforderungen durch eine alternde Gesellschaft bei mangelnder Anpassung an den demografischen Wandel. Hinzu kommen Verwundbarkeiten, die durch Abhängigkeiten vom Westen entstehen. Nicht alle Produkte, Maschinen oder Softwarelösungen sind derzeit eben immer ohne Weiteres durch *made in China* zu ersetzen. Zwei Bereiche, in denen die Verwundbarkeit besonders groß ist und bei denen der chinesischen Regierung das Streben nach Unabhängigkeit bislang (noch) nicht gelungen ist, stechen hervor: auf der einen Seite die Halbleitertechnologie, auf der anderen der internationale Finanzmarkt.

Halbleitersorgen

Chips sind das neue Öl, heißt es oft. Die einzig vernünftige Antwort darauf kann heißen: »Schön wär's!« Das Einzige, was diese beiden Industrien gemeinsam haben, ist, dass es sich um einen kritischen Rohstoff handelt, der in großen Mengen weltweit gehandelt wird, doch damit hört die Vergleichbarkeit auch schon auf. Die Öl- und Gasförderung ist ein recht simples Geschäft. Das Gegenteil ist im Bereich der Mikrochips der Fall. Nur wenige sichtbare Namen wie TSMC oder Samsung sind nominell für mehr als 70 Prozent der weltweiten Halbleiterfertigung verantwortlich, der auf Taiwan ansässige Konzern TSMC allein für über 50 Prozent. Allerdings steht dahinter eine nach außen meist unsichtbare Lieferkette von Tausenden von Firmen weltweit, die an den vielen Produktionsprozessen beteiligt sind. Und an fast jedem Schritt lauert eine kritische Abhängigkeit von einzelnen Herstellern, die das ganze Halbleiter-Kartenhaus zum Einsturz bringen können.

Die Tatsache, dass das Halbleiter-Ökosystem so komplex ist, geht darauf zurück, dass nur maximale Effizienz und Perfektion die immer kleiner, leistungsstärker und gleichzeitig energiesparender werdenden Chips ermöglichen. Der Spezialisierungsgrad ist enorm. Was inzwischen auf eine Siliziumscheibe, einen sogenannten Wafer, an einzelnen Transistoren aufgebracht und unter sterilen Bedingungen in riesigen Reinräumen hergestellt werden kann, bewegt sich nicht nur an den Grenzen der Physik, sondern auch der Vorstellungskraft. Wenn man zum Beispiel im monumentalen Produktionsstandort von Samsung in Pyeongtaek steht und die ausgeklügelten Rohrsysteme für die Edelgase im Bus, den man braucht, um sich auf dem riesigen Gelände fortbewegen zu können, an sich vorbeiziehen lässt und dann noch einen Blick auf die voll automatisierte Wafer-Produktionsstraße wirft, wird einem schnell klar, warum sich diese Form der Komplexität nicht ohne Weiteres und schon gar nicht in sehr kurzen Zeiträumen replizieren lässt.

Genau das ist Chinas Problem. In kaum einen anderen Sektor hat die Regierung über die letzten Jahrzehnte so viele Milliarden an Fördergeldern gepumpt wie in die Halbleiterindustrie. Noch steht der durchschlagende Erfolg bei der autarken Produktion aus.

Allein in der Wafer-Produktion braucht es laut Jan-Peter Kleinhans, Halbleiter-Experte der Stiftung Neue Verantwortung in Berlin, 300 verschiedene Chemikalien, mehr als 50 spezielle Fertigungsmaschinen und mehr als 1000 Herstellungsschritte über einen Zeitraum von drei Monaten.[6] Alles ist optimiert. Internationale Forscher:innenteams arbeiten an immer ausgeklügelteren Schritten, immer kleinere Chips herzustellen und die Zusammensetzung und das Zusammenspiel aller Materialien zu verbessern. Gleichzuziehen oder gar einen Vorsprung herauszuarbeiten ist enorm herausfordernd. In einzelnen Bereichen gelingt es chinesischen Konzernen bereits, hohe Qualität zu erreichen. Ältere Chip-Generationen werden inzwischen standardmäßig produziert, aber im oberen Segment, wo die nächste Innovation stattfindet, da ist es nach wie vor Chip-Design aus den USA, Maschinenbau und Lasertechnik oder auch Chemie aus Europa, Japan oder Korea, die hier den Ton angeben. Aber: Weder die USA noch Europa oder Japan und Korea könnten auf sich allein gestellt Halbleiter produzieren. Keine Region hat Kontrolle über sämtliche Elemente der Lieferkette – globale Arbeitsteilung par excellence. Chinas Führung will also mit dem Wunsch, die Lieferketten bei der Chip-Produktion vollständig ins eigene Land zu verlegen, nicht etwa gleichziehen, sondern etwas erreichen, wozu in dieser Form kein anderer Staat auf der Welt in der Lage ist. Da hilft Europa auch keine Intel-Chip-Fertigung in Magdeburg. Das ist zwar gut für Arbeitsplätze in Sachsen-Anhalt, »digitale Souveränität« oder »strategische Autonomie«, wie es die EU in diesem Bereich anstrebt, schafft das aber noch lange nicht, dafür bleiben die Verbindungen mit anderen Partnern zu eng.[7] Und das ist auch grundsätzlich gut so.

Chinas Führung versucht, Unabhängigkeit auf einer völlig anderen Ebene zu erlangen. In vielen Bereichen sind Erfolge bereits gelungen. China liegt laut Analysen des australischen Forschungsinstituts ASPI in 37 von 44 »kritischen« – also besonders wichtigen – Forschungsbereichen, darunter Gesichtserkennung, Drohnentechnik oder photonische Sensoren, weltweit vorn.[8] Doch der Vorsprung der westlichen Partner, bei High-End-Chips bleibt – noch. Hinzu kommt, dass die USA inzwischen den Export besonders hochwertiger Maschinen und Designsoftware nach China untersagen und es US-Firmen und sogar US-Bürger:innen verbieten, in diesen Bereichen mit chinesischen Konzernen zusammenzuarbeiten. Diese neuen Maßnahmen, die seit 2022 unter der Biden-Administration in Kraft getreten sind, sind sehr wirksam darin, den Fortschritt chinesischer Konzerne in der Chip-Produktion trotz Milliarden-Fördersummen der Regierung zu verlangsamen.

Europäische Unternehmen finden sich deshalb aber in einer schwierigen Lage wieder: Einerseits ist China der größte Markt für Halbleiter weltweit. Die Möglichkeiten, hier zumindest kurzfristig weiterhin viel Geld durch den Verkauf von Spezialmaschinen und anderen Produkten innerhalb der Lieferkette zu verdienen, sind enorm. Und sie sind enorm wichtig, denn das Geld, das man in China verdient, schafft Möglichkeiten, in Forschung und Entwicklung zu investieren und wettbewerbsfähig zu bleiben. Zumindest in der Theorie. Andererseits: Je mehr Technologie nach China abfließt, desto schwieriger wird die langfristige Behauptung für europäische Konzerne vor Ort, und das erklärte Ziel der chinesischen Führung ist es ja, genau diese Importe nicht mehr zu brauchen. Wie lange kann dieses Modell also überhaupt noch funktionieren?

Deutlich stärker sind die chinesischen Konzerne in den Bereichen des Zusammenbaus, der Verpackung und des Testens von Halbleitern geworden. Da Taiwan hier aber immer noch eine absolute Führungsrolle innehat, wären dies Bereiche, die durch die Kontrolle der Insel deutlich erweitert werden könnten. Aber Vorsicht: Es geht für die chinesische Führung bei der Kontrolle über Taiwan nicht um die Halbleitertechnologie, sondern um sehr viel tiefere Wunden der Geschichte, es geht um Macht und Ideologie. Und: Auch wenn es China gelingen sollte, Taiwan militärisch zu kontrollieren, würde dies immer noch nicht dazu führen, dass man nun alle Halbleiter der Welt bauen und fertigen könnte – die Lieferkette bleibt nach wie vor ein Problem. Das Erpressungspotenzial würde zwar zunehmen, aber ohne all die internationalen Elemente, die in die Fertigung eingehen, stünden auch bei TSMC schnell die Maschinen still.

Bei den größeren Chips (größer als 14 Nanometer), die vor allem in der Automobilindustrie besonders wichtig sind, haben die chinesischen Bestrebungen nach mehr Unabhängigkeit bereits große Erfolge erzielt. Chinesische Konzerne mit Unterstützung der Regierung investieren hier mehr als alle anderen Staaten.[9] Um eine führende Rolle in allen Bereichen der Chip-Produktion zu erreichen, braucht es vor allem Forschungsinvestitionen. Gleichzeitig muss China als Standort attraktiv sein für Talente in diesem Bereich. Für internationale Spitzenforscher:innen hat diese Attraktivität aufgrund der Lebensbedingungen vor Ort, vor allem auch noch einmal während der Coronapandemie, deutlich abgenommen. Chinas Führung versucht demnach, chinesische Talente aus dem Ausland zurück nach China zu bringen und durch massive staatliche Intervention beste Bedingungen für außergewöhnliche Leistungen zu kreieren. Oder wie es Xi Jinping in seiner Rede auf dem 20. Parteitag mit Blick auf die Innovationsfähigkeit formulierte: »Es sollten keine Mühen gescheut und keine strengen Grenzen gezogen werden, um die Besten und Klügsten aus allen Bereichen für die Sache der Partei und des Volkes zusammenzubringen.«

Für die Zukunft europäischer und amerikanischer Unternehmen in diesem Bereich ist es ein Spiel auf Zeit. Das Ende des boomenden China-Geschäfts in der Chip-Technologie wird sehr wahrscheinlich kommen. Aber auch die US-Technologiekonzerne wie Micron, Qualcomm, Nvidia oder Intel wollen sehr gern noch eine Weile Geld verdienen im chinesischen Markt. Deswegen versucht die Biden-Administration einen Balanceakt: Wie bereits erwähnt, sollen besonders weit entwickelte Halbleiter der neusten Generation, die zum Beispiel für Supercomputer oder die KI-Entwicklung eingesetzt werden und militärisch nutzbar sind (und alles, was für ihre Herstellung notwendig ist), vom chinesischen Markt ferngehalten werden. So soll Chinas Entwicklung hier zumindest nicht mehr durch westliche Technologie beschleunigt werden.

Dies hat wieder viel mit der Wahrnehmung der Realität zu tun: Wenn China unter der Führung der Kommunistischen Partei für die US-Regierung eine Sicherheitsbedrohung darstellt, dann sind diese Maßnahmen durchaus plausibel. Aus chinesischer Sicht ist es dann allerdings natürlich folgerichtig, auf Autarkie zu setzen. Wie könnte man den USA denn auch trauen, dass man all die Technologie, die man gern hätte, auch weiterhin bei ihnen einkaufen könne? Mit Maßnahmen gegen den US-Konzern Micron schlägt die chinesische Führung inzwischen erstmals zurück. Der Speicher-Hersteller wird künftig nicht mehr in »kritischer Infrastruktur« in China verbaut werden dürfen. Koreanische Hersteller sollen die daraus entstehende Lücke im chinesischen Markt kurzfristig schließen.[10]

Gerade weil die Halbleiter-Lieferkette ohne Europa auch für die USA nicht funktioniert, ist die Rolle, die europäische Konzerne in diesem Bereich spielen, besonders zentral. Wenn europäische Konzerne sich an US-Exportkontrollen halten, erschwert dies die Lage für chinesische Konzerne. Transatlantische Uneinigkeit hingegen könnte US-Beschränkungen unterminieren.

So liegt es nahe, dass die chinesische Führung versucht, das Verhältnis zu Europa ihrerseits zu instrumentalisieren und gegen die USA auszuspielen: mit Druck und Zwang oder mit dem Versprechen auf mehr Marktzugang und dicke Gewinne. Gleichsam können die USA enormen Druck auf europäische Firmen ausüben, sich an US-Restriktionen zu halten, und damit die Position Amerikas gegenüber Peking stärken. Was aber in Deutschland bei der öffentlichen Diskussion meist zu kurz kommt: Was liegt eigentlich in unserem Interesse? Kurzfristige Gewinne oder langfristige Konkurrenzfähigkeit? Geht Letzteres ohne Ersteres in China überhaupt? Wenn ja, wie? Wenn nein, was dann? Haben wir eigentlich hier auch ein Interesse daran, dass China gewisse Technologien nicht autonom herstellen kann?

Die Niederlande und Japan beteiligen sich inzwischen an den US-Maßnahmen. Mark Rutte, Ministerpräsident der Niederlande, die mit dem Lithografie-Maschinenbaukonzern ASML einen der zentralen Akteure der fortschrittlichsten Chip-Technologien beheimaten, sagte dazu sehr deutlich, dass man völlig mit Washington darin übereinstimme, dass westliche Staaten gemeinsam mit Partnern in Asien die Führungsrolle bei der Produktion von High-End-Chips behalten müssten.[11] Eine solch klare Positionierung, die geopolitische Interessen und wirtschaftliche Interessen verbindet, hört man in Berlin eher selten.

Wenn sowohl Europa als auch die USA und Japan zentrale Grundlagentechnologien und Maschinen für die Halbleiterherstellung nicht mehr an chinesische Konzerne verkaufen, käme die Wirtschaft in China derzeit noch in große Schwierigkeiten. Dieses Szenario gilt es für Peking zu verhindern. Während also weiter von der chinesischen Führung alles darangesetzt wird, den Autarkie-Prozess zu beschleunigen, lohnt es sich, transatlantischen Dissens zu säen, um wenigstens zu versuchen, die Verwundbarkeit in diesem Bereich zu verringern. Das Worst-Case-Szenario wäre hier für die chinesische Führung eine transatlantische Einheitsfront.

Dollarabhängigkeit

Die zweite große Achillesferse für China ist die Abhängigkeit vom internationalen Finanzsystem. Es gibt global wenige Währungen, in denen große Mengen des Handels weit über Landesgrenzen hinweg abgewickelt werden. Eine Währung zu haben, die essenziell für den internationalen Handel ist, bringt aber nicht nur wirtschaftliche Vorteile, sondern natürlich auch politische Einflussmöglichkeiten. Am wichtigsten für die globale Wirtschaft ist weiterhin mit großem Abstand der US-Dollar. An fast jeder Stelle des internationalen Handelssystems gibt es einen Berührungspunkt mit der US-amerikanischen Währung: 2022 war der US-Dollar an fast 90 Prozent der weltweiten Devisentransaktionen beteiligt. Gut die Hälfte der gesamten weltweiten Transaktionen werden in US-Dollar getätigt.[12]

Und die Macht des US-zentrierten Finanzsystems geht weit über die Währung an sich hinaus. US-Sanktionen sind deswegen so effektiv, weil multinationale Unternehmen und Banken Zugriff auf den US-Dollar brauchen, um Zugriff auf das internationale Finanzsystem zu haben, und die USA diesen Zugriff verweigern können. Dies ist in der Praxis des Handels dann eben weit mehr als einfache Transaktionen zwischen Akteur A und Akteur B – Logistikunternehmen, Reedereien, Zulieferer, alle, die am Handel beteiligt sind, müssen sich gegen Sanktionen absichern, um selbst weiter Zugriff auf das internationale Finanzsystem zu haben. Besonders Banken, Versicherer und Rückversicherer halten sich deshalb von sanktionierten Akteuren oder Entitäten fern. Allein die Androhung, dass ein Akteur sanktioniert werden könnte, ist toxisch für die Zusammenarbeit.[13] Wie schwierig es ist, Handel zu ermöglichen, ohne in Berührung mit dem internationalen Finanzsystem zu kommen, hat die EU deutlich zu spüren bekommen, als sie versuchte, mit Instex ein Tauschsystem für den Handel mit dem Iran zu entwickeln. Auch wenn es in der Theorie eine Möglichkeit schuf, Transaktionen mit dem Iran abzuwickeln, hat es in der Praxis nicht funktioniert. Zu groß waren die politischen Hürden, zu gering die Anreize für alle Beteiligten. Im März 2023 wurde Instex beendet.[14]

Aus der Falle potenzieller US-Sanktionen kann die chinesische Führung nur entkommen, wenn sie Alternativen hat. Am besten wäre aus ihrer Perspektive natürlich eine chinesische Alternative. In einer idealen Welt könnte man damit die Macht des US-Dollars brechen und den USA nicht nur ein scharfes Schwert aus der Hand schlagen, sondern es gleich selbst übernehmen. Die USA haben ja demonstriert, wie effektiv eine solche Wirtschaftswaffe sein kann. Mit dem Renminbi, der chinesischen Währung, eine vergleichbare Macht in der Hand zu halten wäre für Xi ein Traum. Unter den derzeitigen Bedingungen ist ein solches Szenario allerdings unerreichbar weit von der Realität entfernt.

Ein Schritt in diese Richtung wäre zunächst einmal eine Internationalisierung des Renminbis. Doch schon der steckt voller Schwierigkeiten. Einer der Gründe, weshalb der Renminbi eine geringe internationale Rolle spielt, ist die mangelnde Bereitschaft der Kommunistischen Partei, die strenge Kontrolle über die eigene Währung aufzugeben. Das Bestreben, vor allem in den neuen Bereichen FinTech und digitale Währung (noch) mehr Kontrolle zu erlangen, schmälert die Chancen, auf diesem Gebiet weltweite Dominanz zu erreichen.

Gleich zu Beginn seiner ersten Amtszeit stellte Xi 2013 beim 3. Plenum des Zentralkomitees ein Reformpaket vor, das eine wichtigere Rolle für den Markt vorsah. Das 3. Plenum ist ein reguläres Treffen des Zentralkomitees der Partei im Laufe des Regierungszyklus. Das erste Treffen dieser Art ist für einen neuen Parteichef von besonderer Bedeutung, da es Hinweise darauf gibt, wie fest er in seiner Führungsrolle im Sattel sitzt. Die Sitzung wird vor allem für die Konkretisierung der wirtschaftlichen, gesellschaftlichen und politischen Agenda genutzt. Seit 1978 haftet dem 3. Plenum eine besondere Symbolik an. Die Legende der Partei besagt, dass Deng Xiaopings visionäre Reform- und Öffnungspolitik ebendort begann. Inzwischen ist die Forschungslage dazu jedoch besser und das Bild längst nicht mehr eindeutig. Deng war nämlich vorsichtiger, als es später oft porträtiert wurde, und die Darstellung vereinfacht einen sehr komplexen Prozess, in dem es zu den marktorientierten Politikentscheidungen und den gesellschaftlichen Reformen kam, die dann erst in den Achtzigerjahren den Wandel herbeiführten.[15] Dem Mythos dieses Treffens hat dies bislang jedoch keinen Abbruch getan. Die Hoffnungen, als Xi seine Pläne für Chinas künftige Ausrichtung in der Wirtschaftspolitik beim 3. Plenum vorstellte, waren demnach international hoch.

Im Nachgang nahm Xis Reformagenda deutlichere Konturen an – vom Steuer- und dem Finanzsektor über den Außenhandel zur Investitions- und Innovationspolitik sollte China moderner, weniger korrupt, effizienter und kontrollierter werden.

Die Regierung erleichterte im Anschluss den Kauf von Aktien mit Kreditfinanzierung und ermutigte ab Ende 2013 die chinesische Bevölkerung zu Investitionen an den Börsen. Dies geschah, um Kapital für die staatlichen Unternehmen zu generieren, private Firmen zu festigen und den Konsum zu stärken.[16] Und die chinesischen Bürger:innen nahmen die Regierung beim Wort und investierten in

Aktien. 2015 gab es Medienberichten zufolge mehr Aktienhändler in China als Mitglieder der Kommunistischen Partei.[17] Die Volatilität der Börsenkurse allerdings wurde schnell zum Problem. Immer wieder intervenierte die Regierung – mit dem Aussetzen des Handels, Restriktionen beim Verkauf von Aktien und der Aufforderung an Banken und Versicherungen, Stützkäufe durchzuführen. Das stabilisierte den Handel kurzfristig. Je stärker aber die Partei intervenierte, desto größer das Misstrauen. Die chinesische Führung hatte der Bevölkerung gesagt, dass sie Erspartes und Geborgtes in den Börsenhandel investieren sollte; als dieser dann im Sommer 2015 zusammenbrach, war die Panik groß, dass dies nicht nur wirtschaftliche, sondern auch politische Folgen haben würde, die Macht Xi Jinpings stand auf dem Spiel. Es mussten Entschlossenheit demonstriert und Leute zur Verantwortung gezogen werden. Zahlreiche Akteure der Finanzwelt wurden festgenommen. Investor:innen war damit aber auch klar, mit der Partei, wie sie jetzt ist, würde immer ein mögliches Verfallsdatum über Entwicklungen stehen. Das für Finanzmärkte so wichtige Vertrauen konnte sich so nicht entwickeln. Würde man sein Kapital wieder aus dem Markt herausholen können? Wie würde sich die Rendite entwickeln? Wie sicher waren die Einlagen? So kam es 2015 mit dem Crash an der Schanghaier Börse zur Kapitalflucht. Chinesische Anleger:innen begannen, ihr Geld ins Ausland zu transferieren.

Infolgedessen wurden von der chinesischen Regierung noch striktere Kapitalmarktkontrollen eingeführt, die weiterhin in Kraft sind. Die Liberalisierung des Finanzmarktes und der freie Handel der Währung schienen ein zu riskantes Geschäft für die Kommunistische Partei. Drohender

Kontrollverlust war unter Xi längst wieder zum No-Go geworden.

Aber sogar wenn die Partei bereit wäre, dieses Risiko einzugehen, den Renminbi signifikant stärker zu internationalisieren, und auf die eigene digitale Währung setzen würde, ist es fast unmöglich, potenzielle US-Sanktionen zu umgehen, geschweige denn mit vergleichbaren Maßnahmen zu beantworten – zu groß sind für alle Beteiligten am internationalen Handel die Berührungspunkte mit der US-Währung.

Das heißt allerdings nicht, dass die chinesische Führung nicht nach einer »Good enough«-Lösung strebt, die eigene Verwundbarkeit gegenüber Finanzsanktionen der USA zumindest zu verringern. Ziel ist deshalb eben nicht, den Dollar 1:1 zu replizieren, sondern eher, die eigene Währung in geschlossenen Kreisläufen zu einer Art begrenzter Rückfalloption zu machen, die genug Staaten oder Firmen einbindet, um China Handlungsoptionen bei Worst-Case-Szenarien, also einem offen (militärischen) Konflikt mit den USA, zu verbessern.

Mit kleineren regionalen Banken, die in der chinesischen Währung Handel über spezielle Zahlungssysteme abwickeln, können primitive Handelswege geschaffen werden. Damit könnte ein kleiner Teil des Geschäfts in Renminbi und ohne Anbindung an den internationalen Finanzmarkt getätigt werden – zwischen China und Russland, für Rohstoffkäufe aus dem Iran, für Handel mit Nordkorea. Das ist wie bereits erwähnt nicht trivial, die Verbindungen zum internationalen System – etwa im Transport- und Logistiksektor oder dem Versicherungssektor – sind so umfangreich, dass eine komplette Parallelarchitektur geschaffen werden muss, wenn der Handel über ein banales Tauschgeschäft hinausgehen soll. Auch wenn also aufgrund der russischen Invasion in die Ukraine der Renminbi zur meistgehandelten Währung an der russischen Börse wurde und Gazprom seinen Gashandel mit chinesischen Kund:innen nun zur Hälfte in Rubel und zur anderen in Renminbi abwickelt,[18] löst dies nur einen kleinen Teil des Problems.

Dennoch versucht die chinesische Führung, die Entwicklung einer alternativen Struktur voranzutreiben und damit zu experimentieren. Im Handel mit dem Iran, der vom US-Bankensystem durch Sanktionen ohnehin ausgeschlossen ist, spielen die chinesische Währung und der Gedanke eines geschlossenen Kreislaufsystems eine wachsende Rolle. Chinesische Abnehmer:innen sind inzwischen die wichtigsten Kund:innen für das Regime in Teheran, das sich nicht nur im Nuklearstreit mit dem Westen durch Sanktionen isoliert sieht, sondern sich auch mit Protesten im eigenen Land und einem fragilen regionalen Umfeld auseinandersetzen muss. 2021 unterzeichneten Peking und Teheran ein umfassendes Kooperationsabkommen.

Auch Saudi-Arabien ist inzwischen dabei, den Ölhandel mit China mit einer teilweisen Abwicklung in Renminbi auf ein zweites Standbein zu stellen – eine Anbindung an den internationalen Finanzmarkt bleibt jedoch beim Geschäft mit Riad eindeutig bestehen.[19] Chinesische Kund:innen kaufen gut ein Viertel der gesamten Ölexporte des Königreichs. Beim im September 2022 in Samarkand abgehaltenen letzten Gipfeltreffen der Shanghaier Organisation für Zusammenarbeit (SOZ oder auch SCO), einer regionalen Organisation mit Sekretariat in Peking, die China, Russland, Indien, Pakistan und vier zentralasiatische Staaten mit Beobachter:innen und Dialogpartner:innen von der Türkei bis zum Iran oder auch Kambodscha zusammenbringt, wurde auch ein Fahrplan für eine Vergrößerung des Handelsvolumens zwischen den Staaten in lokalen Währungen und alternative Zahlungsmechanismen vereinbart.[20] Dabei kommt der chinesischen Führung zugute, dass nicht nur Moskau und Peking den langen Arm des US-Dollars als Bedrohung für die eigene Handlungsfähigkeit empfinden. Auch andere Staaten sehen einen Vorteil in einer mehrgleisigen Strategie.

Diese Strategie der chinesischen Führung hat jedoch ihre Grenzen. Außer Iran, Russland und Nordkorea ist die Attraktivität, in einem wirklich geschlossenen Kreislauf Handel mit chinesischen Partnern zu verfolgen, begrenzt, zu wichtig ist das Geschäft mit dem Rest der Welt, zu eng sind die Verbindungen zu der gesamten internationalen Handelsarchitektur. Aber die Gewichte können sich verschieben – und damit zumindest der Druck auf den Rest der Welt, sich für eine Seite zu entscheiden.

Es ist aus chinesischer Perspektive extrem sinnvoll, langfristig an diesem zweiten Kreislauf zu arbeiten, der dem Zugriff der US-amerikanischen Regierung verschlossen bleibt und einen begrenzten Handel besonders essenzieller Güter ermöglicht. Hier kluge Lösungen zu finden und die Resilienz gegenüber US-Sanktionen zu erhöhen ist seit dem russischen Einmarsch in die Ukraine und den bisher nie da gewesenen Sanktionen gegen die russische Zentralbank noch dringlicher geworden und ein Thema, das viele chinesische Bürokrat:innen und Forscher:innen beschäftigt. Der Fokus liegt also nicht auf der Renminbi-Internationalisierung, sondern darauf, der chinesischen Wirtschaft im Konfliktfall einen Rettungsanker zu bieten, um am Laufen bleiben zu können.

Umgang mit Verwundbarkeiten

In den USA und in Europa beginnen inzwischen Debatten über sogenanntes *outbound investment screening*. Auch in Deutschland wird diese politische Diskussion – wie weit deutsche und europäische Konzerne Chinas wirtschaftlichen Aufstieg und technologische Unabhängigkeit weiterhin mit voller Kraft unterstützen sollen oder ob es auf Basis nationaler Sicherheitsinteressen notwendig ist, ausgewählte Investitionen und Exporte restriktiver zu handhaben – künftig mit neuer Intensität geführt werden. Nicht zuletzt, weil die europäische Verwundbarkeit im Hinblick auf US-Finanzsanktionen enorm ist. Das deutsche China-Geschäft wäre bei drastischen Sanktionen gegenüber China – sollten sie in ähnlicher Form wie gegen Russland verhängt werden, weit über Maßnahmen gegen Individuen hinaus – auch bei einem US-Alleingang stark beeinträchtigt.

Für die chinesische Führung ist der zentrale Referenzpunkt für die eigene Verwundbarkeit das Verhältnis zu Washington. Durch dieses Prisma wird die politische Logik gefiltert. Der einzige Staat, der Chinas Aufstieg zur angestrebten Größe und Macht verhindern oder massiv verzögern kann, ist aus dieser Perspektive Amerika, da können Konflikte mit Europa schon mal vernachlässigt oder in Kauf genommen werden. Deswegen kommt es für die chinesische Führung darauf an, die relative Stärke gegenüber den USA zu vergrößern und wo möglich das US-Allianzsystem und das engmaschige Netz aus Wirtschaftsbeziehungen zu schwächen. Die Feindseligkeit, die aus Washington wahrgenommen wird, findet sich in Peking durch einseitige Maßnahmen der USA wie Exportkontrollen oder Sanktionen bestätigt.

Dabei spielt die historische Einordnung eine wichtige Rolle. Wenn es ein Ereignis in der Geschichte gibt, das innerhalb der Kommunistischen Partei bis ins kleinste Detail studiert und analysiert wurde, dann ist es der Zusammenbruch der Sowjetunion. Der Triumph des Westens am Ende des Kalten Krieges wird dabei als Versagen der sowjetischen Führung interpretiert. In einer Rede vor Parteimitgliedern im Januar 2018 sprach Xi nicht nur von Chinas Einzigartigkeit, von der gewaltigen Aufgabe, die vor der Kommunistischen Partei läge, sich für die neue Zeit aufzustellen, sondern auch von den Lektionen der Geschichte, aus denen man gelernt habe: »Es ist nicht einfach für eine marxistische Partei, die Macht zu ergreifen, und es ist noch weniger einfach, sie zu konsolidieren.« Man müsse, so Xi, aus dem »historischen Zyklus von Aufstieg und Fall« ausbrechen. Nur so könne der Teufelskreis durchbrochen werden, dass sich China bislang eher selbst im Weg gestanden hat, wenn es darum ging, wirtschaftliche Stärke in politisches Kapital umzuwandeln. Xi ist davon überzeugt, dass die Kommunistische Partei der Sowjetunion die Macht verlor, weil niemand »Manns genug« war, für ihren Erhalt zu kämpfen.[21] Dieses Schicksal soll die Kommunistische Partei Chinas nicht ereilen. Es gilt, die Einigkeit der Partei zu wahren und den Niedergang zu verhindern. Mit anderen Worten: Wenn einmal der ideologische Schlendrian Einzug hält, die Partei die Kontrolle über sich selbst verliert, dann kann man einpacken.

Die Aufrechterhaltung eines Feindbildes, eines Gegenübers, das für all das steht, wofür man selbst nicht stehen will, ist dabei ein hilfreiches Mittel. Bei der Risikoabwägung für den Machterhalt ist es jedoch nicht unbedingt das Aufheben jeder eigenen Verwundbarkeit, das im Zentrum steht. Vielmehr geht es darum, maximale Verwundbarkeit auf der anderen Seite zu schaffen in Feldern, auf denen man selber Stärken hat. Dafür ist es wichtig, die eigenen Schwächen zu kennen und kontinuierlich daran zu arbeiten, sie zu verringern. Dabei kommt denjenigen, die dabei helfen können, eine besondere Rolle zu. Europa hat Potenzial: etwa im Bereich der Grundlagenforschung, beim Spezialmaschinenbau oder auch bei der Halbleitertechnik. Attraktiv für China sind zum Beispiel die modernen Lithografiemaschinen der bereits erwähnten niederländischen Firma ASML, die unter anderem Optik des deutschen Traditionsunternehmens Zeiss verbaut, oder Hochleistungslasertechnik des baden-württembergischen Vorzeigemittelständlers Trumpf. Und auch Forschungseinrichtungen wie die Fraunhofer-Gesellschaft zählen nach wie vor zur absoluten Weltspitze.

Man könnte also meinen, dass es sinnvoll wäre, eine besonders enge Beziehung zu Europa aufzubauen, schließlich sind die transatlantischen Beziehungen nicht erst seit Donald Trump arg strapaziert. Die Europäische Union spricht von strategischer Autonomie und hat Angst davor, was 2024 auf sie zukommen könnte, sollte es den Demokraten nicht gelingen, die Präsidentschaftswahlen zu gewinnen. In der eigenen Wahrnehmung will Europa trotz Krieg in der Ukraine langfristig eine unabhängigere Position von den USA einnehmen. Da warnt dann auch schon mal Valdis Dombrovskis, der EU-Kommissar für Handel, davor, dass eine US-Maßnahme wie der Inflation Reduction Act (IRA) von 2022, das massive Paket von 370 Milliarden US-Dollar Subventionen und Investitionen für eine klimaneutrale Transformation der US-Wirtschaft, durch seinen protektionistischen Ansatz für Europa »Angebote und Vorschläge« aus Peking umso attraktiver macht – welche konkreten Angebote genau dies sein sollen, diese Antwort gab Dombrovskis allerdings nicht.[22] Auch Europa pokert eben um die bestmögliche Position.

Abwärtsspirale in den US-China-Beziehungen

Das US-China-Verhältnis ist in einem schlechten Zustand. Es ging schon gegen Ende der Obama-Administration bergab, in den Jahren unter Trump ist es dann aber von schwierigem Fahrwasser in einen reißenden Strudel geraten. Immer weiter und fast unaufhaltsam schien es abwärtszugehen zwischen den beiden Großmächten. Unberechenbar war der amerikanische Präsident nicht nur für die europäischen Partner, sondern auch für Peking. Trump hatte im Wahlkampf die antichinesische Trommel gerührt und davon gesprochen, all die Jobs, die seine Vorgänger so leichtsinnig nach China entschwinden hätten lassen, zurück nach Hause zu holen.

Zu Beginn seiner Amtszeit trat Trump dann selbstbewusst damit an, dass er das Verhältnis besser gestalten würde – es müsse nur endlich jemand »richtig« mit China verhandeln und einen guten Deal für die USA herausholen. Er versuchte in der Tat, ein gutes Verhältnis zu Xi Jinping aufzubauen, hieß ihn in seinem Anwesen Mar-a-Lago in Florida willkommen, ließ seine Enkelin für den chinesischen Präsidenten ein Lied auf Chinesisch singen, alles, um den Handelsdeal über die Ziellinie zu bringen. Aber auch wenn seine Regierung mit einem wilden Mix aus Hardlinern und Wall-Street-Millionären, die in vielen Fragen keinem klar erkennbaren Kurs zu folgen schienen, gespickt war, verliefen die Verhandlungen über den großen Handelsdeal zwischen den USA und China gar nicht so außergewöhnlich.[23] Robert Lighthizer, auf der US-Seite für das mögliche Abkommen zuständig, hatte einen Plan, was er erreichen wollte, und traf auf der chinesischen Seite mit einem Team um Liu He, der mehr für Wirtschaftsfragen als für Klassenkampf übrighatte, auch durchaus auf einen konstruktiven Partner. Aber letztlich war es Xi Jinping, der dem fast fertig ausgehandelten 150-seitigen Deal nicht zustimmte. Lighthizers Vorstellungen davon, was die chinesische Führung zu liefern habe, waren weitreichend – US-Zölle auf chinesische Produkte sollten beispielsweise erst dann abgebaut werden, wenn die chinesische Seite Forderungen mit Blick auf den Schutz von geistigem Eigentum von US-Firmen oder erzwungenen Technologietransfer erfüllt hätte. Zudem schien die Tatsache, dass Chinas Unterhändler Liu He einer Forderung nicht widersprochen hatte, noch lange nicht zu bedeuten, dass Xi dies ebenfalls nicht tun würde. Die Verhandlungen platzten im Mai 2019.[24]

Trumps vollmundiges Versprechen ließ sich nicht realisieren. Der »Meister der Deals« kriegte diesen nicht abgeschlossen. Wäre eine Einigung erreicht worden, wäre die jetzige Situation sicher eine andere. Hätten die USA und China eine andere Basis gefunden, wäre das Investitionsabkommen Europas mit China sicherlich weitaus leichter über die Ziellinie gegangen. Die bürokratische Ebene in den USA fand in der Formulierung der neuen Chinapolitik allerdings einen der wenigen Aspekte, für den es verlässliche Mehrheiten gab und in dem konkrete Schritte umgesetzt werden konnten. In der US-Administration hatten sich schon unter Obama große Sorgen im Hinblick auf die technologische Entwicklung in China breitgemacht, insbesondere durch den Zugang zu kommerziell verfügbarer Technologie aus dem Westen und die Bedrohung, die sich daraus für die nationale Sicherheit ergeben würde. Unter Trump wurde diese Frage von seinem National-Security-Team ganz weit oben auf die Agenda gesetzt, und die Beteiligung von Huawei und ZTE am Ausbau der globalen 5G-Mobilfunkinfrastruktur war dabei das zentrale Thema. Die USA traten polternd und drohend auf, und vor allem in Deutschland schürte dies eine ohnehin latent vorhandene antiamerikanische Stimmung. Im Kern aber stand in Europa eine große Sorge: Wie sollte und wie könnte man mit einem immer mächtigeren, technologisch führenden China umgehen?

Die chinesische Führung hätte diese Zeit nutzen können, um mit einer großen Charmeoffensive die europäischen Herzen und Köpfe zu erreichen und die Anbindung Europas an China zu verstärken. Die Chancen, die transatlantische Allianz zu schwächen, standen selten besser. Mit besonders attraktiven Angeboten an Europa, ein bisschen Schmeichelei, vor allem aber Milliardenverträgen hätte man in diesem Fall recht leichtes Spiel dabei gehabt die inzwischen skeptischeren europäischen Wirtschaftsvertreter:innen wieder einzuwickeln. Die Marktbedingungen in China hatten sich für die europäischen Konzerne seit Xis Amtsantritt deutlich verschlechtert, die Öffnung stagnierte. Aber eine wohlige Decke der Kooperationsrhetorik hätte für Beruhigung gesorgt. Eine breite internationale Allianz, die sich gegenüber den marktverzerrenden Praktiken der chinesischen Führung positionierte, hätte so nachhaltig verhindert oder mindestens deutlich erschwert werden können. Doch es kam anders. Das Gegenteil passierte.[25]

Als die Coronapandemie Ende 2019 in China ihren Anfang nahm und in Wuhan wütete, begann eine Propagandaschlacht um den Ursprung des Virus und die Deutungshoheit der Ausnahmesituation. Trump schloss die Grenzen für chinesische Reisende und gab Xi die Schuld an der Situation der USA. Anstatt die Kooperationskarte zu spielen, griff Peking nun ebenfalls zu Drohungen und Zwangsmaßnahmen, um europäische Staaten einzuschüchtern. Diese Taktik war zwar nicht vollständig neu, für Chinas Umgang mit Europa jedoch ungewöhnlich. Ja, man hatte Norwegen wegen der Verleihung des Friedensnobelpreises an den regimekritischen Autor Liu Xiaobo schon früher in den diplomatischen Gefrierschrank verbannt oder einen chinesischen Botschafter in Schweden eingesetzt, dessen diplomatisches Gespür, vorsichtig formuliert, zu wünschen übrig ließ. In zwei Jahren wurde er mehr als 40-mal vom schwedischen Außenministerium einbestellt. Seine Aussage, dass China für seine Freunde besten Wein bereithalte, für seine Feinde allerdings Schusswaffen, war eine verbale Entgleisung der besonderen Art für einen Diplomaten.[26]

Es handelte sich bei der Aussage um eine Referenz aus einem Song eines chinesischen Kriegsfilms aus den 1950er-Jahren. Dass diese beim beim Shangri-La Dialog im Juni 2023 in gleicher Form vom neuen chinesischen Verteidigungsminister Li Shangfu wiederholt wurde macht die Sache nicht zwingend beruhigender.

Das, was Europa seit Beginn der Pandemie erlebte, war so noch nicht da gewesen: Da wurde Desinformation verbreitet, das Virus käme eigentlich aus Italien, oder es wurde

Druck auf die Diplomaten der EU ausgeübt, einen Bericht über Chinas Einfluss in Europa zu verwässern.[27] Es folgten Cyberangriffe auf europäische Krankenhäuser[28] und eine Eskalation im Verhältnis zu Litauen, das Pekings volle Wut auf sich zog, weil der kleine baltische Staat engere Beziehungen zu Taiwan suchte.

Anstatt also die Phase der transatlantischen Schwierigkeiten für sich zu nutzen, brachte das Verhalten der chinesischen Führung Europa faktisch wieder deutlich näher an Washington heran. All denen in Europa, die schon vor der Pandemie die Alarmglocken in Bezug auf China läuteten, gewannen dadurch mehr Einfluss, und der Ruf nach einer Verringerung der Abhängigkeit der EU von China und einer Diversifizierung ihrer Wirtschaft wurde lauter. Es gab folglich auch keine europäische Sonderbehandlung bei den rigiden Corona-Einreisebestimmungen, stattdessen gab es diplomatische Maßnahmen, die darauf abzielten, europäische Regierungen als schwach und unfähig darzustellen, das Virus zu besiegen, und Europa untereinander zu spalten. Die chinesische Botschaft in Paris streute im April 2020 Gerüchte, dass französische Pflegekräfte in Altenheimen über Nacht ihre Jobs niedergelegt und die Bewohner:innen ihrem Schicksal überlassen hätten. Demokratien seien eben nicht in der Lage, mit einer so komplexen Herausforderung wie der Pandemie umzugehen. Angriff ist eben manchmal die beste Verteidigung. In einigen europäischen Staaten spielten die politischen Eliten aus innenpolitischen Gründen das Spiel mit. So küsste zum Beispiel der serbische Präsident Vučić symbolisch den Boden, auf dem geringe Mengen chinesischer Masken per Flugzeug angeliefert wurden, und schimpfte auf die mangelnde Unterstützung aus der EU.[29] Chinas Führung schien Europa gegen sich selbst aufbringen zu wollen. Nur ging der Plan nicht auf. Die recht plumpe Taktik verfing in der breiten europäischen Öffentlichkeit nicht nachhaltig. Im Gegenteil, das aggressive Auftreten der chinesischen Diplomat:innen im Ausland und die Berichterstattung über massive Menschenrechtsverletzungen in Xinjiang und Hongkong führten zu einer allgemeinen Verschlechterung der Wahrnehmung Chinas in der breiten Öffentlichkeit.

Als die EU dann im März 2021 Individuen in China, die im Zusammenhang mit den massiven Menschenrechtsverletzungen in Xinjiang stehen, sanktionierte, kam die Antwort der chinesischen Führung umgehend, erratisch, aber in voller Härte. Sie verhängte Sanktionen gegen Abgeordnete, Forscher:innen und Forschungseinrichtungen sowie Vertreter:innen der Mitgliedsstaaten und machte eine klare Ansage: Eine Verbesserung des Verhältnisses würde es für Europa erst dann geben, wenn die Sanktionen durch die EU aufgehoben würden. Nun fiel der transatlantische Schulterschluss seit Joe Bidens Wahlsieg Ende 2020 allerdings wieder leichter. Es gibt inzwischen nicht nur einen formellen Dialog zwischen den USA und der EU zu China, sondern zusätzlich mit dem Trade and Technology Council (TTC) im Juni 2021 ein weiteres Gremium für konkrete Kooperation. Auch wenn es sich formell mit Handels- und Technologiefragen beschäftigt, steht »Wie gehen wir mit China um?« unausgesprochen über im Prinzip jeder der eingerichteten Arbeitsgruppen.

Aber warum handelte die chinesische Führung so, wie sie es tat? Wieso sah sie nicht die riesige strategische Möglichkeit, die sich ihr geboten hatte? War es Panik? Unvermögen? Desinteresse? Mangelnde oder gar zu viel Chuzpe?

So richtig ließ sich die nach einem chinesischen Actionfilm benannte aggressive »Wolfskrieger«-Diplomatie nicht erklären. Rational – im deutschen Verständnis – war sie nicht zu verstehen. Europa hatte zu Beginn der Pandemie eine Hand nach China ausgestreckt, die Volksrepublik mit Hilfsgütern bereitwillig unterstützt und sich mit Schuldzuweisungen zur Entstehung der Pandemie zurückgehalten. Nun stand man vor einem Rätsel: Lohnte es sich aus Sicht Pekings womöglich gar nicht mehr, sich um Kooperation mit China zu bemühen? Hatte Peking Europa als Unterstützung im Kampf gegen die USA etwa schon abgeschrieben?

Was in den vergangenen drei Jahren passiert ist, muss in Deutschland und Europa tatsächlich zu der Schlussfolgerung führen, dass Chinas Führung eine Entscheidung darüber getroffen hat, wo Europa im Konfliktfall steht. Auch wenn in Berlin betont wird, dass man in den wirtschaftlichen Beziehungen nicht einseitig zwischen Washington und Peking wählen wolle, hat die Kommunistische Partei die Wahl bereits für uns getroffen und Europa in die Schublade »im Konfliktfall: USA« einsortiert.

Die Strategie der chinesischen Führung, politische und wirtschaftliche Ziele nun verstärkt durch erhöhten Druck und nicht durch attraktive Angebote zu erreichen, ist im Laufe der Coronapandemie deutlich geworden. Das heißt noch lange nicht, dass es sich für China nicht lohnt, immer wieder durch limitierte Charmeoffensiven europäische Uneinigkeit zu säen und den transatlantischen Schulterschluss zu torpedieren, wie dies gerade mit Blick auf die russische Invasion in die Ukraine und Chinas freundliche Gesten an europäische Staatschefs wie Scholz oder Macron, die den Weg nach Peking finden, geschieht.

Für Europa ist die aktuelle Lage das Ende der Illusion,

dass China Europa genauso sehr braucht wie Europa China. Die Balance hat sich verschoben. Wenn Macron nach China reist und für eine eigenständigere europäische Position wirbt oder Xi freundlich auffordert, sich konstruktiv gegenüber Russland zu positionieren und doch die Kommunikation mit dem ukrainischen Präsidenten Selenskyj zu suchen, ist die Antwort aus Peking darauf ein dreitägiger Besuch des chinesischen Verteidigungsministers in Moskau im April 2023, um über die Intensivierung der militärischen und technologischen Zusammenarbeit zwischen China und Russland mit seinem Amtskollegen, aber auch Präsident Putin zu sprechen.

Die Zeit, in der China Europa so sehr brauchte, dass es zu Zugeständnissen und zur Einhaltung verabredeter Regeln bereit war, ist vorbei. Die dargelegten Verwundbarkeiten, von Halbleitern über Technologietransfer, Handel oder Abhängigkeit von internationalen Finanzmärkten, sind zwar nach wie vor da, aber sie sind nur noch dann ein Hebel in Verhandlungen mit China, wenn klargemacht wird, dass diese auch dafür eingesetzt würden. Sie lassen sich derzeit nicht mehr durch ihre bloße Existenz in politische Zugeständnisse übersetzen. Aber die Idee von einer härteren Gangart, von Sanktionsdrohungen und Zwangsmaßnahmen fällt Europa nicht leicht im Umgang mit China, und so gibt es europäische – und insbesondere deutsche – Zusammenarbeit derzeit noch fast umsonst für die chinesische Seite. Und sie schafft einen künstlichen Dissens mit den USA, wo keiner ist: Europa kann eine ähnliche Politik wie die USA verfolgen, wenn diese im europäischen Interesse ist, nicht weil Washington dies so will, sondern weil man eine gemeinsame Analyse der Herausforderungen teilt.

Deutschland ist Dialog und Engagement – langfristig gesehen zu Recht – wichtig. Aber um derzeit Ziele gegenüber Peking zu erreichen, braucht es mehr als freundliche Worte und Angebote. Es geht um Handlungsfähigkeit und wirtschaftliche Sicherheit, und es scheint Zeit für die harten Bandagen, für Konditionalität statt Reziprozität.

Reziprozität ist eine Forderung, die oft an die Beziehungen zu China gestellt wird. Echte Wechselseitigkeit im Sinne von »wie du mir, so ich dir«. Chinas Führung respektiert diese klare Form der Kommunikation grundsätzlich und versteht die Argumentation der nationalen Sicherheit, nicht zuletzt, weil sie auch die militärische Eskalation stets mitdenkt, aber Reziprozität in unserem Sinne strebt sie nicht an – und wir sollten dies auch nicht länger tun. Während es Peking noch nicht gelungen ist, das transatlantische Bündnis zu schwächen, und im Gegenteil die chinesische Politik in letzter Zeit dazu beigetragen hat, dieses zu stärken, kann dies nach der nächsten Wahl in den USA durchaus wieder anders aussehen. Wenn Pekings Diplomat:innen sich zusätzlich noch geschickter anstellen, ist das Risiko transatlantischer Spaltung groß – mit unabsehbaren Konsequenzen für Deutschlands Sicherheit und Wohlstand. Wenn Europa eine eigenständige Politik gegenüber China verfolgen will, sollte der Fokus nicht auf der Abgrenzung zu den USA, sondern auf der Positionierung der EU zu Peking liegen.

4
Chinas Militär strebt nach globaler Macht

China als akute Sicherheitsbedrohung, China als Kriegspartei – das ist nichts, was in Deutschland und Europa in den letzten Jahren besonders intensiv diskutiert wurde. Chinas militärische Entwicklung beforschen hierzulande höchstens eine Handvoll Kolleg:innen. Auch deswegen ist dies ein Bereich, in dem sich die Illusion des friedlichen Chinas besonders hartnäckig hält.

Und es ist auch nicht verwunderlich, dass von China im europäischen Diskurs nicht als expansionistischer, imperialer Macht gesprochen wird. Es ist schließlich genau das, was die Kommunistische Partei predigt: China ist anders. Vor allem anders als die USA. Während die Vereinigten Staaten laut chinesischer Analyse in der »Mentalität des Kalten Krieges« gefangen sind, hat die chinesische Führung sich außenpolitisch weiterentwickelt und sagt, sie wolle eine neue Form der internationalen Beziehungen vorantreiben. Dabei, so Xi Jinping zuletzt in seiner Rede beim 20. Parteitag im Oktober 2022, »verfolgt China eine defensive nationale Verteidigungsstrategie« und sieht die eigene Entwicklung als Kraft für den Weltfrieden. Ganz egal, welche Entwicklungsstufe China erreiche, so Xi weiter,

»China wird niemals nach Hegemonie streben oder sich expansionistisch verhalten«.[1]

So weit, so gut. Und auch alles, was danach noch kommt in Xis Redemanuskript – von freundlichen Beziehungen zwischen den Ländern ist da die Rede, von Vertrauen, gemeinsamen Interessen, Solidarität und Zusammenhalt –, klingt nach einem Hort des Friedens. China als Kraft des Guten in der Welt, könnte man die Botschaft auf den Punkt bringen. Das Entwicklungsland, das es geschafft hat. Mit ganz eigenem Weg, gegen die allgemeine Annahme, dass wirtschaftliche Entwicklung mit politischer Liberalisierung einhergehen müsse, um langfristig eine innovative und wettbewerbsfähige Volkswirtschaft zu bleiben. Das Bild Chinas als freundlicher, friedliebender Nachbar ist eines, das nach außen wirken soll, das sich in der täglichen Realität der Region aber nicht widerspiegelt.

China hat vierzehn Nachbarstaaten. Nur Russland bringt es weltweit auf eine ebenso hohe Zahl, Deutschland im Zentrum Europas auf immerhin neun. Während Russland gewaltsam versucht, die eigenen Westgrenzen gen Europa zu verschieben, wird Chinas militärische Macht in Brüssel und Berlin nach wie vor als wenig bedrohlich angesehen. Das ist angesichts der Dimension des Aufwuchses, also der Stärke der Streitkräfte, die Chinas Führung inzwischen aufgerüstet hat, und angesichts des aggressiven Vorgehens regional und international, in traditionellen und nicht traditionellen Sicherheitsbereichen, verwunderlich und durchaus fahrlässig.

Europa könnte es besser wissen, denn dem chinesischen Militär kommt bei der historischen Mission, auf der sich Xi wähnt, der großen Erneuerung der chinesischen Nation, eine zentrale Rolle zu. Bis zum Jahr 2049 soll dieser Erneuerungsprozess abgeschlossen sein, an dessen Ende Chinas Militär nicht nur in der Lage sein soll, Kriege zu führen, sondern diese auch zu gewinnen.[2] Auch für die Volksbefreiungsarmee ist und bleibt der Wettstreit mit den USA die relevante Referenzgröße. Und das ist keineswegs neu. Seit den Neunzigerjahren werden die Modernisierung verstärkt vorangetrieben, eigene Rüstungsproduktionskapazitäten mit Nachdruck aufgebaut und eine strukturelle und personelle Erneuerung vorangebracht. Nach Angaben des Stockholm International Peace Research Institute (SIPRI) hat Peking die Verteidigungsausgaben seit fast einem Vierteljahrhundert jedes Jahr in Folge deutlich erhöht, wobei die Ausgaben 2018 250 Milliarden US-Dollar erreichten und China damit zum zweitgrößten Akteur im Bereich der Rüstungsausgaben der Welt machten, nur noch übertroffen von den USA.

Unter Xi hat sich dieser Prozess sogar noch verstärkt und beschleunigt. Die chinesische Armee hat nicht nur weiterhin die meisten Soldaten weltweit in ihrem Dienst, mittlerweile hat die chinesische Marine auch mehr Kriegsschiffe in Betrieb als die mächtige U.S. Navy und die chinesische Luftwaffe mehr Flugzeuge in der Luft als jeder andere asiatische Staat. Sogar im Bereich der Nuklearwaffen, in dem die chinesische Führung die eigene »No first use«-Politik, also die Selbstverpflichtung, auf keinen Fall einen atomaren Erstschlag auszuführen, wie eine Monstranz vor sich herträgt, sind die Modernisierung und der Aufwuchs beträchtlich. China hat inzwischen mehr Interkontinentalraketenwerfer als die USA und strebt bis zum Ende dieses Jahrzehnts an, mehr als 1000 Nuklearwaffen im eigenen Arsenal aufweisen zu können. Noch sind es weniger als die Hälfte. Und auch wenn Russland und die USA dann immer noch über ein Vielfaches des chinesischen Bestandes verfügen, ist klar: Abrüstung war gestern – China will mehr.

Bereits in seiner Rede auf dem 19. Parteitag 2017 betonte Xi die Bedeutung der militärischen Ertüchtigung und legte die Parameter für den Erfolg der Bemühungen fest. Die chinesische Führung bereitet sich auf einen Krieg vor. Für einen militärischen Konflikt des 21. Jahrhunderts sind nach Einschätzung der Partei daher strukturelle Reformen notwendig. Die Volksbefreiungsarmee baute deshalb Personal bei den Bodentruppen ab, während sie Truppen in ihrer Luftwaffe und Marine aufstockte. Zudem hat Xi die bewaffnete Volkspolizei, den »paramilitärischen Cousin« der Armee, ebenfalls unter die direkte Kontrolle der Zentralen Militärkommission (ZMK) gestellt, deren Vorsitzender er selbst ist. Die bewaffnete Volkspolizei ist für die innere Sicherheit, die Terrorismusbekämpfung und die Bekämpfung von Unruhen ausgebildet.[3] Die strukturellen Veränderungen und Modernisierungen sind teilweise auf einen allgemeinen Reformprozess zurückzuführen, der darauf abzielt, die Streitkräfte mit den Bemühungen von Xi Jinping in Einklang zu bringen, die Kontrolle der Partei über die Armee sicherzustellen und Korruption im Sicherheitsapparat zu bekämpfen. Sie stellen auch eine Antwort auf die neue Definition der Mission der Volksbefreiungsarmee dar. Sie legen neben der Landesverteidigung einen viel größeren Schwerpunkt auf die Entwicklung von Fähigkeiten zur Verteidigung von Interessen über Chinas Grenzen hinaus. Es geht darum, bürokratische Redundanzen zu beseitigen und die Volksbefreiungsarmee in eine moderne, global engagierte Militärmacht zu verwandeln. Chinas

Militär soll laut 2022 von Xi vorgelegten Leitlinien einem ganzheitlichen Sicherheitskonzept folgen, zur Risikoprävention und Krisenreaktion eingesetzt werden können, um die nationale Souveränität, Sicherheit und Entwicklungsinteressen sowie globalen Frieden und regionale Stabilität zu sichern.[4] Dazu sind vor allem technologische Fähigkeiten gefragt.

Grauzonen technologischer Macht

Die enge Verbindung zwischen technologischer Entwicklung und militärischer Macht ist nichts Neues, sie ist eingebettet »in alten Strategien, Richtlinien, Praktiken und Vorlieben sowie tief verwurzelten Ideologien über das Verhältnis zwischen Technologie und nationaler Macht«.[5] Nominell private chinesische Technologieunternehmen stehen an vorderster Front, wenn es darum geht, Chinas Innovationsökosystem vom Mobilfunkstandard 5G bis zur Gesichtserkennung und anderen Anwendungen voranzutreiben, die auf künstliche Intelligenz und Big Data aufbauen.

Technologien, die von Unternehmen von Peking bis Shenzhen entwickelt wurden – sei es durch einheimische Innovationen, den Wissenstransfer von internationalen Unternehmen, die in den chinesischen Markt eintreten wollen, oder durch regelrechten Diebstahl geistigen Eigentums –, haben allerdings oft doppelten Nutzen.[6] Sei es für den internen Sicherheitsapparat, zur Kontrolle ethnischer Minderheiten, die Unterdrückung von zivilgesellschaftlichen Aktivisten oder für die direkte militärische Nutzung. Dies gilt insbesondere im Bereich der künstlichen Intelligenz, Drohnen- und Satellitentechnologie oder der Forschung an Quantencomputern. Obwohl die »Revolution in militärischen Angelegenheiten«, wie sie im Weißbuch von 2019 bezeichnet wird, in vollem Gange ist, bleibt die Schlussfolgerung im offiziellen Dokument, dass die Volksbefreiungsarmee weiterhin den führenden Militärs der Welt hinterherhinkt, wenn es um moderne IT-basierte Kriegsführung geht.[7] Das Ziel ist allerdings klar, und es wird in Peking viel Zeit und Geld darauf verwendet, dieses auch zu erreichen. Das ist einer der Gründe, weshalb die USA inzwischen beschlossen haben, die rasante Entwicklung nicht weiter durch Technologieexporte selbst zu beschleunigen.

In Europa tut man sich schwer damit, die technologischen Entwicklungen auf breiter Front nicht nur zu beobachten, sondern auch in den sicherheitspolitischen Kontext einzuordnen. Es fehlen die nötige Expertise und die Kapazitäten. Bedenken konzentrieren sich oft auf die kommerzielle wirtschaftliche Dimension und nicht auf potenzielle oder tatsächliche militärische Anwendungen. So überrascht es dann auch nicht, dass Frankreichs Staatspräsident stolz einen großen Deal mit Airbus verkündet, bei dem unter anderem auch 50 Helikopter an eine chinesische Firma verkauft werden sollen – auch wenn diese explizit auch militärischen Nutzen haben. Ob es wirklich dazu kommt, wird sich erst zeigen.[8] Rüstungskonzerne wie der chinesische Staatskonzern Norinco, der unter anderem Kampfpanzer und Flugabwehrwaffen produziert, sind zu globalen Akteuren geworden. Das Unternehmen betreibt zum Beispiel auch Windkraftanlagen in Kroatien. Auch im Bereich der Werften sind die Grenzen zwischen ziviler und militärischer Produktion fließend. Das ist nicht ausschließlich in China so, auch ein Unternehmen wie Hyundai in Südkorea baut sowohl Marine- als auch zivile Frachtschiffe, aber hier findet eine transparente Trennung der Aktivitäten statt. In chinesischen Werften ist die Lage undurchsichtig.[9] Und das ganz bewusst, denn Ambiguität ermöglicht maximale Flexibilität. Die Grenzen verschwimmen, und je globaler Chinas Militär und Unternehmen agieren, desto mehr werden diese Graubereiche für den Rest der Welt zu Problemzonen.

Unter Xi wurde 2015 die Einrichtung der Strategischen Kampfunterstützungstruppe als neue Teilstreitkraft beschlossen. Sie ist für die Bereiche Weltraum, Cyber- und elektronische Kriegsführung (z. B. elektronische Aufklärung durch Radar und Abwehr durch Radarstörung) zuständig. Hier sieht die Kommunistische Partei neue Handlungsbereiche, in denen asymmetrische Fähigkeiten zu einer deutlichen höheren Verteidigungsfähigkeit führen und gleichzeitig auch die offensiven Möglichkeiten vergrößert werden, denn die Verantwortlichkeiten der neuen Teilstreitkraft umfassen Cyberangriffe und Cyberspionage im militärischen Bereich und sind darauf ausgelegt, die Schwachstellen eines Gegners im Informationsbereich auszunutzen. In einer Rede im April 2023 machte die Leiterin des National Cyber Security Centers Großbritanniens, die zweifellos führende Institution in diesem Bereich in Europa, deutlich, dass man es sich nicht leisten könne, nicht mit China Schritt zu halten. Man riskiere sonst, dass China die dominierende Kraft im Cyberspace würde.[10] Für die US-Sicherheitsdienste gilt China schon jetzt als größte Cyberbedrohung. Und auch für Europa stellen Chinas Cyberaktivitäten die unmittelbarste Bedrohung für die Sicherheit Europas und der NATO dar. Ein ausreichendes

Verständnis davon, welche Fähigkeiten das chinesische Militär und im staatlichen Auftrag handelnde Akteure heute bereits besitzen, künftig haben werden und welche Einsatzmöglichkeiten dies bietet, ist nicht in allen NATO-Staaten vorhanden.

Der Cyberspace ist das eine, die chinesische Führung betrachtet aber auch den Weltraum als eine potenzielle kritische militärische und wirtschaftliche Schwachstelle der USA und versucht, dort Fähigkeiten aufzubauen, die in einer direkten Auseinandersetzung mit dem amerikanischen Militär China hier einen Vorteil verschaffen.[11] So könnten Defizite der Volksbefreiungsarmee bei anderen militärischen Fähigkeiten in einem potenziellen Konfliktszenario mit den USA ausgeglichen werden. Wenn es den chinesischen Streitkräften zum Beispiel gelingen würde, die Satelliten- und Aufklärungsfähigkeit der amerikanischen Streitkräfte auszuschalten, wäre das ein klarer strategischer Vorteil. Dazu gehören auch Überlegungen, wie man Starlink als alternative Kommunikationsmöglichkeit im Konfliktfall ausschalten könnte.[12] Starlink, das satellitengestützten Breitbandinternetzugang bietet, spielt in der Ukraine derzeit eine elementare Rolle für die Operationsfähigkeit ukrainischer Truppen – es fällt nicht schwer, die logische Verbindung zu einem Taiwan-Szenario zu ziehen. Auch der chinesischen Regierung nicht.

Das, was dort in China militärisch in wenigen Jahrzehnten entstanden ist, ist beeindruckend hinsichtlich der Kapazität und hat im gesamten Indopazifik eine Gegenreaktion ausgelöst. Nirgendwo auf der Welt steigen die Ausgaben in die eigene Verteidigungsfähigkeit derzeit so sehr wie in Asien,[13] und es entstehen etliche neue Formate der Sicherheitszusammenarbeit. Da ist zum Beispiel der Neustart des Quadrilateral Security Dialogue, kurz: Quad, ein Zusammenschluss der USA, Japans, Indiens und Australiens mit einer breiten strategischen Agenda. Oder auch AUKUS, der Mechanismus zur verstärkten Zusammenarbeit von Australien, Großbritannien (UK) und den USA im Rüstungs- und militärtechnologischen Bereich. Zudem gibt es neue Sicherheitskooperationen im Rahmen bilateraler Abkommen wie zum Beispiel zwischen Japan und Australien. Und zuletzt kam es sogar zu einer Annäherung in den historisch hochbelasteten Beziehungen zwischen Japan und Südkorea, auch dies motiviert vom veränderten sicherheitspolitischen Umfeld in der Region.[14]

Einsatzoptionen des Militärs

Vereinfacht kann man sich die militärischen Operationsräume der Kommunistischen Partei in konzentrischen Kreisen vorstellen: Einsatz im Innern Chinas, in der Region und weltweit. Im innersten Kreis ist das Militär für den Einsatz zu Hause zuständig. Chinas Volksbefreiungsarmee untersteht der Partei, nicht dem Staat. Das ist vor allem aus einer internen Perspektive wichtig, denn im Zweifel geht es nicht darum, Schaden von Staat und Staatsvolk abzuwenden, sondern von der Führung der Kommunistischen Partei. Für die Rolle, die Chinas Militär außerhalb der Grenzen der Volksrepublik spielt, ist die Unterscheidung allerdings deutlich weniger relevant. Wichtiger ist die zentrale Rolle, die Xi Jinping als Vorsitzendem der Zentralen Militärkommission zukommt. Er ist nicht nur Staats- und Parteichef, sondern eben auch Oberbefehlshaber der chinesischen Streitkräfte.

Beim Einsatz im Inneren geht es darum, Aufstände niederzuschlagen und den Machterhalt der Partei zu sichern. Die Panzer der Volksbefreiungsarmee, die am 4. Juni 1989 die Proteste der Bevölkerung niederschlugen, haben sich ins kollektive historische Gedächtnis des Westens eingebrannt. Nach wie vor ist das damals verhängte Waffenembargo Europas und der USA gegenüber China in Kraft – auch wenn es das eine oder andere Schlupfloch hat und im Zeitalter der moderneren Waffentechnologie weit schwieriger umzusetzen ist. Halbleiter werden eben genauso in Waschmaschinen wie auch in Kampfjets verbaut, Optik, Lasertechnik, Chemie – all diese Bereiche finden zivile wie militärische Nutzung. Die Grenzen werden immer schwieriger zu ziehen.

In Hongkong hat die Volksbefreiungsarmee eine Garnison stationiert, die während der Proteste 2019/2020 gegen die Sicherheits- und Auslieferungsgesetzgebung der chinesischen Führung und das weitere Einschränken der Autonomierechte der Hongkonger Bevölkerung als Drohkulisse im Hintergrund standen. Als im Sommer 2019 mehr als eine Million Hongkonger auf den Straßen der Stadt demonstrierten, wurde kurz darauf die Militärpräsenz verdoppelt. Die Armee veröffentlichte Videos, die einen Einsatz der Truppen bei anhaltenden Protesten als Möglichkeit in den Raum stellten.[15] So konnte ein Signal gesendet werden, das in der Stadt, in der seit 1989 jedes Jahr am 4. Juni den Opfern der militärischen Gewalt der Kommunistischen Partei gedacht wurde, keiner weiteren Erklärung bedurfte, sondern als klare Drohung verstanden wurde: Unsere Geduld ist aufgebraucht, im Zweifel machen wir Ernst.

Vor allem wenn es darum geht, Separatismus im Keim

zu ersticken und Terrorismus zu bekämpfen, kommt dem Militär eine wichtige Rolle zu, auch wenn bewaffnete Volkspolizei, gewöhnliche Polizei und andere Sicherheitskräfte die Hauptverantwortung für die interne Stabilität in China tragen. Gefahren lauern aus Sicht der chinesischen Führung vor allem im Westen des Landes, in den autonomen Regionen Tibet und Xinjiang, in denen religiöse und ethnische Minderheiten leben. Der Umgang der Kommunistischen Partei mit der muslimischen Minderheit der Uiguren in Xinjiang, das unter anderem an die zentralasiatischen ehemaligen Sowjetrepubliken Kasachstan, Kirgistan und Tadschikistan, aber auch an Afghanistan grenzt, ist inzwischen international bekannt und dokumentiert: Lagerhaft, Zwangssterilisierungen, Zwangsarbeit, fast lückenlose digitale Überwachung – die Liste der Menschenrechtsverletzungen, die der UN-Bericht zusammenstellt,[16] ist lang und hat die Europäische Union im März 2021 dazu gebracht, zum ersten Mal seit 1989 menschenrechtsbedingte Sanktionen – wenn auch in geringem Umfang – gegen vier chinesische Staatsbürger und eine Organisation[17] zu verhängen. Aber auch in Tibet kommt es nicht nur zu schweren Menschenrechtsverletzungen, es gibt auch weiterhin Anschläge und Gewalt als Antwort auf die Unterdrückung durch die Kommunistische Partei.

Die interne Verlegbarkeit der Truppen wird durch intensiven Infrastrukturausbau unterstützt – Straßen, Zugverbindungen, Flugfelder. All diese Maßnahmen werden aber nicht nur ergriffen, um eine interne Stabilisierung und den Erhalt der nationalen Einheit zu gewährleisten. Es geht auch um die allgemeine Verteidigungsfähigkeit, wobei der Schwerpunkt auf die Nachbarstaaten im Westen gerichtet ist.

Regionale Machtausübung

Der zweite Kreis ist die regionale Machtausübung. Hier ist die Volksbefreiungsarmee gemeinsam mit paramilitärischen Einheiten der Küstenwache zentral für die Durchsetzung chinesischer Interessen von der indischen Grenze im Himalaja bis zum Südchinesischen Meer, aber auch und mit Blick auf das allgegenwärtige Taiwan-Szenario. Hier ist unter der Führung Xi Jinpings ein fundamentaler Wandel in der Strategie eingetreten. Wo einst noch Vorsicht waltete, werden chinesische Interessen inzwischen deutlich aggressiver vertreten und Machtpositionen ausgebaut – vom Aufschütten künstlicher Inseln im Südchinesischen Meer über konstante Provokationen und Veränderungen des militärischen Status quo in der Taiwanstraße bis hin zur gewaltsamen Verschiebung der sogenannten Line of Actual Control (LAC), der tatsächlichen Kontrolllinie im umstrittenen Grenzgebiet zu Indien in den Bergen des Himalayas.

Gerade die Aggression gegenüber Indien ist ein Ausdruck der veränderten Prioritäten der chinesischen Führung. Über Jahrzehnte gab es Mechanismen für das Management des Konflikts, die auch die indische Seite im Glauben ließen, dass die Rahmenbedingungen klar geregelt waren und es etablierte Verfahren und Wege gab, mit dem Konflikt umzugehen. Unter Xis Führung ist dies nicht mehr der Fall. Die militärischen Fähigkeiten, die politische und die wirtschaftliche Macht haben sich über die letzten Jahrzehnte so massiv Richtung China verschoben, dass sich die kommunistische Führung nun in der Lage sieht, den Status quo zu den eigenen Gunsten zu verändern. Verträge, alte Übereinkünfte, alles kann neu justiert werden, nichts gilt ewig. Die Kommunistische Partei ist inzwischen bereit und selbstbewusst genug, auch militärische Macht einzusetzen, um die eigene Position zu verbessern und strategische Interessen durchzusetzen.

In vielerlei Hinsicht – militärisch, diplomatisch, ökonomisch – wäre ein stabiles Verhältnis zum westlichen Nachbarn für Peking objektiv betrachtet eine gute Idee. Indien ist eine Nuklearmacht, die lange auf russische Rüstungsexporte gesetzt hat, sich nicht in das Allianzgefüge der USA einbinden lassen wollte und einen attraktiven Wachstumsmarkt, insbesondere für chinesische Technologieanbieter, darstellte. Mehr als 3000 Kilometer gemeinsame Grenze teilen sich die beiden bevölkerungsreichsten Staaten der Welt. In den Fünfzigerjahren brachte die chinesische Führung das an Indien grenzende Tibet unter chinesische Kontrolle. 1962 griff China Indien in umstrittenem Grenzgebiet an. Chinesische Truppen töteten und verwundeten Tausende indische Soldaten, und auch wenn die chinesische Führung am 20. November 1962 einseitig einen Waffenstillstand erklärte und sich aus den meisten der erkämpften Gebiete zurückzog, blieb die exakte Grenzziehung zwischen den beiden Staaten in der Region auch nach der militärischen Eskalation nicht vollständig geklärt. Es kam immer wieder zu Zusammenstößen, zum Beispiel 1975 im sogenannten Arunachal-Hinterhalt, bei dem nach indischen Angaben chinesische Truppen auf die indische Seite der Grenze vordrangen und vier indische Soldaten töteten. Die Situation blieb jahrzehntelang angespannt, aber weitgehend stabil. Bis 2020.

Während auf der chinesischen Seite der LAC in den vergangenen Jahren vor allem Infrastrukturausbau stattgefunden hat, um die Anbindung der Region zu verbessern und eine schnellere Verlegung von militärischem Personal zu ermöglichen, wann immer dies nötig oder erstrebenswert sein sollte, hat dies auf indischer Seite erst vor Kurzem begonnen, nachdem man aus taktischen Gründen lange gezögert hatte. Die Befürchtung, sollte es zum Krieg mit China kommen, könnte gute Infrastruktur auf indischer Seite bei einem Einmarsch chinesischer Streitkräfte theoretisch dazu führen, dass sich die Invasoren schneller ihren Weg ins Land bahnen, wurde inzwischen verworfen. Mehr noch, es wird auf indischer Seite ebenfalls mit Nachdruck an der Konnektivität der Region gearbeitet.

Im Juni 2020, als sich die Coronazahlen in vierzehn US-Bundesstaaten auf einen Schlag verdoppelten,[18] sich Deutschland mit dem Coronaausbruch beim Fleischverarbeiter Tönnies auseinandersetzte[19] und auch Indien wegen der hohen Infektionszahlen einen Lockdown verhängte, mit hohen gesellschaftlichen und ökonomischen Kosten, kam es im indisch-chinesischen Grenzgebiet in der Region Ladakh bei einer militärischen Konfrontation zu den ersten Todesfällen seit 1975. Bis heute ist nicht vollständig klar, wie viele Soldaten genau bei den Zusammenstößen auf beiden Seiten ums Leben kamen, offiziell bestätigt hat Indien zwanzig Tote[20] und China vier.[21]

Die Beziehungen zwischen China und Indien sind seit dem Zwischenfall frostig. Militärisch ist die Lage nach wie vor nicht entschärft, diplomatisch hat es eine weitere Annäherung Indiens an die USA und Europa gegeben, und auch wirtschaftlich sind die Folgen für chinesische Konzerne deutlich: Mehr als 300 chinesische Apps und E-Commerce-Plattformen, inklusive der auch im Westen populären TikTok oder Shein, wurden aus dem indischen

Markt verbannt. Aus Gründen der nationalen Sicherheit, wie die indische Führung unter Premierminister Narendra Modi argumentierte. Zudem stellte sich das gesamte indische Regierungssystem auf die neue Herausforderung ein, indem es die Zusammenarbeit zwischen den Ministerien mit Blick auf China verstärkte und die Beteiligung chinesischer Konzerne am Ausbau kritischer Infrastruktur, zum Beispiel im Bereich der Telekommunikationsnetze, auf den Prüfstand stellte.

Wirtschaftlich betrachtet war die militärische Machtdemonstration Chinas in der Grenzregion zumindest kurzfristig ein Eigentor. Laut Vijay Gokhale, ehemaliger indischer Botschafter in China und ausgewiesener Kenner nicht nur der strategischen Szene in Delhi, sondern auch in Peking, haben sich klare Konsequenzen ergeben.[22] Gokhale ist kein polternder Kritiker Pekings, ganz im Gegenteil, er ist ein ruhiger und besonnener Beobachter, der nicht nur fließend Chinesisch spricht, sondern auch viele Jahre als Diplomat in China verbracht hat und viel Wert auf das Verständnis und das Verstehen Chinas legt. Seine Analysen sind auch deshalb so relevant, weil er zuvor als indischer Botschafter in Deutschland die Chinadebatte aus einem ganz anderen Winkel betrachten konnte. Gokhale sieht einen deutlichen Wandel: China wird heute eindeutig als Gegner und Rivale wahrgenommen. Was noch an Vertrauen da war, dass man mit guten Verhandlungen, diplomatischem Entgegenkommen auf beiden Seiten und der nötigen Portion Pragmatismus mit der chinesischen Führung verhandeln könne, ist aufgebraucht. Die indische Seite hat diese Taktik angewandt, aber nicht die erhoffte Wirkung erzielen können. Nun ändert sich also der Ansatz in Delhi.

Das gilt auch für die öffentliche Wahrnehmung, die seit den Vorfällen im Juni 2020 gekippt ist. Nach Ansicht von Beobachter:innen und Protagonist:innen wie Gokhale haben sich dadurch auch die durchaus sehr präsenten Bedenken gegenüber engeren Kooperationen mit westlichen Partnern, vor allem den USA, haben sich deutlich verringert. Eine neue Abwägung der eigenen Interessen findet statt. Blockfrei war gestern, Absicherung nach allen Seiten ist heute.

Das aggressive Auftreten der chinesischen Führung und die Nutzung militärischer Kräfte in Kombination mit politischer und wirtschaftlicher Stärke untermauern Chinas Machtanspruch gegenüber dem südasiatischen Nachbarn, aber auch in Südostasien hat sich die Stimmung deutlich verändert.

Machtausbau im Südchinesischen Meer

Die Frage nach Chinas Rolle im Südchinesischen Meer war zu Beginn von Xis erster Amtszeit noch eine heiß diskutierte. Die Anrainerstaaten – allen voran die Philippinen und Vietnam, aber auch Taiwan, Malaysia oder das kleine Sultanat Brunei – liegen im Streit miteinander und mit der Volksrepublik darüber, wem genau welche Insel und welches Inselchen gehört und wer historische Ansprüche begründen kann. Es geht um Felsen und Riffe, um trockenfallende Erhebungen, die nur bei Ebbe sichtbar sind, und um jeden Meter Küstengewässer, der einem zustehen könnte.

Für China geht es um die Möglichkeit der Ausbeutung von Rohstoffen unter dem Meeresgrund und um reiche

Fischgründe, aber auch um die militärische Nutzbarkeit der Seegebiete und Inselgruppen. Die beiden letztgenannten Gründe gehen quasi Hand in Hand. Denn China hat mit Abstand die größte Fischereiflotte der Welt, und Peking nutzt seine Hochseefischer strategisch zur Durchsetzung der eigenen Interessen. Im Indopazifik ist Fischfang damit zu einem gewichtigen geopolitischen Faktor geworden.

Langjährige Beobachter:innen wie mein ECFR-Kollege Frédéric Grare haben die Entwicklungen dokumentiert.[23] In den letzten Jahren kam es vermehrt zu Zwischenfällen. Unter anderem wurde Peking beschuldigt, einen philippinischen Schleppnetzfischer versenkt zu haben, rammte die chinesische Marine einen vietnamesischen Trawler, der dann vor den Paracel-Inseln sank, oder mussten die Philippinen feststellen, dass mehr als 200 chinesische Fangschiffe den nördlichen Teil der Spratly-Inseln besetzten. China nutzt seine zivilen Fischereikräfte also als verlängerten Arm der Marine und militarisiert damit die Ozeane. Peking sieht in den Erhebungen im Südchinesischen Meer militärischen Nutzen, um die eigene Reichweite zu vergrößern und im möglichen Konfliktfall mit den USA die eigene Position zu verbessern. Aus chinesischer Perspektive ist es sinnvoll, US-Streitkräfte so weit wie möglich auf Abstand zu halten und den Zugriff auf chinesische Küstengewässer zu verwehren. In internationalen Gewässern darf die Schifffahrt nicht behindert werden. Durch sogenannte »Freedom of Navigation Operations« (FONOPS) wird dies insbesondere durch die US-Marine unterstrichen. Wenn es also einen Disput darüber gibt, ob ein bestimmtes Seegebiet zu internationalen Gewässern zählt oder zum Küstengewässer eines jeweiligen Anrainerstaates oder dessen exklusiver Wirtschaftszone – definierte Bereiche, in denen besondere Rechte mit Blick auf Durchfahrt, Fischerei oder Rohstoffausbeutung gelten –, kann es einen Konflikt darüber geben, ob ein Marineschiff ohne Ankündigung durch diese Gewässer fahren darf. Für die chinesische Führung ist es demnach sehr sinnvoll, weitere Seegebiete durch territoriale Ansprüche zu exklusiven Zonen zu erklären, um die US-Marine, Alliierte der USA und andere Streitkräfte möglichst weit vom chinesischen Festland fernzuhalten.

Dafür wurden aus kleinen Hügeln, die nur bei Niedrigwasser aus dem Meer hervorlugten, durch eine Armada von Baggerschiffen stattliche kleine Inseln aufgeschüttet, Außenposten für eine immer mächtiger werdende Armee. Hunderte dieser Schiffe sind inzwischen im Pazifik im Einsatz. Beobachten kann man diese Entwicklungen mithilfe von Satellitenaufnahmen, die den erstaunlichen Größenzuwachs der ursprünglichen Erhebungen verdeutlichen.[24]

Seit 2014 konnten so unter anderem im Bereich der Spratly-Inseln neue Gebiete erschlossen werden, die inzwischen nicht nur Radarstationen und andere Aufklärungseinrichtungen beheimaten, sondern auch Geschütze, Marinehäfen und Landebahnen für chinesische Helikopter, Bomber, Kampfjets und Aufklärungsflugzeuge.[25] Diese Stützpunkte ermöglichen Chinas Luftwaffe eine bessere Reichweite, auch über geopolitische Schlüsselstellen in Chinas unmittelbarer Nachbarschaft. Sollten zentrale Seewege durch die USA oder andere Akteure verschlossen werden, würde dies China von wichtigen Rohstofflieferungen abschneiden.

Seit Jahren versucht die Führung in Peking deshalb, diesen Schwachpunkt in der eigenen Versorgungssicherheit und Verwundbarkeit systematisch zu beseitigen. Wenn chinesische Streitkräfte in diesem Gebiet mit gut etablierten Strukturen dauerhaft operieren können, treibt dies – so die Annahme – die Kosten für eine mögliche Eskalation für die USA und ihre Partner in die Höhe. Auf diese abschreckende Wirkung setzt die Partei. Und man muss anerkennen, dass die unermüdliche Salamitaktik des langsamen Veränderns der Tatsachen in der Region durchaus funktioniert – in dünnen Scheibchen wird immer weiter vorangeschritten, bis irgendwann die ganze Gegend einverleibt ist.

Als 2013 die Philippinen vor ein unabhängiges Schiedsgericht zogen und versuchten, rechtlich gegen Chinas Handlungen im Südchinesischen Meer vorzugehen, traf dies auf breite Unterstützung unter den Staaten in der Region, aber auch in Europa, war es doch Ausdruck einer zivilisierten Form der Streitbeilegung, dem 21. Jahrhundert angemessen, vertrauend auf die Kraft der regelbasierten Ordnung. Als drei Jahre später im Sommer 2016 das Urteil gesprochen wurde, war klar, wie sehr die Zeit aufseiten der chinesischen Führung ist. Der Schiedsspruch hätte kaum eindeutiger ausfallen können. Chinas Argumentation eines historischen Anspruchs auf weite Teile des Südchinesischen Meeres innerhalb der sogenannten 9-Dash-Line wurde weitgehend abgelehnt, genauso wie Pekings Aussagen, dass es sich vor allem bei den Spratlys um echte Inseln handle, die eine ausschließliche Wirtschaftszone um sie herum legitimieren würden. Warum ist das wichtig? Nun, wenn das, was da aufgeschüttet wurde, nicht nur legal betrachtet zu Chinas Hoheitsgebiet gehörte und zudem rechtlich eine Insel darstellte, dann wäre das nicht nur sicherheitspolitisch, sondern auch wirtschaftlich betrachtet ein echter Gewinn für Peking. Neben den militärischen Aktivitäten stünden dann Fischgründe und Rohstoffe in diesen Gebieten oder die Einrichtung von Offshore-Windparks in den 200 Seemeilen um die Inseln exklusiv chinesischen Unternehmen und Fischern zur Verfügung – für künstlich geschaffene Inseln, die einem zudem noch nicht einmal gehören, gilt dieses Recht allerdings nicht.[26] Peking hingegen zog es vor, das Urteil zu ignorieren und einfach weiterzumachen wie bisher. Wer sollte die chinesische Führung auch stoppen?

Die Antwort darauf muss realistisch betrachtet »niemand« heißen. Denn trotz Bemühungen der USA und anderer Nationen, wie Japan, Australien, Frankreich oder Großbritannien, mit Durchfahrten in den betroffenen Gebieten zu unterstreichen, dass es sich hier um internationale Gewässer und nicht um Chinas flüssigen Vorgarten handelt, hat sich keine Veränderung im chinesischen Ansatz gezeigt. Weiterhin wird gebaut, gefischt und gedroht, patrouilliert und penetriert. Das Südchinesische Meer ist de facto unter chinesischer Kontrolle, und Chinas Einfluss wird sich hier nur schwer zurückdrängen lassen.

Änderung des Status quo in der Taiwanstraße

Ganz, ganz oben auf der Prioritätenliste der Volksbefreiungsarmee steht die Taiwan-Frage. Das ist auch kaum verwunderlich, ist doch das Einverleiben Taiwans in die Volksrepublik seit jeher zentraler Bestandteil der Politik der Kommunistischen Partei. Auch für Xi Jinping ist die Taiwan-Frage essenziell für die Wiederherstellung von

Chinas Macht und Größe. In gleich mehrfacher Hinsicht ist das inzwischen erfolgreich demokratisch geführte Taiwan eine echte Herausforderung für Peking. Die chinesische Regierung pocht deshalb auf die Einhaltung des Ein-China-Prinzips. Dieses besteht aus drei Elementen: Es gibt nur ein China in der Welt, Taiwan ist Teil Chinas, und die Volksrepublik ist die einzig legale Regierung, die international China vertritt. Die EU hingegen verfolgt eine Ein-China-Politik, das heißt, es gibt nur ein China, und sie erkennt die Regierung der Volksrepublik China als alleinige rechtmäßige Regierung Chinas an. Punkt. Die Ein-China-Politik bedeutet, dass EU-Staaten keine diplomatischen Beziehungen zu Taipeh unterhalten, macht aber keine explizite Aussage zum territorialen Status Taiwans. Klingt kompliziert? Ist es auch. Dennoch haben die EU und Taiwan in der Vergangenheit ihre Zusammenarbeit im Rahmen dieser Ein-China-Politik vor allem im Wirtschafts- und Forschungsbereich deutlich ausgebaut.

Zunächst noch einmal kurz und stark vereinfacht der historische Hintergrund: Am Ende des chinesischen Bürgerkrieges 1949 floh der Anführer der nationalchinesischen Guomindang Chiang Kai-shek mit seinen Unterstützer:innen auf die dem chinesischen Festland vorgelagerte Pazifikinsel, die von 1895 bis 1945 unter japanischer Kolonialherrschaft gestanden hatte. Die Volksrepublik China hatte formell nie die Kontrolle über die Insel.

Die Führung auf Taiwan war zunächst kaum weniger autokratisch als die kommunistische Führung auf dem Festland, aber mit den Achtzigerjahren setzte ein Demokratisierungsprozess ein. 1991 fanden erstmals freie Wahlen zur Nationalversammlung statt. 1996 folgte die erste demokratische Präsidentschaftswahl, und mit der Zeit entstand eine der progressivsten und lebhaftesten Demokratien Asiens. »Ehe für alle«, Digitalisierungswunder, Technologie-Power-House, grüne Transformation, Nuklearausstieg sind Stichworte, die heute mit Blick auf Taiwan besonders häufig fallen. Zudem herrscht auf der von portugiesischen Entdeckern im 16. Jahrhundert aufgrund ihrer landschaftlichen Schönheit »Formosa« genannten Insel eine große Solidarität mit Staaten, die politische Einflussnahme und wirtschaftliche Zwangsmaßnahmen erleben oder von einem bis an die Zähne bewaffneten Nachbarn in ihrer Existenz bedroht werden. Die Sympathie mit Litauen, aber vor allem mit der Ukraine ist nicht nur auf Regierungsebene, sondern auch in der breiteren Gesellschaft groß.

Die fast 24 Millionen Einwohner Taiwans sind technologisch hochinnovativ, wirtschaftlich erfolgreich und haben unter Beweis gestellt, dass Demokratie und chinesische Kultur ganz hervorragend zusammen funktionieren können – wenn man sie denn lässt. Als die USA 1979 diplomatische Beziehungen mit der Volksrepublik aufnahmen, sicherten sie im Gegenzug Taiwan Unterstützung zu. Im »Taiwan Relations Act«, der rechtlichen Grundlage dafür aus dem Oktober 1979, heißt es, dass »die Entscheidung der Vereinigten Staaten, diplomatische Beziehungen mit der Volksrepublik China aufzunehmen, auf der Erwartung beruht, dass die Zukunft Taiwans mit friedlichen Mitteln bestimmt wird und dass alle Bemühungen, die Zukunft Taiwans mit anderen als friedlichen Mitteln zu bestimmen, einschließlich Boykotts oder Embargos, als Bedrohung des Friedens und der Sicherheit im Westpazifik-Raum angesehen« wird.[27] Zudem sichern die USA zu, Taiwan Waffen »mit Verteidigungscharakter« zu liefern. Die USA unterstützen offiziell nicht die de jure Unabhängigkeit Taiwans, sagen aber gleichzeitig auch nicht, dass Taiwan ein Teil der Volksrepublik ist, auch wenn diese das anders sieht. In der aktuellen Unterstützung für Taiwan kommen die USA damit auch den Verpflichtungen aus den Zusicherungen nach, die in der Vergangenheit gemacht wurden.

Militärisch ist die Insel extrem relevant. Die USA sind spätestens seit dem Zweiten Weltkrieg eine pazifische Macht mit einem Allianznetzwerk und Truppenstationierungen in Hawaii, Japan, Korea oder auf dem Pazifikstützpunkt Guam. Das Indo-Pazifik-Kommando der USA umfasst fast 400 000 Soldat:innen, fünf Flugzeugträgerverbände und mehr als 1000 Flugzeuge der US-Luftwaffe.[28] Die USA haben keine dauerhaften Truppen auf Taiwan stationiert (auch wenn einige wenige US-Soldat:innen für Trainingszwecke und Schulungen vor Ort sind).[29] Würde aber die Volksrepublik Taiwan uneingeschränkt die für Stationierung der eigenen U-Boot-Flotten, Flugabwehr oder Nuklearstreitkräfte nutzen können, würde dies das militärische Gleichgewicht in der Region zugunsten Chinas verschieben und die Kosten für die USA erhöhen, ihren Allianzverpflichtungen gegenüber den asiatischen Partnern nachzukommen und im Konfliktfall militärisch agieren zu können. Den USA ist deshalb daran gelegen, den derzeitigen Status quo eines de facto nicht unter der militärischen Kontrolle der Volksrepublik stehenden Taiwan zu erhalten. Der chinesischen Führung nicht.

Deshalb setzt Peking auch hier auf eine langsame Verschiebung der Realitäten und verzerrt die Ausgangslage immer mehr zu seinen Gunsten. Die Aussage, die auch europäische Politiker:innen gern wiederholen, dass man keine gewaltsame Änderung des Status quo akzeptieren werde, ist inzwischen immer mehr zur hohlen Phrase geworden. China ändert diesen jeden Tag. Ein kleines Stück. Und mit Gewalt.

Gerade europäische Politiker:innen wünschen sich, das Problem würde einfach verschwinden. Sich in Luft auflösen oder zumindest einfrieren. Denn die Folgen einer Eskalation wären auch für Deutschland und Europa massiv. Kolleg:innen der Rhodium Group haben versucht, den wirtschaftlichen Schaden im Falle einer Blockade der Insel durch China, die den Handel mit dem Rest der Welt zum Stillstand brächte, zu berechnen. Für die gesamte Welt wäre dieser durch die enge Einbindung Taiwans in globale Lieferketten enorm. Insgesamt sehen sie weit über zwei Billionen Dollar an Wirtschaftsaktivitäten gefährdet, ohne Berücksichtigung der Auswirkungen internationaler Sanktionen oder einer militärischen Reaktion.[30] Dagegen würden sogar die ökonomischen Folgen von Coronapandemie und russischer Invasion in der Ukraine verblassen.

Chinas militärische Fähigkeiten sind auf ein Taiwan-Szenario ausgerichtet: Moderne Kampfflugzeuge, zum Beispiel die Suchoi Su-35 (am ehesten vergleichbar mit dem deutschen Eurofighter), wurden aus Russland angeschafft oder mit dem hochmodernen Tarnkappenjäger Chengdu J-20 gleich von der chinesischen Rüstungsindustrie selbst gebaut. Dies schafft größere Unabhängigkeit vom Import aus Moskau. Hinzu kommen Langstrecken-Boden-Luft-Raketensysteme (S-400) – wieder ein Import aus Moskau – und eigene Hyperschall-Raketen der neuesten Generation, die nachträglich ihren Kurs ändern können und die Raketenabwehr des Gegners schachmatt setzen sollen.

Neben den klassischen militärischen Optionen hat die chinesische Führung den Vorteil, die gesamte Macht des totalitären Staatsapparats und der staatlichen Wirtschaft in einen Konflikt einbringen zu können. So wären es in einem Taiwan-Szenario eben nicht nur die Fähigkeiten der chinesischen Marine, die in die Waagschale geworfen werden könnten, sondern auch eine fast unendliche Anzahl von großen Fährschiffen und anderen formell zivilen Seefahrzeugen, die eine Rolle bei der Verlegung von Truppen oder der Blockade von Seewegen spielen könnten.

Die Volksbefreiungsarmee übt und testet rund um Taiwan seit Jahren mit immer stärker werdender Intensität. Eine neue Eskalationsstufe wurde erreicht, als der Besuch der Vorsitzenden des US-Repräsentantenhauses Nancy Pelosi im Sommer 2022 genutzt wurde, um die militärischen Grenzen erneut zu verschieben. Dies war ein geschickter Schachzug, denn im Gegensatz zu Pelosis Stippvisite sind die langfristigen militärischen Effekte für Peking wesentlich nachhaltiger.

Aber was genau ist da eigentlich passiert?

Nancy Pelosi ist persönlich bekannt und wenig geliebt in Peking für ihren jahrzehntelangen Einsatz für Demokratie und Menschenrechte. Sie ist eine Frau, die auch in China diesen Punkt immer wieder sehr deutlich machte, unter anderem in Zusammenhang mit der Niederschlagung der Protestbewegung auf dem Platz des Himmlischen Friedens im Juni 1989. Sie steht wie kaum eine andere für die Integrität amerikanischer Demokratie, vor allem während der Trump-Administration, wo sie faktisch zu seiner Gegenspielerin im Parlament wurde. Mit Blick auf die Herausforderung, die von Peking ausging, war Pelosi aber sogar mit dem Weißen Haus unter Trump einer Meinung.

Ende Juli, Anfang August 2022 holte Pelosi eine Reihe pandemiebedingt verschobener Besuche bei Alliierten und Partnern der USA im Indopazifik nach. Auch ein Taiwan-Besuch war lange angekündigt und wurde nun endlich realisiert. Peking stellte dies von vornherein als unerhörte, nie da gewesene Provokation und Verschiebung des diplomatischen Protokolls dar. Allerdings hatte schon 25 Jahre zuvor Newt Gingrich, damals republikanischer Sprecher des Repräsentantenhauses, Taipeh besucht. Pekings Vorgehen hatte demnach das Ziel, die eigene Reaktion – ein massives, nie zuvor in dieser Form durchgeführtes Militärmanöver der Volksbefreiungsarmee – mit der Empörung über die USA zu legitimieren. Der Plan ging auf und ist für eine mögliche Invasion Taiwans von strategischer Bedeutung, denn je mehr Übung die Armee bekommt, desto wahrscheinlicher ist ein Erfolg.

Aber warum gelang es Peking so leicht, die internationale Öffentlichkeit auch in Deutschland von der Theorie der US-Provokation zu überzeugen?[31]

Innenpolitisch war Pelosis Besuch in den USA umstritten, wurde als riskant angesehen, so kurz vor dem 20. Parteitag wollte man die Beziehung zu Peking eigentlich nicht noch weiter auf die Probe stellen. Und so war es die Antizipation von Pekings Wut, die sogar Washington in vorauseilendem Gehorsam dazu brachte, bisher etablierten diplomatischen Gepflogenheiten die Bedeutung zu nehmen und Zweifel über die Notwendigkeit eines Besuches aufkommen zu lassen. Durch die fehlende Unterstützung des Weißen Hauses für den Besuch und die widersprüchlichen Reaktionen überall im Westen konnte die chinesische Führung noch viel leichter deutlich machen, dass sogar die USA die vermeintliche Provokation als solche sehen, und sich noch mehr im Recht fühlen, militärisch zu handeln.

Es ist fast ein bisschen erschreckend, wie gut die chinesische Empörungstaktik funktioniert. Peking schreit Zeter und Mordio, Verrat an China, Beleidigung des chinesischen Volkes, und schon hört man die Stimmen in Europa, die davor warnen, »in der chinesischen Kultur darf man das Gesicht nicht verlieren, das ist so wichtig«, man müsse versuchen, »einen gesichtswahrenden Ausweg« zu finden. Dabei geht es doch um etwas ganz anderes als darum, das Gesicht zu verlieren. Das macht schließlich niemand gern, ganz egal in welcher Kultur. Nein, es geht schlicht und ergreifend um Macht.

Indem Peking Pelosis Besuch als ultimative Provokation darstellt, versucht es, eine weitere Erhöhung seines militärischen Drucks auf Taiwan zu rechtfertigen und seinem Ziel wieder einen Schritt näherzukommen. Peking verstärkt auch das Narrativ, dass es sich lediglich dem aggressiven Verhalten anderer widersetzen würde – dass es das Opfer der USA sei, die nicht bereit seien, eine veränderte, weniger gewichtige Rolle in der Welt zu akzeptieren, und dass China seine eigenen Interessen verteidigen müsse.

Die Taktik ist nicht neu, sie entspricht der Rhetorik in der gemeinsamen chinesisch-russischen Erklärung vom 4. Februar 2022, in der argumentiert wird, dass »bestimmte Staaten, militärische und politische Allianzen und Koalitionen« versuchen, »militärische Vorteile auf Kosten der Sicherheit anderer zu erlangen, (…) die geopolitische Rivalität zu intensivieren, Antagonismus und Konfrontation anzuheizen und die internationale Sicherheitsordnung und globale strategische Stabilität ernsthaft zu unterminieren«.

Wenn also chinesische Diplomat:innen davor warnen, dass die USA ihre »Einmischung« in der Taiwanstraße bereuen und die Konsequenzen daraus zu tragen hätten, machen sie Washington im Prinzip für jede weitere und mögliche Eskalation verantwortlich: Washington provoziert, China reagiert. Und der Rest der Welt würde am liebsten wegschauen.

Der Pelosi-Besuch brachte aber auch hier eine Neuerung. Unter deutscher Führung gab es ein gemeinsames Statement[32] der G7-Außenminister:innen im November 2022, das Peking dazu aufrief, militärische Provokation und den Versuch, gewaltsam die Lage in der Taiwanstraße zu verändern, zu unterlassen. Die Aufmerksamkeit des Westens, die für ein paar Tage im Sommer von der Ukraine Richtung Taiwan verlagert wurde, weil man den Dritten Weltkrieg befürchtete, schwang zurück in die unmittelbare europäische Nachbarschaft, nachdem Chinas Manöver beendet wurde. Gerade noch mal gut gegangen, muss man sich in vielen Hauptstädten gedacht haben. Zurück zum Tagesgeschäft.

In Taipeh herrscht derweil keine Panik, die Bedrohung ist nicht neu – die Welt hat nur einmal kurz hingeschaut. Taiwans Führung hat international wiederholt um Unterstützung gebeten, um dem neuen Ausmaß an Aggression, dem sie in den letzten Jahren zunehmend ausgesetzt ist, standhalten zu können. Seit der russischen Invasion in der Ukraine hat Taipeh seine Bemühungen zur Stärkung der eigenen Verteidigungsfähigkeiten beschleunigt. Gleichzeitig hat die Führung unter Präsidentin Tsai Ing-wen aggressive Aktionen oder Rhetorik vermieden: Sie hat nicht zur Unabhängigkeit aufgerufen und durchweg ein hohes Maß an politischer Disziplin und Zurückhaltung gezeigt. Und das, obwohl die Bedrohungslage immer größer wird. Militärisch und unwiderruflich.

Die sogenannte Medianlinie, welche die Meerenge zwischen Taiwan und Festlandchina teilt und informell seit 1955 als Grenze galt, über die chinesische Kampfjets nicht vordrangen, ist seit dem Manöver im Sommer 2022 Geschichte. Nahezu täglich operieren die chinesischen Streitkräfte seitdem in Taiwans unmittelbarer Umgebung, mit wechselnder Intensität. Das Verteidigungsministerium Taiwans dokumentiert diese Aktivitäten auf der eigenen Website, um Transparenz zu schaffen. Am ersten Weihnachtsfeiertag 2022 allein drangen mehr als siebzig Flugzeuge und Drohnen in Taiwans Luftverteidigungszone ein, mehr als vierzig jenseits der Medianlinie.[33] Nach einem Besuch Tsai Ing-wens in den USA im Frühling 2023 konnten bei erneut verstärkten militärischen Manövern weitere Grenzverschiebungen beobachtet werden. Erstmals wurden im Rahmen der Manöver auch Inspektionen auf Frachtschiffen, die durch die Taiwan-Straße fahren, durchgeführt.[34] Derartige Einsätze erhöhen vor allem das Risiko von Fehleinschätzungen und Unfällen, aber auch der zivile Luftverkehr und die zivile Schifffahrt in diesem für die Versorgung mit Technologieprodukten und vor allem Halbleitern so wichtigen Ort werden nachhaltig gestört. Europa müsste sich sehr dafür interessieren, und in der Tat hat die Aufmerksamkeit zugenommen, aber so richtig will sich niemand damit befassen. In Brüssel gibt es immer wieder Gespräche, aber derzeit noch, ohne konkrete Handlungsoptionen zu entwickeln, zu groß ist die Uneinigkeit unter den Mitgliedsstaaten, wie mit diesem diplomatisch so sensiblen Fall umgegangen werden soll. Man beschränkt sich auf das Betonen der Ein-China-Politik, die den Status Taiwans nicht definiert.

Die USA bewaffnen Taiwan, führen Manöver in der

Region durch – reguläre Manöver mit Partnern in Japan, Korea oder Australien, aber auch mit anderen Akteuren so wie im April 2023 mit den Philippinen[35] –, wodurch die chinesische Führung wiederum ihre eigenen Interessen bedroht sieht. Aber man darf nicht vergessen: Peking hat das erklärte Ziel, Taiwan zu einem Teil der Volksrepublik zu machen, und wie es der chinesische Botschafter in Frankreich im Sommer 2022 noch einmal betonte, müsse nach der »Wiedervereinigung« eine »Umerziehung« der Bevölkerung Taiwans stattfinden, um ihnen diesen demokratischen Wahnsinn schnellstens auszutreiben und jegliche Sezessionsbestrebungen ein für alle Mal zu beenden.[36]

Tsai Ing-wen verlängerte derweil den Wehrdienst und bereitet die Bevölkerung auf eine mögliche Eskalation vor. Verständlicherweise, denn die chinesische Armee hat beim Pelosi-Besuch eine Seeblockade geprobt und im Dezember noch einmal gemeinsam mit Russland ähnliche Szenarien geübt und in der Presse stolz von der anhaltend guten militärischen Kooperation mit Moskau berichtet.[37] Chinas Volksbefreiungsarmee kann vor allem von der Einsatzerfahrung des russischen Militärs profitieren und das Zusammenspiel der unterschiedlichen Teilstreitkräfte verbessern. Mit Blick auf die Ukraine ist der abschreckende Aspekt hier weniger relevant, dafür sind die Szenarien zu unterschiedlich. Wichtiger ist, dass Peking (wie schon beim Zusammenbruch der Sowjetunion) die Fehler der russischen Führung genau analysiert und versucht, daraus Konsequenzen zu ziehen, welche Handlungen auf jeden Fall vermieden werden müssen.

Für den Taiwan-Konflikt bedeutet das: Es soll verhindert werden, dass die taiwanische Führung im Falle eines Konflikts ungehindert mit der Welt kommunizieren kann und damit eine globale Solidaritätsbewegung entsteht. Selenskyj und seine charismatischen Selfie-Videos waren entscheidend für die Entschlossenheit der ukrainischen Bevölkerung, aber auch für die militärische Unterstützung des Westens. So etwas soll im Falle Taiwans nicht passieren. Auch der Zufluss von Waffen und Munition müsste schnell unterbrochen werden. Daraus ergeben sich zahlreiche militärische Szenarien, die durchgespielt, abgewogen und angepasst werden können: zum Beispiel Seeblockaden, Luftblockaden, das Durchtrennen von Unterseekabeln oder Angriffe auf Satelliten, die Taiwan mit der Außenwelt kommunizieren lassen.

Eine mögliche Invasion braucht Fähigkeiten, Vorbereitung, Training und Zeit. Und sie braucht ein gutes Timing. Vermutlich ist jetzt noch nicht der richtige Zeitpunkt gekommen. Aber das Militär hat eine Aufgabe, und es wird versuchen, diese erfolgreich umzusetzen, wenn die Partei es denn so will, und das gilt, wann immer dies politisch als notwendig erachtet wird – 2024, 2027, 2030 oder 2049, exakte Zeitpunkte sind reine Spekulation. Taiwan hat nur eine Chance, diesem Druck zu widerstehen, wenn auch jenseits der USA schon jetzt Chinas Aktivitäten als das wahrgenommen werden, was sie sind: als das kontinuierliche Verschieben des Status quo, das Schaffen einer neuen Realität. Und wenn sich Europa von der Illusion verabschiedet, dass die chinesische Führung viel zu risikoavers sei und auf keinen Fall den Schritt in die militärische Eskalation gehen würde. Die Handlungen der chinesischen Führung sprechen derzeit eine andere Sprache.

Militärische Zusammenarbeit mit Russland

In Europa wird der Zusammenhang zwischen dem Erreichen einer regionalen Vormachtstellung und den globalen Ambitionen, die von chinesischer Seite klar formuliert werden, oft nicht gezogen. Die regionale Dimension ist nur ein Zwischenschritt zu weltweiter Operationsfähigkeit. Globale Interessen, globales Militär. Das ist weder verwunderlich noch ungewöhnlich. Verwunderlicher ist eher, dass sich nur wenige europäische Politiker:innen und Regierungsvertreter:innen intensiv mit den Konsequenzen einer neuen globalen Sicherheitsordnung mit China als einem dominanten Akteur auseinandersetzen. In fast allen Gesprächen, die ich seit Jahren zu diesen Themen mit Abgeordneten und Vertreter:innen der relevanten Ministerien aus ganz Europa führe, wird immer wieder deutlich, dass es zwar ein grundsätzliches Anerkennen der Veränderung der Lage gibt und die Rhetorikverschiebung aus Peking wahrgenommen wird. Gleichzeitig bleibt eine Art intellektuelle Sperre, die Konsequenzen der Beobachtungen auch zu Ende zu denken und auszusprechen. Da die Ausrichtung so klar ist, die Ziele so prägnant und deutlich formuliert werden und die Möglichkeiten der Operationsführung der Volksbefreiungsarmee schon jetzt im Mittelmeer und bereits 2017 bei einem Manöver im Ostseeraum demonstriert wurden, ist es Zeit, sich ernsthaft mit China als Sicherheitsbedrohung für Europa und europäische Interessen auseinanderzusetzen. Vor allem, da sich seit Beginn der russischen Invasion der Ukraine eine Militärkooperation der chinesischen Führung als besonders relevant für Europas Sicherheit erweist: die enge Zusammenarbeit mit Moskau.

Seit 1989 bilden russische Waffenverkäufe das Rückgrat von Chinas militärischer Modernisierung. Russland brauchte nach dem Zusammenbruch der Sowjetunion einen Markt für seine Rüstungsindustrie, und China war durch das Waffenembargo von westlichen Quellen abgeschnitten. Zunächst musste jedoch Vertrauen aufgebaut werden. Daher lieferte Moskau bis 2015 vor allem veraltete oder zumindest ältere Technologien. Erst nach der Annexion der Krim, westlichen Sanktionen und einer Verschlechterung des Verhältnisses zwischen Russland und dem Westen erklärte sich Russland bereit, fortschrittliche Systeme an China zu verkaufen, darunter zwei Dutzend Su-35-Kampfflugzeuge und erste S-400-Boden-Luft-Raketensysteme. Während die chinesische Führung die Bedeutung enger Beziehungen zu Moskau betont, baut die chinesische Industrie, wie erwähnt, ihre einheimischen Kapazitäten stetig aus und übertrifft Russland inzwischen in einigen Schlüsseltechnologien. Es geht für die chinesische Führung mittlerweile weniger darum, gesamte Waffensysteme zu importieren, sondern Hightech-Komponenten zu akquirieren, die chinesische Schwächen zum Beispiel im Luftwaffenbereich ausgleichen. Wie Samuel Bendett vom Center for Naval Analyses (CNA) und Elsa Kania vom Center for a New American Security (CNAS) schon 2019 analysierten, sind Russlands Forscher:innen eine wertvolle Ressource für Giganten der Technologie- und Verteidigungsindustrie, die nach Talenten hungern und mit russischen Pässen zunehmend ungünstige Bedingungen in den Vereinigten Staaten und Europa vorfinden.[38]

Die Freundschaft zwischen Xi Jinping und Russlands Präsidenten Wladimir Putin hat mit der gemeinsamen Erklärung vom 4. Februar 2022 ein schriftliches Manifest,[39] das über die diplomatischen Bekundungen und gegenseitigen Besuche weit hinausgeht. In einer Zeit, in der die Spannungen zwischen Russland und dem Westen wegen der russischen Aggression in der Ukraine auf einem absoluten Höhepunkt angekommen sind, konnte Putin China so im Vorfeld der Invasion rhetorische Unterstützung für den Widerstand gegen den in der russischen Lesart rechtswidrigen »NATO-Expansionismus« abringen. Es war das erste Mal, dass Putin eine so offene chinesische Unterstützung für seine Haltung zur NATO erhielt. Xi bekam im Gegenzug Russlands rhetorische Unterstützung für die eigenen Sicherheitsfragen in Asien, von der Verurteilung des neuen AUKUS-Formats bis zur erneuten Zusicherung des Ein-China-Prinzips, also der expliziten Bestätigung, dass Moskau Taiwan als unteilbaren Teil Chinas erachtet. Es war eine Demonstration politischer und ideologischer Nähe – »eine umfassende strategische Partnerschaft für eine neue Ära«. Dieses förderliche Umfeld gegenseitiger diplomatischer, wirtschaftlicher und militärischer Unterstützung ist von großer Bedeutung. Es ist der Schlüssel zum Erreichen der globalen Ambitionen Chinas und der strategischen Neupositionierung Russlands.

Chinas Rüstungsimporte aus Russland nehmen inzwischen ab – denn erstens strebt China nach größerer Autarkie in diesem Bereich, und letztlich sicher kann man sich bei einem Partner wie Russland eben auch in Peking nicht sein, wer weiß schon, wie lange Putin im Amt ist, welche Umstürze, welches Chaos, welche Richtungswechsel da noch drohen. Deswegen sollen auch hier keine Abhängigkeiten entstehen. Dennoch nimmt die konkrete militärische Zusammenarbeit konsequent zu. Seit Anfang der 2000er-Jahre führen die Armeen der beiden Länder regelmäßig gemeinsame Übungen in bilateralen und darüber hinausgehenden internationalen Zusammensetzungen durch. Zwischen 2003 und 2022 waren es fast achtzig dieser Manöver. Und die Frequenz nimmt zu: 46 davon fanden in den letzten sechs Jahren statt.[40] Seit der Annexion der Krim gab es 25 rein bilaterale chinesisch-russische Manöver. Darunter sind Marinemanöver im Baltikum 2017, große Bodentruppenübungen in Sibirien oder Luftverteidigungs- und Raketenabwehrsimulationen, die computergestützt bereits in Peking und in Moskau stattfanden.[41]

Chinas Armee hat seit dem Vietnamkrieg in den Siebzigerjahren keine größere Mobilisierung und keinen größeren Kampfeinsatz mehr durchgeführt. Der Fokus lag in der Zwischenzeit deutlich auf wirtschaftlicher Entwicklung. Wie aber bereits die regionale Dimension gezeigt hat, ist Chinas Militär dennoch aktiv im Einsatz und auch im Kontakt mit gegnerischen Armeen (Indien) oder Marinen (verschiedene Zusammenstöße limitierter Art im Südchinesischen Meer mit regionalen Kräften und den USA). Richtige Kampferfahrung ist allerdings etwas anderes, und wenn es um eine Vorbereitung auf einen möglichen Krieg mit den USA geht – das ist das Szenario, auf das sich die Truppen eigentlich vorbereiten –, dann ist der Gegner klar im Vorteil, was die Einsatzerfahrung angeht.

Es ist also nicht verwunderlich, dass die Zusammenarbeit mit dem kampferprobten russischen Militär aus Pekinger Perspektive Lerneffekte verspricht, die kein anderer Partner derzeit liefern könnte. Die Zusammenarbeit und der Dialog werden dichter, auch wenn sich die Machtbalance, ökonomisch betrachtet, gerade seit Beginn des russischen Angriffskriegs gegen die Ukraine in Richtung Peking verschiebt. Übrigens auch, weil inzwischen chinesische Rüstungstechnologie für Russland interessant geworden ist – vor allem bei der Drohnentechnologie, die chinesische Hersteller perfektionieren. Nichtsdestotrotz ist Russland für Peking nach wie vor viel mehr als ein »Juniorpartner«. Ein ständiges Mitglied im Sicherheitsrat der Vereinten Nationen, eine Nuklearmacht und ein Unterstützer im Kampf gegen die Dominanz der USA in der Welt.

Weltweite Präsenz der Volksbefreiungsarmee

Im Hinblick auf die langfristig angestrebte globale Vormachtstellung rücken zunehmend auch weiter entfernte Regionen in den Fokus der chinesischen Regierung. Dies gilt für Zentralasien oder auch für den afrikanischen Kontinent. Laut US-Forschungsinstitut RAND sind bereits in mehr als einem Dutzend afrikanischer Staaten private chinesische Sicherheitsfirmen tätig, mehr als fünfzehn der 55 Mitglieder der Afrikanischen Union sind Käufer chinesischer Rüstungsgüter, und fast jeder Staat des Kontinents arbeitet entweder mit China oder Russland oder mit beiden Staaten im Militär- und Sicherheitsbereich zusammen.[42] Das Angebot reicht von Marineschiffen bis zu Luftabwehrsystemen, Drohnen oder gepanzerten Fahrzeugen. Jenseits von Chinas wachsender Rolle als globaler Rüstungslieferant, die durchaus zu engen Sicherheitsbeziehungen führen kann, ist es aber vor allem die Volksbefreiungsarmee, die inzwischen auch weit außerhalb der unmittelbaren pazifischen Nachbarschaft Präsenz zeigt.

Seit 2017 unterhält Peking die erste Militärbasis außerhalb Chinas. Ein historischer Schritt – insbesondere, da die kommunistische Führungselite bis zum Jahr 2000 noch sagte, dass China niemals, so wie die USA, Militärbasen in anderen Ländern errichten würde.[43] Ab Anfang der 2000er-Jahre wurde diese deutliche Aussage so nicht mehr wiederholt. Und dann wurde langsam daran gearbeitet, genau über solche Formen der militärischen Zusammenarbeit nachzudenken, sie zu planen und umzusetzen. Mit wachsender Macht, wachsendem Einfluss und wachsenden Interessen ändern sich eben auch die Prämissen. Die Kommunistische Partei Chinas ist in der Lage, pragmatisch auch mit recht radikalen Kursänderungen umzugehen.

Diese erste Militärbasis befindet sich am Horn von Afrika in Dschibuti, an einem Ort, an dem auch die USA, Japan, Frankreich, Italien und künftig auch Saudi-Arabien einen Stützpunkt unterhalten und aus dem auch die deutsche Marine mit einer eigenen kleinen Logistikbasis von 2002 bis 2021 erst die Operation Enduring Freedom (OEF), die Unterstützung der USA im Kampf gegen den Terrorismus nach den Anschlägen des 11. September 2001, und später dann die Antipiratenmission Atalanta, bei der sich Deutschland vor allem an der Luftaufklärung beteiligte, versorgte.[44]

Dschibuti liegt logistisch und strategisch günstig, um im westlichen Teil des Indischen Ozeans zu operieren. Für die chinesische Marine ist die Nähe zu Militärstützpunkten anderer Staaten ebenfalls sinnvoll, da hier Lerneffekte durch militärische Informationsgewinnung über westliche Streitkräfte zu erwarten sind. Nirgendwo sonst kann die Marine der Volksbefreiungsarmee so nah an französischen oder amerikanischen Truppen sein und beobachten (und ausspionieren), was die anderen so tun. Zudem funktioniert das Narrativ, dass Chinas Aktivitäten nichts Besonderes sind, sondern etwas, das andere große Mächte doch genauso machen, an einem Ort, an dem zahlreiche andere Staaten militärische Stützpunkte unterhalten, besonders gut. Es ist ein passender Ort, nach einem so deutlichen Kurswechsel (den man auf keinen Fall als solchen darstellen möchte) die erste eigene Tätigkeit an einem unkontroversen Ort zu starten. Anders wäre dies bei einer Basis an der Westküste Afrikas. Es gab bereits Spekulationen über einen solchen Stützpunkt in Äquatorialguinea.[45] Hier wären chinesische Truppen die einzigen mit einem dauerhaften Stützpunkt vor Ort – und damit wäre die Frage »Was wollen die denn da?« naheliegend.

Chinas Militär ist in Afrika zusätzlich auch mit Blauhelmsoldaten in Friedenseinsätzen der Vereinten Nationen aktiv. Auch hier interagieren sie täglich direkt mit Militärangehörigen von NATO-Mitgliedsstaaten, beispielsweise im Rahmen der UN-Operation MINUSMA in Mali. Chinesische und deutsche Soldat:innen sind dort noch gemeinsam im Einsatz, auch wenn der deutsche Abzug aus der Mission für 2024 bereits beschlossen ist. Chinas Streitkräfte sind dabei wenig entscheidend für den aktiven Erfolg der Operation, sie haben bislang die Erwartungen, die an eine Beteiligung eines Ständigen Mitglieds des Sicherheitsrates der Vereinten Nationen in diesen Einsätzen gestellt werden, nicht erfüllt. Der Volksbefreiungsarmee fehlt es an modernen Einsatz- und Kommandostrukturen, die aktive Beteiligung an dieser Form von Missionen unterstützen. Derzeit ist der chinesische Beitrag noch weitgehend passiv.

Seit 2021 ist eine weitere Militärbasis außerhalb Chinas

bestätigt – in Tadschikistan nahe der Grenze zu Afghanistan.[46] Seit Jahren ist die Volksbefreiungsarmee hier bereits im Rahmen militärischer Zusammenarbeit vor Ort, um chinesische Interessen in Zentralasien und die Grenze zu Afghanistan zu sichern – Antiterrorkampf in Afghanistan sowie Schutz vor islamistischem Einfluss, der in der autonomen chinesischen Region Xinjiang separatistische Kräfte, Aufruhr und Terrorismus unterstützen könnte. Die Region rückt wirtschaftlich und politisch immer stärker in Pekings Nähe.[47]

In Zentralasien steht China inzwischen als Alternative zu Russland für die Staaten der rohstoffreichen und strategisch so wichtigen Region bereit – und es baut den eigenen Einfluss kontinuierlich aus. Auch militärisch wird die Kooperation mit den Staaten in gemeinsamen Übungen im Rahmen der Shanghaier Organisation für Zusammenarbeit gefestigt – von Kirgistan bis Tadschikistan finden gemeinsame Manöver und Antiterrortrainingseinsätze statt. Zudem hat Russland durch die Invasion in die Ukraine in der Region für Verunsicherung gesorgt. Sicherheitskooperation mit China wird deshalb vor Ort auch als eine Form der Rückversicherung betrachtet. Und Russland muss dieser Entwicklung zähneknirschend zusehen, zu sehr ist Putin mit dem Krieg in der Ukraine beschäftigt, zu hart greifen die Sanktionen, zu stark ist die wirtschaftliche und politische Abhängigkeit von Peking schon geworden.

Auch wenn Zentralasien und das Horn von Afrika geografisch schon deutlich näher an Europa sind, kam in Europa nur schwer ein Bedrohungsgefühl durch den stetig wachsenden militärischen Spielraum und die Expansionsbestrebungen der chinesischen Führung auf. Im NATO-

Kontext hat sich dies zumindest schon ein wenig geändert. Seit dem Treffen der Staats- und Regierungschefs 2019 in London und auf Drängen der USA wurde der Umgang mit China aufgegriffen, und im neuen »Strategischen Konzept« der NATO vom Juni 2022 heißt es nun, Chinas »erklärt[e] Ambitionen und Zwangsmaßnahmen (…) stellen unsere Interessen, Sicherheit und Werte infrage. China setzt ein breites Spektrum politischer, wirtschaftlicher und militärischer Instrumente ein, um die eigne globale Präsenz und Projektionsfähigkeit zu vergrößern, während Strategie, Absichten und militärische Entwicklung intransparent bleiben«.[48] Zentrale Punkte, die auch das »Strategische Konzept« der NATO unterstreicht, sind nicht nur die vertiefte Kooperation mit Russland und die wachsenden nuklearen Fähigkeiten Chinas, die sich direkt auf die Sicherheit der Partner des Nordatlantikbündnisses auswirken, sondern vor allem auch die Weltraum- und Cyberaktivitäten des chinesischen Militärs. Nach wie vor gibt es allerdings europäische Widerstände – vor allem aus Paris –, China zu stark in den Fokus der NATO-Arbeit zu nehmen.

Spätestens seit Russlands Invasion in die Ukraine ist allerdings die Frage chinesischer militärischer Unterstützung auch in Europa ein großes Thema. Die kommunistische Führung hat in der Vergangenheit Rüstung in Kriegsgebiete geliefert – von Afghanistan bis Sudan[49] – und Pakistan umfangreich dabei unterstützt, Nuklearmacht zu werden. Prominenz erhielten die Sudangeschäfte, als während des Völkermords in Darfur von China gelieferte Munition gefunden wurde. In Afghanistan umfassten Rüstungslieferungen an die Taliban (direkte Lieferung, über Pakistan und über den Iran) Anfang der 2000er-Jahre unter anderem Flugabwehrraketen, Landminen und Munition. Diese Rüstungsgüter kamen auch gegen amerikanische und britische Truppen zum Einsatz. Erst nachdem die USA deutlich machten, dass sie dies nicht länger tolerieren würden, hörte die Lieferung höherwertiger Waffen auf.[50]

Es wäre also eine Fehlwahrnehmung, zu glauben, dass für die chinesische Führung Waffenlieferungen in Krisen- und Kriegsgebiete außer Frage stünden. Laut des schwedischen Forschungsinstituts SIPRI, das seit Jahrzehnten die Datenbasis für Rüstungsexporte erstellt, gehörte Peking zwischen 2017 und 2021 zu den fünf größten Rüstungsexporteuren, die zusammen fast 80 Prozent der weltweiten Exporte tätigten. Hinter den Vereinigten Staaten, Russland und Frankreich und noch vor Deutschland gehörte China hier weiterhin zu den Spitzenlieferanten, auch wenn die chinesischen Exporte im Vergleich zum Betrachtungszeitraum 2012–2016 rückläufig sind.[51]

Die chinesische Führung unterstrich noch kurz vor dem Jahrestag der russischen Invasion, dass China im Gegensatz zu den USA keine Waffen in Kriegsgebiete liefern würde, und forderte, die US-Regierung solle aufhören, den Konflikt mit Rüstungslieferungen weiter »anzuheizen«.[52] Die Tatsache jedoch, dass mit Blick auf die Situation in der Ukraine die Diskussionen innerhalb der chinesischen Führung im Februar 2023 so weit fortgeschritten waren, dass die USA sie öffentlich machten und eigene nachrichtendienstliche Erkenntnisse mit den europäischen Verbündeten teilten, um die Kommunistische Partei davon abzuhalten, Waffen und Munition für die schwächelnde russische Kriegsmaschinerie bereitzustellen, war ein echter Weckruf für die deutsche Öffentlichkeit. Dabei ist ein Teil der Überraschung auch dem chinesischen Narrativ geschuldet, das in Deutschland oft verfangen hat, dass China, anders als die USA, keine Beteiligung an Konflikten sucht. In der Ukraine ist dies jedoch nicht der Fall. Die chinesische Führung ist ein entscheidender Teil der Gleichung. Inzwischen ist bekannt, dass bereits gepanzerte Fahrzeuge geliefert wurden,[53] die enge militärische Zusammenarbeit, die erneut vom chinesischen und russischen Verteidigungsminister im Frühling 2023 betont wurde, macht zudem deutlich, dass langfristige Unterstützung der russischen Rüstungsindustrie keinesfalls ausgeschlossen ist. Zudem ist die Unterstützung im Bereich der »Dual Use«-Güter für den russischen Kriegserfolg signifikant. Halbleiter, Lastwagen, Körperpanzerung – all dies kommt aus China und hilft Putin im Kampf gegen die Ukraine.[54]

Für Deutschland und Europa bedeutet dies, neu darüber nachdenken zu müssen, wo rote Linien verlaufen. Sind diese erst überschritten, wenn offizielle Rüstungslieferungen erfolgen, oder ist schon das Nichtverhindern von Rüstungstransfers über illegale Netzwerke ein Grund zu handeln? Ist Munition wichtiger, als Halbleiter es sind? Es gibt keine abschließende Antwort darauf, aber die Debatte muss geführt werden. Auch mit Blick auf Chinas langfristige Rolle in anderen Konflikten. Für die breitere Diskussion über Chinas Rolle ist es dabei wichtig, sich keine Illusionen mehr über den militärischen Machtanspruch der chinesischen Führung zu machen. Dieser bleibt nicht regional beschränkt, solange Chinas Interessen global sind. Und da, wo Chinas Interessen global sind, treffen sie immer wieder auch auf unsere eigenen.

5
China ist kein Partner beim globalen Klimaschutz

»Wir ermutigen China dazu, bei den Klimazielen noch ambitionierter zu sein.«[1] So formulierte es der Präsident des Europäischen Rates Charles Michel in der Pressekonferenz nach dem 22. EU-China-Gipfel am 14. September 2020. Gemeinsam mit EU-Kommissionspräsidentin Ursula von der Leyen und Kanzlerin Angela Merkel, die zu diesem Zeitpunkt die rotierende EU-Ratspräsidentschaft innehielt, war er an diesem spätsommerlichen Montag in Brüssel mit Xi Jinping zum – coronabedingt virtuellen – Austausch zusammengekommen. Vor dem Hintergrund der wirtschaftlichen Folgen der Pandemie ging es um Handel und Investitionen, aber eben auch um den Klimaschutz. Und die europäische Seite machte deutlich, dass Chinas Unterstützung für die internationalen Bemühungen unerlässlich sei. Man einigte sich auf die baldige Einrichtung eines hochrangigen Dialogformats zum Umwelt- und Klimaschutz. Für Europa ein positives Signal, dass man »im Gespräch bleiben« würde. Mit Gesprächsformaten geizt Peking selten, eins mehr oder weniger, wenn die Europäer es denn so gern möchten – warum nicht?

In Brüssel hatte man mit Blick auf den Klimaschutz auf

mehr gehofft, aber Chinas Staats- und Parteichef ließ sich keine Andeutung über neue Verpflichtungen entlocken. Er gab den europäischen Spitzen nicht den erhofften kleinen Verhandlungssieg, den man stolz der damals noch amtierenden Trump-Administration unter die Nase hätte reiben können nach dem Motto: »Seht her, man muss nicht immer mit den Säbeln rasseln und mit einem Handelskrieg drohen – verhandeln, reden, auf Augenhöhe, mit klar gesetzten Prioritäten, dann kann man auch mit China eine rationale Ebene finden.« Xi hingegen lächelte viel, versprach aber nichts.

Genau eine Woche später betrat Chinas Präsident dann – erneut virtuell – die Weltbühne. Bei der traditionell im September stattfindenden Eröffnung der UN-Generalversammlung nutzte Xi seine Redezeit nicht nur, um Chinas Kampf gegen die Coronapandemie zu preisen, sondern auch, um sehr überraschend neue und weitreichende Ziele im Bereich des Klimaschutzes zu verkünden: »Unser Ziel ist es, den Höhepunkt der CO_2-Emissionen vor 2030 zu erreichen und vor 2060 kohlenstoffneutral zu wirtschaften. Wir rufen alle Länder auf, eine innovative, koordinierte, grüne und offene Entwicklung für alle anzustreben, die historischen Chancen zu nutzen, die sich durch die neue Runde der wissenschaftlichen und technologischen Revolution und des industriellen Wandels bieten, einen grünen Aufschwung der Weltwirtschaft in der Post-COVID-Ära zu erreichen und so eine starke Triebkraft für eine nachhaltige Entwicklung zu schaffen.«[2]

In einer Phase, in der die USA unter Trump formell das Pariser Klimaabkommen verlassen hatten, sendete dieser Auftritt eine umso deutlichere Botschaft: China als verantwortungsbewusste Großmacht. China als Verfechter der

Rechte der Entwicklungs- und Schwellenländer. China als Klimaschutz-Supermacht.

Der Auftritt auf der großen Bühne war Ausdruck des neuen Selbstbewusstseins der Kommunistischen Partei unter Xi Jinping, der den Zeitpunkt für eine solche Ankündigung klug gewählt hatte und deutlich machte, dass er nicht länger glaubt, einen signifikanten Vorteil daraus zu ziehen, den Europäern einen diplomatischen Sieg zu verschaffen. Während die europäische Klimadiplomatie immer noch darauf ausgerichtet war, China davon zu überzeugen, mehr zu tun, sich im Rahmen der internationalen Klimaverhandlungen ambitioniertere Ziele zu setzen und global mehr Verantwortung zu übernehmen, zeigte sich die chinesische Führung zunehmend unbeeindruckt von dieser Art diplomatischen Drucks aus dem Westen. Selbstbewusst schaut man in Peking auf das, was man im Bereich der grünen Entwicklung bereits erreicht hat, und mahnt die großen Industriestaaten, endlich ihren Worten Taten folgen zu lassen.[3] Es entgeht der chinesischen Führung nicht, dass europäische Regierungen durch »Fridays for Future«, »Extinction Rebellion« oder »Die letzte Generation« unter Druck stehen. Sie müssen liefern und betonen stets, wie sehr sie dafür China brauchen.

Gemeinsame Sprache

Der Dreiklang, China sei Wettbewerber, systemischer Rivale, aber eben auch Partner, ist inzwischen fest im diplomatischen Sprachgebrauch in Europa verankert. Im Berliner und Brüsseler Jargon nennt sich so etwas »abgestimmte Sprache«, also Texte oder Textbausteine, auf die man sich geeinigt hat. Und eine gemeinsame Sprache ist auf europäischer Ebene eine Menge wert. Wenn man die Positionen Dänemarks, Spaniens und Ungarns auf einen gemeinsamen Nenner bringen und festschreiben kann, ist das zwar eigentlich Brüsseler Alltagsgeschäft, aber immer auch wieder ein gewaltiges Verhandlungskunststück und ein kleines Wunder. Wenn man sich dann einmal auf diese Sprache verständigt hat, ist es allerdings auch nicht mehr einfach, davon abzurücken, auch wenn sich die Realität, die diese Sprache ja eigentlich möglichst zutreffend beschreiben soll, ganz gewaltig ändert. So gehört es eben auch zur bürokratischen Logik des europäischen Politikbetriebs, dass man es manchmal lieber hätte, die Welt würde sich der Sprache anpassen und nicht die Sprache der Welt.

Ein wenig so verhält es sich mit dem Partnerbegriff in der europäischen Chinapolitik. Denn »Partner« ist an sich ein ziemlich großes Wort. Umfangreich ausgelegt sind Partner Gleichgesinnte, stehen Partner füreinander ein, tauschen sich aus und haben im besten Fall sogar echtes Vertrauen ineinander. Aber sogar in der engsten aller Definitionen haben Partner mindestens eins: ein gemeinsames Ziel. Schon 2003 wurde die »umfassende strategische Partnerschaft« zwischen Peking und Brüssel ausgerufen. Die Lektüre des Grundsatzpapiers aus demselben Jahr lohnt sich auch heute noch, strotzt es doch von all der Hoffnung, die in der Beziehung zu China steckte: Möglichkeiten, Fortschritt und ganz viel Handel – der Traum von dicken, fetten Gewinnen.

Knapp zwanzig Jahre später hatte sich die politische Ausgangslage zwar fundamental verändert, die strategische Partnerschaft ist aber geblieben. Zumindest auf dem Papier. Und das ist ja bekanntlich geduldig. Fast so geduldig wie europäische Bürokrat:innen. Auch in den viel zitierten europäischen Dreiklang von 2019 hatte er sich allem Umbruch zum Trotz wieder eingeschlichen. Neben dem Wettbewerb und der Systemrivalität legte man in Brüssel und Berlin Wert darauf, dass die chinesische Führung weiterhin Partner bleibt, vor allem für das, was mit ernstem Gesicht und notwendiger diplomatischer Gravitas stets als »Lösung globaler Herausforderungen« bezeichnet wird. Wenn man seit 2019 in den europäischen Hauptstädten und in Brüssel fragt, wo und wie denn aber nun konkret die Kommunistische Parteiführung so ein Partner sei, wo Peking sich partnerschaftlichen Werten verpflichtet fühle und auch danach handle, bekommt man immer wieder mit besonders ernstem Gesicht ein und dieselbe Antwort: beim Klimawandel!

Wir brauchen China für den Klimaschutz, heißt es. Ohne China sei dieser doch nicht möglich, ist die Volksrepublik doch durch das rasante Wirtschaftswachstum der vergangenen Jahrzehnte inzwischen zum weltweit größten Emittenten des Klimaschädlings Kohlendioxid geworden. Das ist vollkommen richtig. Die chinesische Führung müsse doch gleichsam ein ebenso großes Interesse daran haben, den gemeinsamen Planeten vor dem Untergang zu retten. Und weil das so sein müsse, sei China in diesem Bereich unser Partner. Dies ist bei genauerer Betrachtung nicht zwingend.

Denn die Ziele stehen seit der Pariser Klimakonferenz 2015 fest, der Pfad Richtung Dekarbonisierung ist grundsätzlich klar. Es geht jetzt um das Wie – und vor allem um das »Wie schnell«. Und da ist es mit der Kooperation eben so eine Sache. Die ökonomische Logik hat sich verändert. Es geht nun weniger um internationale Zusammenarbeit, sondern vor allem um innenpolitisches Handeln. Es geht um die Technologien der Zukunft, die Energie der Zukunft, die Mobilität der Zukunft, die Ernährungssicherheit der Zukunft und die Frage, wo man noch leben und überleben kann auf diesem Planeten. Es geht um existenzielle Fragen – auch für das Überleben der Partei. Und gerade deswegen, weil all diese Fragen so besonders wichtig für die chinesische Führung und ihren Machtanspruch sind, muss hier die gleiche Logik angesetzt werden wie in der Wirtschafts-, Technologie- oder Sicherheitspolitik. Da ist kein Raum für einen »partnerschaftlichen« Ansatz, sondern nur für knallharte Wettbewerbsgedanken.

Nun sind Diplomat:innen nur in ausgewählten Fällen Expert:innen für den Klimaschutz. Spricht man mit denen, die Chinas Anstrengungen im Bereich der Dekarbonisierung beobachten und in internationalen Verhandlungen zu Emissionen und Biodiversität sitzen, ergibt sich ein deutlich nuancierteres Bild. So sind derzeit Zugeständnisse im Bereich der Biodiversität durchaus möglich, wie zum Beispiel bei der UN Biodiversitätskonferenz (COP 15) die im Dezember 2022 in Montreal stattfand – unter chinesischem Vorsitz, da die Konferenz pandemiebedingt nicht im südchinesischen Kunming, wie eigentlich geplant, stattfinden konnte. Die Notwendigkeit, zu einer Abschlusserklärung zu kommen, lässt sich auch darauf zurückführen, dass die chinesische Führung kein Scheitern unter eigenem Vorsitz riskieren wollte, vor allem nachdem der Start der Konferenz, die eigentlich für 2020 geplant war, aufgrund der Corona-Situation zwei Jahre verzögert wurde. In der Implementierungsfrage wird sich zeigen, wie sehr die Kommunistische Partei bereit sein wird, die Beschlüsse auch umzusetzen.

Oft ist die chinesische Führung tatsächlich kein Partner, sondern geradezu ein Gegenspieler. Nicht nur im Rahmen der jährlichen Klimakonferenzen (COP) der vergangenen Jahre waren es immer wieder chinesische Vertreter:innen, die Prozesse verzögerten oder Verhandlungen erschwerten. Beim G20-Gipfel in Indonesien 2022 zeigte sich dies zuletzt erneut eindrucksvoll: Vereinbarungen, die auf der letzten COP in Glasgow getroffen worden waren, fanden nun schon keine Unterstützung mehr durch Peking. Die chinesische Führung ist in diesen Fragen keinesfalls allein. So waren es Berichten zufolge China und Indien, die sich dafür einsetzten, nicht mehr von einem Bestreben nach der Begrenzung des Temperaturanstieges auf 1,5 °C zu sprechen, wie dies noch in Glasgow 2021 im Abschlussdokument zu finden ist, sondern die Betonung nun auf ein Ziel von 2 °C zu legen. Auch bei der Frage nach der Begrenzung des Methanausstoßes konnte in Bali keine Einigung gefunden werden. Peking, Delhi und Moskau sind hier bislang nicht bereit, feste Ziele mitzutragen.[4]

Aus der Tatsache, dass es China an Kooperationswillen, Zugeständnissen und verbindlichen Zielerhöhungen auf internationalem Parkett mangelt, folgt aber nicht automatisch, dass damit jedes Bemühen, den Anstieg der globalen Erwärmung auf 1,5°C oder weniger zu begrenzen, schon zum Scheitern verurteilt ist. Anders als echte Partner können Wettbewerber nämlich bisweilen ein ähnliches Ziel aus anderer Motivation und auf unterschiedlichen Wegen verfolgen. Nur weil die chinesische Führung nicht bereit ist, sich auf konkrete Vorgaben zu einem konkreten Zeitpunkt festzulegen, heißt das noch lange nicht, dass im Bereich der Emissionsreduktion nichts passieren wird. Ganz im Gegenteil. Das europäische Beharren auf dem Partnerbegriff ist deshalb eher Ausdruck eines kollektiven europäischen Wunschdenkens mit Blick auf die Form internationaler Zusammenarbeit. Ein solches Label hat keinen Selbstzweck. Wie partnerschaftliche Emissionsreduktion aussehen soll, bleibt unklar. Derzeit hilft der fehlende Fokus auf den Wettbewerb mit China im Bereich der grünen Transformation aber vor allem wenig dabei, langfristig und effektiv die grüne Transformation so zu gestalten, dass am Ende auch noch wettbewerbsfähige deutsche und europäische Konzerne übrig bleiben.

Was für den Klimaschutz wirklich nötig ist

Effektiver Klimaschutz setzt eine Reduktion klimaschädlicher Gase wie CO_2 oder auch Methan voraus. Deswegen muss in den Umbau der Energieversorgung hin zu nicht fossilen Brennstoffen investiert werden und in die Aufforstung, den Erhalt der Biodiversität und den Meeres- und Gewässerschutz. Gleichzeitig muss der ökologische und gesellschaftliche Fußabdruck dieses Transformationsprozesses global immer wieder genau geprüft werden. Was macht zum Beispiel der Abbau von Kobalt in der Demokratischen Republik Kongo mit dem fragilen Ökosystem der Region? Welche Auswirkungen hat dies weit über die unmittelbare Umgebung hinaus? Insbesondere mit Blick auf die zur Herstellung grüner Technologien notwendigen sogenannten Seltenen Erden und kritischen Rohstoffe wird das aufgrund der umweltschädlichen Gewinnung und Weiterverarbeitung keine leichte Aufgabe. Wachstum und Klimaschutz, das ist keine besonders einfache Kombination, und doch wollen sowohl Europa als auch China diesen Balanceakt ermöglichen.

Europa ist – zumindest mit Blick auf die Zielsetzung – mutig vorangeschritten. Im Rahmen des Pariser Klimaschutzabkommens verpflichtete sich die EU schon im Jahr 2015 darauf, die eigenen Emissionen klimaschädlicher Gase bis 2030 um mindestens 40 Prozent unter das Niveau von 1990 zu senken. Im Jahr 2021 wurde das Ziel dann noch einmal auf mindestens 55 Prozent Reduktion bis 2030 verschärft und die Klimaneutralität Europas bis 2050 als verbindliches Datum festgelegt. Für Europa bedeutet dies einen gewaltigen Kraftakt, der vor allem durch die Invasion Russlands in die Ukraine und die damit einhergehende Energiekrise noch einmal deutlich erschwert wurde. Zusätzlich hatten sich die Industriestaaten dazu verpflichtet, ab 2020 100 Milliarden US-Dollar pro Jahr für die Finanzierung von Anpassungs- und Mitigationsmaßnahmen in den Entwicklungs- und Schwellenländern zur Verfügung zu stellen. Dieses Ziel wurde bislang verfehlt.

Die Klimafinanzierung sowie die Unterstützung für die besonders verwundbaren Staaten mit Blick auf die Folgen der globalen Erderwärmung durch die westlichen Industriestaaten bleibt auch weiterhin hinter den Erwartungen zurück. Die Debatte darüber, ob ein Verhindern der Klimakrise noch möglich ist oder noch viel mehr als bisher über Adaption, also Anpassungsmaßnahmen, an ein verändertes Weltklima verhandelt werden muss, wird intensiv geführt.

Dabei ist längst klar: Die großen derzeitigen Emittenten müssen dringend ihren Ausstoß von Treibhausgasen auf nahezu null reduzieren und der vorherrschenden Wachstumslogik ein überzeugendes Narrativ des nachhaltigen Wandels entgegenstellen, wenn die gesetzten Ziele erreicht werden sollen. Derselben Logik folgend können Entwicklungs- und Schwellenländer nicht den CO_2-intensiven Entwicklungspfad der Industriestaaten verfolgen. Demnach bleibt also keine andere Wahl, als diese Staaten umgehend dabei zu unterstützen, ihre Entwicklung emissionsarm und ökologisch nachhaltig zu gestalten. Das ist jedoch leichter gesagt, als getan. In der Realität wird um jedes Ziel, jede Nachkommastelle bei Verpflichtungen, jeden Cent für die Transformation bei internationalen Konferenzen gestritten, gerungen und verhandelt. Denn es geht um weit mehr als um ein abstraktes Phänomen des Klimawandels, das, wie es so gern formuliert wird, das Leben und den Wohlstand aller Menschen beeinträchtigen wird. Nein, es wird das Leben aller Menschen eben nicht gleichermaßen betreffen: Der Klimawandel wird einige Gewinner und viele Verlierer hervorbringen. Es geht also auch um die (Neu-)Verteilung von Wohlstand, Zugang zu Lebensmitteln, Energie und eben letzten Endes politische Macht. Der Versuch vieler Entscheidungsträger:innen in Europa, die Debatte um den Klimaschutz moralisch zu führen, an die Verantwortung aller Staaten zu appellieren und die großen Macht- und Verteilungsfragen dabei nicht konkret genug zu adressieren, erschwert eine realistische und pragmatische Auseinandersetzung mit Xis Klimapolitik.

Chinas Führung und die Klimadebatte

Ohne eine radikale Reduktion der Emissionen in China ist das Ziel, die Erderwärmung auf nicht mehr als 1,5 °C zu beschränken, nicht zu erreichen. Gleiches gilt allerdings auch für die USA oder Indien. Chinas Emissionen der vergangenen Jahrzehnte sind enorm gestiegen, pro Kopf gerechnet liegen sie inzwischen zwar noch deutlich hinter den USA, aber schon knapp über dem EU-Durchschnitt.[5]

Bis zum Beginn der Coronapandemie wuchs Chinas Wirtschaft weiter kräftig, wenn auch nicht mehr mit den Zuwachsraten der letzten Jahrzehnte, vor allem der Immobiliensektor und der gesamte Mobilitäts- und Infrastrukturbereich: Zement, Stahl, Chemie, Autobau – energieintensive Wirtschaftszweige mit großem Wachstumspotenzial in der realen Wirtschaft. Wie eingangs beschrieben, ist dies der Bereich, dem Xi Jinping persönlich besondere Bedeutung beimisst. Er hat weniger Vertrauen in den Nutzen der Finanzmärkte oder der Digitalunternehmen. Chinas wachsende Macht auch in Stahl und Beton auszudrücken ist seit Jahrzehnten eng mit dem Stolz und dem Modernisierungsverständnis der Kommunistischen Partei verbunden.

Gleichzeitig bekommt aber auch China die Folgen der globalen Erwärmung längst zu spüren. Im Sommer 2022 war der Wasserstand des Jangtse, des längsten und wichtigsten Flusses Chinas, so niedrig, dass Wasserkraftwerke keinen Strom mehr produzieren konnten und die Industrie vor allem in der Provinz Sichuan, die 80 Prozent des Stroms aus Wasserkraft bezieht, zeitweilig zum Erliegen kam.[6] Seit Jahren sind Extremwetterereignisse – Fluten,

Dürren, schwere Stürme – für die Kommunistische Partei ein Sorgenfaktor: Die Ernteeinbußen bei schon bestehender Exportabhängigkeit im Bereich der Lebensmittelversorgung sind beunruhigend, denn die Frage der Ernährungssicherheit ist zentral für die Macht der Partei. Die Zeit der Hungersnot und Nahrungsknappheit während der Kulturrevolution ist gerade den Chines:innen der älteren Generationen noch immer tief ins Gedächtnis eingebrannt. Die Kommunistische Partei ist sich bewusst, dass steigende Lebensmittelpreise oder mangelnde Verfügbarkeit von Nahrung schon oft in der Weltgeschichte Grundlage für gesellschaftliche Unruhen waren. Nicht zuletzt während des Arabischen Frühlings spielten die stark gestiegenen Brotpreise eine Rolle und befeuerten die Proteste zum Beispiel in Ägypten. Ernährungssicherheit ist ein ganz zentrales Thema für die chinesische Führung und eng mit Klimaschutz-, aber auch mit Anpassungsmaßnahmen verbunden. Die Krisen, die durch die Folgen des Klimawandels ausgelöst werden, sind Gift für die gesellschaftliche Stabilität, sie gehen mit Fragen nach Regierungsversagen einher und setzen lokale Behörden unter Handlungsdruck. Hinzu kommt der vorhersehbare Einfluss der langfristigen Klimaveränderung auf Chinas Ostküste. Hier wird nach wie vor der größte Teil des chinesischen Wachstums und Wohlstands produziert. Fast alle großen Firmen, insbesondere viele Hightech-Konzerne, haben hier ihren Hauptsitz. Mehr als ein Drittel des Bruttoinlandsprodukts wird allein in den Küstenprovinzen Guangdong, Jiangsu, Shandong, Zhejiang und Fujian generiert, in jenen Regionen also, die besonders verwundbar mit Blick auf einen Anstieg des Meeresspiegels sind.[7]

Die Kommunistische Partei, die auf eine lange Tradition von Naturwissenschaftler:innen und Ingenieur:innen in Führungspositionen zurückblickt, ist sich der Probleme, die durch den Klimawandel entstehen, umfassend bewusst. Umwelt- und Luftverschmutzung, Verschlechterung der Wasser- und Lebensmittelqualität – all das sind Bereiche, deren Bedeutung nicht nur nicht geleugnet, sondern an deren Verbesserung aktiv und auf höchster Ebene gearbeitet wird und bei denen der Druck aus der chinesischen Bevölkerung selbst groß ist. Leicht ist es allerdings nicht, deswegen will sich die chinesische Führung so viel Spielraum wie möglich bewahren. Der Referenzrahmen ist dabei national und nicht global. Und das spielt für die Frage, inwieweit China für Europa ein »Partner« beim internationalen Klimaschutz sein kann, keine geringe Rolle.

Denn wenn für die chinesische Führung unter Xi Jinping Umwelt- und Klimaschutz nicht nur hochpolitisch, sondern tatsächlich potenziell systemdestabilisierend ist, leitet sich daraus nicht automatisch das klare Interesse der chinesischen Führung ab, sich möglichst intensiv für den multilateralen Kampf gegen die globale Erderwärmung einzusetzen. Xi spricht oft vom Klima- und Artenschutz, und er tut dies bereits seit vielen Jahren. Schon in seiner Zeit als Parteisekretär in der Provinz Zhejiang Anfang der 2000er-Jahre griff er das Thema häufig – und zu diesem Zeitpunkt mit ungewöhnlich visionärem Nachdruck – in einer regelmäßigen Zeitungskolumne auf.[8] Und seit er an der Spitze der Volksrepublik steht, hat sich Chinas Umwelt- und Klimapolitik tatsächlich stark verändert.

In den ersten Monaten seiner ersten Amtszeit erlebte Peking den schlimmsten Smog aller Zeiten.[9] Es wurden mehr Kinder mit Atemwegsproblemen in die Krankenhäuser eingeliefert als später während der Coronapandemie. Diese Stimmung bei Amtsantritt hat Xis Ton in Bezug auf den Umweltschutz zusätzlich geprägt. Luftverschmutzung war da schon ein sichtbares Problem, das die Staats- und Parteiführung angehen musste. Xi persönlich hat in der Folge unterschiedliche Konzepte vorgestellt, die der chinesischen Variante der grünen Transformation einen eigenen Stempel aufdrücken sollten. Grüne Entwicklung ist einer der fünf Schwerpunktbereiche der chinesischen Führung im 14. Fünfjahresplan (2021–2025),[10] Umweltschutz ist zentraler Bestandteil der weiterentwickelten Entwicklungsphilosophie, und der Aufbau eines »wunderschönen Chinas« ist eines der »Ziele für die Schaffung eines starken, modernen sozialistischen Landes bis zur Mitte dieses Jahrhunderts«.[11] Xi verknüpft die Idee der »ökologischen Zivilisation« dabei eng mit einer stark nationalistisch aufgeladenen Idee des »wunderschönen Heimatlandes«. Die »ökologische Zivilisation« fokussiert sich auf eine umweltfreundliche Entwicklung, auf Anpassungsmaßnahmen an die Folgen des Klimawandels und den Erhalt der Lebensgrundlagen vor allem in der Landwirtschaft und Wasserversorgung. All dies soll zu einer stärkeren Identifikation der Bevölkerung mit dem eigenen Staat – und natürlich auch mit der allumsorgenden Partei – führen.

Xis grünen Worten und Konzepten zum Trotz hat Chinas Entwicklung der vergangenen Jahrzehnte unfassbaren Raubbau an der ökologischen Stabilität des Landes betrieben: Luft- und Wasserverschmutzung, verseuchte Böden, gerodete Wälder sind nach wie vor die Symptome eines toxischen Wachstumspfades. Nachhaltigkeit ist für die chinesische Führung deshalb mittlerweile eine Notwendigkeit, um den Führungsanspruch der Partei aufrechterhalten zu können.

Umweltschutz in China und internationaler Klimaschutz sind aber nicht automatisch das Gleiche. Der Unterschied liegt in der Perspektive: Die chinesische Führung investiert massiv in den Sektor der erneuerbaren Energien, technologische Lösungen und Anpassung. Der Blick ist nach innen gerichtet. Sie macht Pläne für eine Anpassung an global veränderte klimatische Bedingungen und die Bedeutung für Lebensmittelsicherheit und Energieversorgung unter der Prämisse »China first«. Dies kann und wird auch eine Verlagerung von Emissionen in die Länder des Globalen Südens mit sich bringen, wenn Produktion ins Ausland verlagert wird. Europa ist diese Taktik nicht unbekannt, auch hier sind die besonders dreckigen und umweltschädlichen Prozesse, wie bei der Gewinnung Seltener Erden, ausgelagert worden – gerade in diesem Bereich insbesondere nach China.

Die chinesische Führung verwebt in der Klimadebatte geschickt verschiedene Zwänge und Themen, die dazu führen, dass die Dekarbonisierungsstrategie und Umweltschutzmaßnahmen nicht nur einer ideologischen Linie dienen, sondern gleichzeitig ökonomisch sinnvoll sind und eine strategische Vormachtstellung in Schlüsselindustrien aufbauen. Zusätzlich setzt die chinesische Führung gekonnt die Rhetorik des internationalen Klimaschutzes da ein, wo maximaler Gewinn zu erwarten ist – vor allem mit Blick auf die Gruppe der Entwicklungsländer und pazifischen Inselstaaten, die von großer strategischer Bedeutung für Chinas militärische Ambitionen in der Region sind. Deren größte Sicherheitssorge ist allerdings der steigende Meeresspiegel. So zeigt man sich bei internationalen Verhandlungen dann grundsätzlich besorgt und zugänglich, schafft aber im Endeffekt vor allem Handlungsdruck für andere.

Worte vs. Taten

Aus europäischer Sicht tut es immer gut, die anderen zu ermahnen, mehr zu tun beim Klimaschutz. Man sieht sich schließlich als Vorreiter:innen der grünen Transformation. Bei den Worten und Zielen ist Europa also schon lange vorne dabei, aber auch bei den Taten ist die Bilanz nicht schlecht. Seit 2004 hat sich der Anteil der Erneuerbaren an der Energieversorgung in der EU mehr als verdoppelt.[12] Deutschland allein hat 2021 mehr als 5 Milliarden Euro für die internationale Klimafinanzierung für Entwicklungsländer bereitgestellt,[13] und die europäische Gesetzgebung wird Schritt für Schritt auf den »European Green Deal« ausgerichtet: Kreislaufwirtschaft, Nachhaltigkeit, Netto-Null-Emissionen.

So richtig gut läuft es in der Realität allerdings nicht immer: Deutschland war nur deshalb in der Lage, die eigenen Klimaziele 2021 einzuhalten, weil die Pandemie Verkehr und Wirtschaft lahmlegte. Kein Grund also zum Feiern. Gleichzeitig sorgt die russische Invasion in die Ukraine nun zunächst für einen Ausbau der fossilen Energieträger, von längeren Laufzeiten für Kohlekraftwerke bis zum Import von Flüssigerdgas (LNG) – und für intensive Debatten über Prioritäten.

Auch die chinesische Führung spürt den Druck der wirtschaftlichen Schwierigkeiten und fährt zweigleisig: Obwohl Gas- und Öldeals zu günstigen Konditionen mit

Russland und den Staaten im Nahen Osten abgeschlossen werden konnten, die Kohleproduktion in China zum Ende der Pandemie zur Ankurbelung der Wirtschaft ihren höchsten Jahresausstoß erreicht hat und angekündigt wurde, bis 2030 weitere 180 Gigawatt Leistung durch Kohlekraftwerke zu installieren, von denen die meisten noch vor 2025 gebaut werden sollen, ist die Erwartung von chinesischen Expert:innen allerdings, dass das Ziel, den Ausstoß von CO_2 bis 2030 zu senken, erreicht wird. Auch europäische Forscher:innen halten dies für realistisch, es hängt allerdings davon ab, wie die Entwicklung der Kohlekraft verlaufen wird. 2021 war ein Boom-Jahr für Kohle in China – seit 2016 waren nicht mehr so viele neue Kraftwerke gebaut worden.[14]

Um eine temporäre Krise zu bewältigen, wird auch versenktes Kapital in Kauf genommen. Nicht alle der Kohlekraftwerke, die neu gebaut werden, werden auch dreißig Jahre Laufzeit haben. Müssen sie auch nicht, denn im chinesischen Wirtschaftssystem muss in diesen Bereichen keine Amortisierung stattfinden. Die Investitionen müssen sich nicht für Investoren rechnen. Sie müssen politisch sinnvoll sein und aktuelle Probleme angehen. So sind Investitionen auch in fossile Energie für die chinesische Führung kein grundlegender Widerspruch zu einer grünen Zukunft.

Gleichzeitig nimmt tatsächlich nirgendwo auf der Welt die Installation erneuerbarer Energien so rasant zu wie in China. China wird sein derzeitiges Ziel für 2030, einen Anteil der erneuerbaren Energien am Primärenergieverbrauch von 25 Prozent zu erreichen, übererfüllen. Nach Angaben der renommierten britischen Informationsplattform Carbon Brief überstieg die Kapazität der erneuerbaren Energien im Jahr 2021 1000 Gigawatt, was einer Vervierfachung gegenüber den 250 Gigawatt im Jahr 2010 entspricht. Die Wind- und Solarkapazitäten liegen inzwischen bei jeweils über 300 Gigawatt.[15] Die Stromerzeugung aus Wind und Sonne wuchs in China im Jahr 2022 um 21 Prozent, wodurch der Anteil von 12 Prozent auf 14 Prozent des gesamten Strombedarfs stieg. In absoluten Zahlen kamen 87 Gigawatt Solar, 38 Gigawatt Windkraft und 8,8 Gigawatt Pumpwasserkraft hinzu.[16]

Im Jahr 2022 wurden nach Angaben des World Forum Offshore Wind von 9,4 Gigawatt globaler Offshore Windenergie allein 6,8 Gigawatt in China installiert, zwei Drittel aller weltweit gebauten Offshore-Windfarmen wurden 2022 in China errichtet.[17]

Zum Vergleich: In Deutschland beträgt die gesamte installierte Leistung im Bereich der Windenergie an Land derzeit etwa 58 Gigawatt und im Offshore-Bereich 2022 8,1 Gigawatt.[18] An Land sollen es laut Erneuerbare-Energien-Gesetz bis 2030 115 Gigawatt werden, auf See mindestens 30 Gigawatt.[19] Das ist ein ambitioniertes Ziel, und gleichzeitig ist es genau deshalb notwendig, sich die Dimensionen des chinesischen Ausbaus in diesem Bereich vor Augen zu führen – denn allein die Provinz Guangdong plant für 2023 23GW neue Offshore-Anlagen, mehr als der Rest der Welt zusammen.[20] China wird zur grünen Energie-Supermacht.

Innovationsführerschaft im Bereich der grünen Technologien war bereits in der 2015 veröffentlichten »Made in China 2025«-Strategie (siehe Kapitel 2) vorgesehen. Insbesondere bei Batterietechnologie für die Elektromobilität hat sich dieses strategische Ziel als besonders wirksam für eine dominante Stellung auf dem internationalen Markt erwiesen. In China werden über 70 Prozent der Lithium-Ionen-Batterien hergestellt, unter den Top-10-Produzenten weltweit befinden sich allein schon sechs chinesische Konzerne.[21] Und der chinesische Batterieriese CATL hat bereits die nächste Innovation parat: In China werden ab Ende 2023 für die Elektromobilität auch Natrium-Ionen-Batterien eingesetzt, die ohne eine Vielzahl der Seltenen Erden auskommen, günstiger sind und in der Reichweite immer besser werden – eine echte Batterierevolution.[22]

Im Bereich der Solarenergie hat China inzwischen fast die gesamte Wertschöpfungskette fest in der Hand – von der Polysilizium-Herstellung bis zur Produktion der fertigen Paneele. 97 Prozent der Siliziumscheiben, die derzeit hergestellt werden, kommen aus China. Die globale Abhängigkeit von chinesischen Firmen ist in diesem Bereich enorm.

Allerdings handelt es sich bei Solartechnologie noch um ein vergleichsweise triviales Produkt. Viele der Bestandteile könnten – wenngleich zu deutlich höheren Kosten – mittelfristig auch anderswo produziert oder eingekauft werden. Windenergie ist da schon deutlich komplexer und kostspieliger. Lange wägten sich europäische und amerikanische Konzerne hier in Sicherheit: Technologieführerschaft war klar in westlicher Hand. Durch freiwilligen und nicht ganz so freiwilligen Transfer von Know-how und geistigem Eigentum, industriepolitische Anreize und eigene Innovation sind allerdings in den letzten zehn Jahren chinesische Konzerne zu echten Konkurrenten erwachsen. Auch in der Top-Ten-Liste der Windturbinenhersteller stammen inzwischen sechs aus China.

Die Entwicklung nachzuzeichnen ist bisweilen schon fast schmerzhaft. Immer wieder muss man sich bei der Beobachtung fragen, ob Europa denn nach wie vor nichts gelernt hat, so häufig scheint sich ein und dasselbe Muster zu wiederholen. Der heimische Markt für Wind- und Solarenergie wird inzwischen von chinesischen Firmen dominiert. Im August 2021 zog der führende europäische Hersteller Siemens Gamesa Konsequenzen[23] und verließ den weltweit größten Wachstumsmarkt der Onshore-Windenergie: Keine Chance sah man mehr, im Wettbewerb mit chinesischen Konzernen mithalten zu können. Der Heimvorteil (siehe Kapitel 3) kommt auch im Bereich der grünen Transformation voll zum Tragen: Der Schutz des Heimatmarktes durch inoffizielle und offizielle Zugangsbeschränkungen macht eine effektive Marktteilnahme für westliche Konzerne in vielen Bereichen unmöglich und schafft in diesem künstlichen Biotop den optimalen Nährboden für chinesische Global Player.

Neben der Marktdominanz kommt erschwerend Chinas strategische Dominanz bei kritischen Materialien und Seltenen Erden hinzu. Es geht um Rohstoffe, die in China vorhanden sind, die durch chinesische Konzerne im Ausland abgebaut werden und deren Weiterverarbeitung zum größten Teil in China stattfindet. Diese ist so umfassend, dass inzwischen sowohl die EU als auch die USA hier eine kritische Schwachstelle und Verwundbarkeit der eigenen Volkswirtschaften sehen. Für den Bereich der erneuerbaren Energien und Speichertechnologien sind diese Materialien zentral. Ohne Neodym zum Beispiel können die Dauermagneten einer modernen Windkraftanlage nicht funktionieren. Dieses Metall, das zu den Seltenen Erden zählt, kommt allerdings fast vollständig aus China. Das Metall Gallium ist ein ähnlich gelagerter Fall – zu 97 Prozent kommt es aus China. Die Unabhängigkeit, die Energie aus Wind und Sonne vordergründig verspricht, hat in der praktischen Umsetzung also den einen oder anderen Haken.

In der Praxis wird ein intelligentes und über 5G-Technologie vernetztes und gesteuertes Energiesystem der Zukunft neue Abhängigkeiten bei Softwaretechnologie und erforderlichen Updates mit sich bringen und werden Lieferengpässe bei Ersatzteilen und mehr durchaus zur möglichen Waffe in einem potenziellen Wirtschaftskrieg. Deswegen sind auch die Entscheidungen darüber, welche Konzerne in dieser Infrastruktur Schlüsselpositionen einnehmen – vom Telekommunikationsausrüster bis zur Windkraftanlage –, so wichtig. Zudem ist es, wie das Beispiel Siemens Gamesa zeigt, schon jetzt für europäische Konzerne schwierig, international im Wettbewerb mit chinesischen Akteuren zu bestehen. Zu glauben, dass, nur weil es doch um den globalen Klimaschutz ginge, alle anderen Regeln der Systemkonkurrenz nicht mehr greifen würden, wäre fatal.

Lektionen für den Wettstreit

Nun könnte einen diese Erkenntnis recht verzweifelt zurücklassen. China will nur sich selbst und nicht das Klima schützen, uns in Europa gehen die Industrien und irgendwann auch die Ideen aus, und wir haben keinen direkten Einfluss auf das, was in China passiert – wir sind abhängig von den Seltenen Erden bis zur Emissionsreduktion von einem System, das sich selbst am nächsten und uns immer ferner ist.

Die gute Nachricht dabei ist vielleicht: Was Europa tut oder auch nicht – in Peking wird der Pfad hin zu einer kohlenstoffärmeren Wirtschaftsform vorangetrieben werden. Im neuen, dem 20. Politbüro der Kommunistischen Partei sitzen seit Oktober 2022 mit Chen Jining und Li Ganjie zudem zwei ehemalige Umweltminister. Die Prioritätensetzung wird deutlich.

Angesichts all dieser Tendenzen und Hinweise lohnt sich ein Perspektivwechsel: Anstatt zu glauben, man müsse China »helfen«, das mit dem Klimaschutz endlich zu verstehen, sollte Europas Hauptstädten viel mehr Sorge bereiten, dass der umworbene »Partner« gerade zum Überholmanöver ansetzt und den Markt für Elektrofahrzeuge weltweit mit rasanter Geschwindigkeit genauso stark dominieren wird wie heute schon die Batterietechnologie und Fotovoltaikproduktion. Womit China gleichzeitig im Wettbewerb der Systeme auch noch ein überzeugendes Argument dafür liefert, dass sich grüne und autoritäre Führung nicht ausschließen müssen.

Mehr »Ambition« hatte sich Charles Michel beim EU-China Gipfel 2020 von Peking gewünscht. Die Ambition der chinesischen Führung scheint allerdings ziemlich klar – die Frage ist eher: Kann Europa damit umgehen?

Für Deutschland und Europa ergibt sich hier eine Chance. Gerade weil im Bereich der grünen Transformation der Wettbewerb mit China kein Nullsummenspiel ist, sondern eine positive Dynamik in Kraft setzen kann. Sich gegenseitig dabei überbieten zu wollen, schneller zu dekarbonisieren und noch bessere, effizientere technologische Lösungen zu finden, kann für den Klimaschutz von Vorteil sein. Der gesamte Sektor hält zudem Lektionen aus der Vergangenheit dafür bereit, wie Deutschland und Europa sich im Wettstreit mit China erfolgreich aufstellen können. Durch den seit Jahren bestehenden Fokus auf ambitionierte Klimaziele in Europa haben sich die ökonomischen Parameter weltweit verschoben. Ein gutes Beispiel dieser langfristigen Verschiebung ist das deutsche Erneuerbare-Energien-Gesetz (EEG). Schon im Jahr 2000 sorgte es dafür, dass die Erzeugung von Strom aus Erneuerbaren steuerlich gefördert wurde. Damit wurde nicht nur die Akzeptanz von Solar- und Windkraft erhöht, sondern auch eine belastbare Grundlage für Investitionen in diesem Bereich geschaffen. Der Erfolg war enorm und ist der Grund dafür, dass inzwischen fast 50 Prozent des Stroms in Deutschland aus Erneuerbaren hergestellt werden.[24]

Dies ist nur eins von vielen Beispielen, mit denen in Europa die Marktlogik für eine grünere Industrie verändert wurde. Energieeffizienz, Energiesparen, Anreize für ökologische Landwirtschaft und große gesellschaftliche Unterstützung haben inzwischen in Deutschland nicht nur den ersten grünen Wirtschaftsminister hervorgebracht, sondern die globale Wirtschaft verändert. Europas riesiger Markt ist ein Anreiz für Firmen, sich an Umwelt- und Energiesparstandards zu halten; Net-Zero-, also Null-Emission-Verpflichtungen großer multinationaler Konzerne tragen inzwischen dazu bei, entlang der gesamten Lieferkette Druck im Bereich der Emissionsreduktion auszulösen; der »European Green Deal« führt diese Bestrebungen zusammen und macht klar, wohin für Europa die Reise geht.

Grüne Technologien sind Zukunftstechnologien, lukrative Exportgüter mit stark wachsender Nachfrage. Das Gleiche gilt für nachhaltige Produktion. Wenn China zum Ziel hat, essenzieller Teil der globalen Lieferkette in der Fertigung zu bleiben, wird dies ohne ein zügiges Umstellen auf grüne Energie und Technologie nicht funktionieren. Ein Beispiel: Als es für den deutschen Chemiegiganten

BASF in der Planung seit 2018 darum ging, die Energieversorgung für das neue Megawerk in Zhanjiang, im Süden Chinas zu sichern, machte die Konzernführung klar, dass Kohlekraft für die energieintensive Chemieproduktion keine Option mehr sei, da sie den Verpflichtungen, die BASF global hinsichtlich der eigenen Emissionsreduktion eingegangen sei, entgegenstehen würde. So hat BASF künftig in China auf Zugang zu grünem Strom – produziert aus Offshore-Windkraft – gesetzt und kann damit den ersten zu 100 Prozent aus erneuerbaren Energien betriebenen Standort eröffnen.[25] Die eigene Marktmacht verstehen und nutzen. Dies hilft dabei, das strategische Umfeld zu verändern, innerhalb dessen die Kommunistische Partei Entscheidungen treffen kann. So wird die Politik, die Europa zu Hause erfolgreich umsetzt, zur besten China-Strategie.

Deutschland kommt dabei eine ganz besondere Rolle zu: Als Industrie- und Innovationsstandort, als größte europäische Volkswirtschaft und als Exportnation kann eine gelungene deutsche Transformation in eine Zukunft ohne fossile Energie führen. Zudem kam Deutschland seit Jahren ohne größere Regierungskrisen aus, ist Stabilitätsanker in Europa und hat sich nun mit grüner Beteiligung zum Ziel gesetzt, die Dekarbonisierung bei Erhalt der Produktivität und des Wohlstandes zu bewerkstelligen. Die chinesische Führung erkennt darin eigene Ziele wieder und schaut deshalb genau hin, was Berlin tut. Das Rennen um die beste und effizienteste Technologie, die überzeugendste Transformationsgeschichte und die nachhaltigste Gestaltung dieses Wandels läuft.

Auch die USA sind jetzt voll eingestiegen. Mit dem Inflation Reduction Act hat die Biden-Administration nicht nur ein Klima-Investitionsprogramm der Superlative vorgelegt, sondern gleichzeitig auch deutlich gemacht, dass Industriepolitik, Subventionen und Lokalisierung von Produktion – und damit einhergehend von Arbeitsplätzen – für Washington höchste Priorität haben. Made in America, for America and the rest of the world. Internationale Konzerne, die Fertigungsprozesse in den USA besitzen, ausbauen oder dorthin verlagern, können von finanziellen Anreizen der US-Regierung profitieren. Das setzt europäische Regierungen unter Druck nachzulegen. Gepaart mit der immer stärkeren Integration der grünen Technologien und der Hightech-Industrie sowie der strategischen Entscheidung der US-Regierung, amerikanische Hochtechnologie-Exporte nach China stärker zu reglementieren, entstehen so eine immer stärkere Fragmentierung der globalen Wirtschaft und ein deutlich größerer Wettbewerb. Gleichzeitig setzt es die US-Wirtschaft auf eine Art und Weise auf grüneren Kurs, die für nachfolgende Regierungen fast irreversibel ist. Anders als ein Pariser Klimaabkommen, das als multilaterales internationales Abkommen ohne Ratifikation durch den US-Kongress auskommt, deswegen aber auch jederzeit wieder von einer klimaskeptischen Regierung einkassiert werden kann, geht es seit dem Inflation Reduction Act eben nicht mehr um internationale Normen oder moralische Verpflichtungen, es geht nicht einmal um wissenschaftliche Debatten, Kipppunkte oder Glaubensfragen – es geht um knallharte ökonomische Realitäten. Ein Zurücknehmen der Maßnahmen, die so eng mit dem Schaffen von Arbeitsplätzen in den USA verbunden sind, ist damit kein Tiefschlag mehr gegen eine vermeintliche liberale Klimalobby, sondern würde Jobs in der Solarindustrie von Texas bis Indiana kosten – das könnte sich auch ein möglicherweise republikanischer Nachfolger von Joe Biden nicht ohne Weiteres leisten. Es ist in diesem Fall also weder internationale noch multilaterale Klima-, sondern amerikanische Industrie- und Subventionspolitik, die einen großen Beitrag dazu leisten kann, die USA auf Klimaschutzkurs zu bringen.

China muss also kein »Partner« beim Klimaschutz sein. Zentral ist vielmehr, den Druck weiter aufrechtzuerhalten und zu versuchen, besser, schneller und innovativer zu sein; zu handeln, CO_2-intensives Wachstum zurückzufahren und neue Investitionen in Technologie, Schutz- und Anpassungsmaßnahmen zu fördern. Es wäre natürlich extrem wünschenswert aus europäischer Perspektive, wenn dies zusätzlich noch konform zu allen Regeln des internationalen Handelsrechts mit möglichst fairen Wettbewerbsbedingungen stattfinden würde, aber das scheint derzeit weder in China noch notwendigerweise in den USA der Fall zu sein. Das macht aber Pekings Vorgehen mit Blick auf das Voranschreiten bei grünen Technologien und das Umschwenken auf einen klimaneutraleren Pfad nicht weniger wichtig oder notwendig. Nur ist eben Kooperation keine Grundbedingung für die Reduktion klimaschädlicher Emissionen. Für die globale Emissionsbilanz muss das kein Nachteil sein – für die deutsche Industrie und deutsche Arbeitsplätze aber möglicherweise schon. Den Wettbewerb und das »Race to the Top« beim Klimaschutz anzunehmen und tatsächlich eine Führungsrolle beim Ausbau von erneuerbaren Energien und der Entwicklung neuer Technologien einzunehmen sowie gleichzeitig den Export zu fördern, um langfristig erfolgreiche europäische Konzerne in diesen Sektoren zu haben, ist deshalb schon lange kein grünes Nischenprojekt mehr – es wird zur Überlebensstrategie für das deutsche Wirtschaftsmodell.

6
Willkommen im Systemwettbewerb

Zahlreiche Mythen ranken sich um die Frage, wie sehr das »Modell China« oder das »System China« eine umfassende Herausforderung für Deutschland und Europa darstellt. Eines der zentralen Argumente, die dabei oft genannt werden, ist, dass die chinesische Regierung das eigene System zwar zu Hause konsequent umsetzen möchte, aber nicht danach strebe, es auch zu exportieren. Das fühlt sich beruhigend an, hält es China für uns in Deutschland damit doch auf angenehmem Abstand. Auch der Gedanke der Einzigartigkeit des chinesischen Aufstiegs hält sich hartnäckig – nicht zuletzt weil die Partei es stets betont. Und zwar nicht im üblichen oft schwer verständlichen Parteisprech, sondern ganz klar und deutlich. Wie zum Beispiel Sun Yeli, Sprecher des 20. Parteitags im Oktober 2022: »Wir importieren keine Modelle aus anderen Ländern und sind entschieden dagegen, dass andere Länder China ihre eigenen Modelle aufzwingen; wir exportieren kein China-Modell und verlangen nicht von anderen Ländern, Chinas Ansatz zu kopieren.«[1]

Die Referenz ist dabei zuerst eine nach innen gerichtete, mit der klaren Positionierung, dass China kein Regierungsmodell westlicher demokratischer Prägung anstrebt.

Aber es geschieht auch in Abgrenzung zu anderen – vor allem den USA. Im Februar 2023 wurde ein Positionspapier vom chinesischen Außenministerium veröffentlicht, das in fünf plakativen Abschnitten die amerikanische Hegemonie und – frei übersetzt – »die Gefahren durch amerikanische Schikane und Tyrannei« beklagt.[2] Die Auflistung beschreibt die USA als einen Staat, der seine Macht nutzt, um andere Staaten zu unterjochen; geht auf die Geschichte der US-Militärinterventionen in der Welt ein und den humanitären Flurschaden, den diese hinterlassen haben; spricht von einer Instrumentalisierung der Wirtschaftsordnung und Plünderung der Ressourcen anderer Staaten für »wertlose Papierscheine« (den US-Dollar); klagt die technologische Dominanz an, die Amerika nur erreicht habe, weil es seine Erfindungen nicht teilen wolle und diese zudem nutze, um andere zu bespitzeln (es wird bewusst Bezug auf Angela Merkel und die NSA-Affäre genommen); und es endet damit, die kulturelle Hegemonie, verbreitet durch Hollywood, und den Konsum von Coca-Cola zu verteufeln. In diesem Potpourri aus Verschwörungstheorien und »Whataboutism« – dem Begegnen einer Anschuldigung mit einer Gegenanschuldigung oder Gegenfrage – geht vollkommen berechtigte Kritik an der US-Außenpolitik der vergangenen Jahre und Jahrzehnte in der diplomatischen Version wütenden Stammtischgebrülls unter.

Tatsächlich könnte die chinesische Führung nüchtern zahlreiche Argumente vorbringen, die auf anderer Ebene auch in Europa verfangen: Die USA sehen sich als Hüterin der internationalen regelbasierten Ordnung, haben aber die internationale Seerechtskonvention nicht ratifiziert. Washington prangert Pekings marktverzerrende Praktiken an, blockiert aber selbst die Nachbesetzung von Richter:innen beim Schiedsgericht der Welthandelsorganisation. Und in der Tat ist auch die Bilanz der westlichen Militärinterventionen der letzten Jahrzehnte bei Weitem keine positive.

Die chinesische Führung sieht sich aber eben nicht nur in Abgrenzung zu den USA, auch wenn diese der wichtigste Referenzpunkt sind, sondern auch in Abgrenzung zu den europäischen Ex-Kolonialmächten, bei denen bis heute das, was im vermeintlichen Mäntelchen der »internationalen Kooperation« daherkommt, oft mit politischen und wirtschaftlichen Bedingungen oder Konditionen verbunden ist, bei denen auch aus Sicht chinesischer Intellektueller kein Wert auf Gleichwertigkeit und beiderseitigen Nutzen gelegt wird. »Einseitig«, »protektionistisch«, »egoistisch« sind die Adjektive, die prominente regierungsnahe Stimmen aus China für die Entwicklungskooperation des Westens finden, die sie als »Antiglobalisierung« bezeichnen. China hingegen lege Wert auf Süd-Süd-Kooperation auf Augenhöhe, mit Vorteilen für alle Beteiligten.[3]

Es gibt immer noch Kommentator:innen hierzulande, die unterstreichen, dass Chinas Führung, anders als im Verhalten zu Hause, im Umgang mit anderen Staaten interessengeleitet und nicht ideologisch handle. Könnte man sich sogar ein Beispiel daran nehmen? Deutschland dürfe nicht zu »etepetete« sein, sagt sogar Bundeskanzler Scholz im Interview.[4] Was bedeutet dies für das Konzept der »wertegeleiteten Außenpolitik«, für das vor allem Außenministerin Annalena Baerbock steht, dessen Prinzipien aber auch fest im Koalitionsvertrag der Ampelregierung verankert sind? Und was heißt eigentlich pragmatisch sein in Zeiten der Systemrivalität? Der konstruierte, recht künstliche Gegensatz zwischen Werten und Interessen taugt noch immer für abendfüllende Talkshow-Diskussionen.[5]

Mit Blick auf Chinas Rolle in der Welt und die internationale Ordnung wird gern betont, dass China doch ein »Nettosystemnutznießer« sei. Das ist auch richtig, mehr als kaum ein anderes Land hat China wirtschaftlich seit den 1980ern von Stabilität in Asien, Handelsliberalisierung und Globalisierung profitiert. Daraus leitete sich allerdings nicht ab, dass die chinesische Führung doch ein Interesse am Erhalt der existierenden Institutionen und Grundlagen internationalen Rechts haben müsse.

Im Gegenteil: Dass es einen Wettbewerb konkurrierender Systeme für die politische, gesellschaftliche und wirtschaftliche Organisation des Staates und vor allem um die internationale Ordnung gibt, wird sowohl von den USA als auch von China, der EU und der deutschen Bundesregierung anerkannt. In der Nationalen Sicherheitsstrategie der Biden-Administration heißt es, Demokratien und Autokratien befänden sich im Wettstreit darum, zu zeigen, welches Regierungssystem leistungsfähiger sei. In der Volksrepublik unter der Führung der Kommunistischen Partei sieht die US-Regierung den einzigen Konkurrenten, der sowohl die Absicht hat, die internationale Ordnung neu zu gestalten, als auch zunehmend über die wirtschaftliche, diplomatische, militärische und technologische Macht verfügt, dieses Ziel auch tatsächlich zu erreichen.[6] Die Europäische Union spricht davon, dass China zu einem »noch stärkeren globalen Konkurrenten für die EU, die USA und andere gleichgesinnte Partner geworden ist« und sich »die Divergenz zwischen Chinas und unseren eigenen politischen Entscheidungen und Positionen« weiter vergrößern wird.⁷ Und im Koalitionsvertrag spricht die Berliner Ampel vom »internationalen Systemwettstreit«, in dem es »gilt, unsere Werte entschlossen mit demokratischen Partnern zu verteidigen«.⁸

Auch die chinesische Führung negiert den Systemwettstreit nicht, im Gegenteil, Xi Jinping stellt deutlich heraus, dass Chinas Entwicklungsweg der gesamten Menschheit eine alternative Möglichkeit aufzeigt, Modernisierung zu erreichen. Dies unterstrich er noch einmal in einer Grundsatzrede im Februar 2023. Zu verdanken habe man dies vor allem der Kommunistischen Partei Chinas, die gemeinsam mit dem chinesischen Volk der Menschheit »mehr chinesische Einsichten, besseren chinesischen Input und größere chinesische Stärke« zur Verfügung gestellt habe, um bei der Lösung gemeinsamer Herausforderungen zu helfen. Dadurch habe China neue und größere Beiträge »zur edlen Sache des menschlichen Friedens und der Entwicklung« geleistet.⁹ Schon in der gemeinsamen chinesisch-russischen Erklärung vom 4. Februar 2022 hieß es zuvor bereits klar: »Die internationale Gemeinschaft zeigt einen wachsenden Bedarf für Führung, welche die friedliche und schrittweise Entwicklung ins Zentrum stellt.«¹⁰ Oder anders ausgedrückt: für Chinas (und Russlands) Führung und nicht die der USA.

Das Wanken und die Schwierigkeiten der westlichen Demokratien, insbesondere seit der globalen Finanzkrise 2008, Populismus, Protektionismus, gesellschaftliche Fragmentierung und Zweifel an der eigenen Leistungsfähigkeit bei der Bewältigung riesiger Herausforderungen wie dem Klimawandel oder der nächsten Pandemie sind Grund genug für eine etwas intensivere Reflexion über die Frage, was denn »das System« am Ende ausmacht. Geht es um

Demokratie versus Autoritarismus? Wie viel der Debatte ist einfach nur Ausdruck eines Unbehagens mit Chinas wirtschaftlichem und politischem Erstarken? Was genau steckt denn nun wirklich hinter diesem Systemwettbewerb?

Konturen des Wettstreits

Wenn man über Systemwettbewerb spricht, sollte man zunächst definieren, von welchem »System« man eigentlich spricht. Das klingt trivial – ist es aber nicht. Um uns anzunähern, könnte eine erste grobe Definition wie folgt lauten: Drei zentrale Bereiche machen die innere Dimension des Systems aus – politische Verfasstheit, die gesellschaftliche und die wirtschaftliche Ordnung. Hinzu kommt dann noch die äußere Dimension, also die jeweilige Vorstellung von der Art der internationalen Ordnung. Es geht um die Leistungsfähigkeit, also die Frage, ob das System »liefert«, was die Mehrheit der Bevölkerung priorisiert – materiell und ideell. Wie gut ist das System in der Lage, Wohlstand zu fördern? Wie gut kann es mit externen Schocks umgehen? Wie flexibel ist es in der Anpassung an neue Realitäten – Klimawandel, Pandemien, Krieg, Wirtschaftskrisen? Wie werden Freiheit und Sicherheit abgewogen?

Die Frage der internationalen Ordnung unterscheidet sich dabei in ihrer Komplexität von der Frage der inneren Verfasstheit der Staaten, da hier eine Konkurrenz aufgrund der engen Verknüpfungen immer auch innerhalb des existierenden globalen »Systems«, bestehend aus internationalen Organisationen, Regeln und Normen, stattfindet, mit direkten und indirekten Auswirkungen auf alle anderen Staaten und Akteure. Beide Ebenen bedingen sich gegenseitig und sind deshalb nicht ohne Weiteres analytisch zu trennen. Oder einfacher ausgedrückt könnte man argumentieren, dass im Systemwettbewerb gilt: Je erfolgreicher mit Blick auf die Leistungsfähigkeit ein innenpolitisches System wahrgenommen wird, desto attraktiver ist es nach außen.

Das politische System Chinas ist ein marxistisch-leninistisches Einparteiensystem mit zentraler Führung durch die Kommunistische Partei. Die Betonung der marxistisch-leninistischen Tradition ist wichtig, denn sie formt die tatsächliche Grundlage des Handelns der Kommunistischen Partei und kann nicht als Folklore abgetan werden. Oder in den Worten Xi Jinpings: »Marxistische politische Parteien sind keine Parteien, die sich um Interessen formieren, sondern politische Parteien, die auf der Basis von gemeinsamen Idealen und Überzeugungen fußen.«[11] Um die Grundlage für eine widerstandsfähige und regierungsfähige marxistische Partei zu errichten, muss man also bei der Ideologie und nicht bei den Interessen beginnen.

Der implizite gesellschaftliche Vertrag der Partei mit der chinesischen Bevölkerung, dass sich die Legitimität der Herrschaft der Partei aus der Fähigkeit ableitet, den meisten Menschen zur meisten Zeit ein sicheres Leben in relativem Wohlstand zu ermöglichen, ist deshalb eben auch nur Teil der Erklärung. Es ist verkürzt, die Legitimität der Herrschaft nur darin zu begründen, dass diese in der Lage dazu ist, stabiles Wachstum zu liefern. Die Kommunistische Partei verankert ihre Macht ebenso sehr in der ideologischen Grundlage. Die chinesische Führung betont die Überlegenheit der eigenen Regierungsform sowie des wirtschafts- und gesellschaftlichen Ordnungsmodells mit umfangreicher digitaler Kontrolle und sozialem Management. Sie spricht selbst aktiv vom Wettbewerb und glaubt, diesen nicht nur gewinnen zu wollen, sondern zu müssen. Dies folgt einer zutiefst paranoiden Logik: Die reine Existenz eines funktionierenden, machtvollen, liberalen Alternativmodells wird als Bedrohung der eigenen Herrschaftsgrundlage wahrgenommen, weshalb sie das westliche System politischer und gesellschaftlicher Ordnung offen ablehnt. Kompliziert wird das Ganze dadurch, dass von der Kommunistischen Partei kein vollständig neues Vokabular dafür verwendet wird, um das eigene System zu beschreiben. Stattdessen werden bestehende Begriffe in einem wilden Mix aus kommunistischer Rhetorik mit neuer Bedeutung versehen.

»China und Russland teilen die Auffassung, dass Demokratie ein universeller menschlicher Wert und kein Privileg einer begrenzten Anzahl von Staaten ist. (…) Es ist allein Sache des Volkes eines Landes, zu entscheiden, ob sein Staat ein demokratischer Staat ist.«[12] Mit diesen Worten beschreibt die gemeinsame Erklärung Russlands und Chinas vom Februar 2022 die Sichtweise der Partei: Demokratie liegt einzig im Auge des Betrachters.

Warum scheint es so wichtig für die Kommunistische Partei, auch den moralischen Siegeszug über die Demokratie anzutreten und eine Alternative aufzuzeigen? Wie sehr ist eine Veränderung des internationalen Systems notwendig, um die Interessen der chinesischen Führung zu befriedigen? Wenn Xi davon überzeugt wäre, dass wirtschaftliches Wachstum allein der Schlüssel zum Erfolg wäre, müssten wir derzeit eine andere Politikgestaltung sehen. Das kann also nicht alles sein.

Die Kolleg:innen des großartigen Forschungsprojekts Decoding China,[13] unter ihnen Marina Rudyak von der Universität Heidelberg, Malin Oud vom Stockholmer Raoul Wallenberg Centre for Human Rights und Katja Drinhausen vom Forschungsinstitut Merics, haben es sich zur Aufgabe gemacht, zu erklären, wie Begriffe wie Multilateralismus, Rechtsstaatlichkeit, Menschenrechte oder eben auch Demokratie durch die Kommunistische Partei Anwendung finden. Katja Drinhausen hebt die Tatsache hervor, dass der Begriff von Beginn an Teil der Rhetorik der Kommunistischen Partei gewesen ist und zu den zwölf sozialistischen Kernwerten gehört, denen sich die Partei verschrieben hat. Mit Xis Definition der »Volksdemokratie für den ganzen Prozess« im Jahr 2019 ist der Begriff noch weiter ins Zentrum des Narrativs vorgedrungen.[14]

»Volksdemokratie für den ganzen Prozess« ist für westliche Ohren kein besonders eingängiger Terminus. Bedeuten soll er, dass alle wichtigen gesetzgeberischen Entscheidungen nach festgelegten Verfahren, Beratung und durch wissenschaftlichen Input getroffen werden. Das Demokratische daran ist die Beteiligung der Partei. Die Partei ist demokratisch, weil sie dem Wohl des Volkes verpflichtet ist. Deswegen ist das Handeln der Partei per definitionem demokratisch.

Und in China wird sogar gewählt: Auch wenn das Feld der zu Wählenden oder der Entscheidungen, die zu treffen sind, von der Partei vorselektiert wird, darf durchaus in begrenztem Ausmaß abgestimmt werden. Artikel 34 der chinesischen Verfassung garantiert chinesischen Bürger:innen über achtzehn Jahren das aktive und passive Wahlrecht. Auch wird regelmäßig Feedback zu strittigen Fragen erbeten, persönlich oder auch online, und es werden wissenschaftliche Meinungen genauso eingeholt, wie Konsultationsmechanismen innerhalb der dafür vorgesehenen Gremien installiert sind.[15] Konsultativ, nicht konfrontativ, das ist Demokratie nach Auslegung der Kommunistischen Partei. Keine Gewaltenteilung und keine unabhängigen Gerichte, Beratung ja, echte Mitbestimmung nein.

In einer Art Grundsatzdokument des Staatsrats zur Demokratie in China konstatiert die Partei Ende 2021: »Es ist antidemokratisch, andere Länder nach dem eigenen Maßstab zu beurteilen oder sie gar durch Farbrevolutionen und Gewaltanwendung zu zwingen, das eigene politische System und demokratische Modell zu kopieren.«[16] In einer Umfrage des European Council on Foreign Relations (ECFR), des paneuropäischen Thinktanks, für den ich arbeite, unter mehr als 1000 Befragten aus Schanghai, Peking, Guangzhou und Shenzhen vom Februar 2023 gaben 77 Prozent der befragten Chines:innen an, dass ihr Land im Vergleich zu allen anderen am ehesten einer Demokratie entspreche.[17] Zahlen wie diese sind immer mit Vorsicht zu interpretieren, und dennoch ist die Deutlichkeit der Identifikation mit dem Begriff bemerkenswert.

Der zweite Bereich, der das System im Inneren ausmacht, ist die gesellschaftliche Ordnung. Dazu zählen wesentliche Werte offener Gesellschaften, wie beispielsweise Meinungsfreiheit, Religionsfreiheit, Pressefreiheit, aber auch Versammlungsfreiheit und die Möglichkeit, all diese Rechte auch vor unabhängigen Gerichten einzuklagen. Neben der demokratischen Verfasstheit ist diese gesellschaftliche Ordnung einer der Grundpfeiler liberaler westlicher Systeme.

Nun finden sich bei all den genannten Merkmalen unterschiedliche Ausprägungen, und auch hierzulande gibt es (begründete) Einschränkungen von Freiheiten. So muss sich zum Beispiel die Meinungsfreiheit immer im Rahmen der Menschen- und Persönlichkeitsrechte bewegen, und auch die Versammlungsfreiheit hat ihre verfassungsrechtlichen Grenzen. Sehr grundsätzlich jedoch formen sie das Fundament der liberalen demokratischen Ordnung.

Die chinesische Verfassung garantiert formell die Freiheit der Rede, der Publikation, der Versammlung, der Vereinigung und der Durchführung von Demonstrationen. Aus Perspektive der Kommunistischen Partei sind diese Freiheiten jedoch potenziell Grundlage für Chaos, Anarchie und Kontrollverlust. Freiheit braucht deshalb durch die Partei festgelegte Grenzen, um die gesellschaftliche »Harmonie« – ein gerne von der Partei verwendeter Begriff – für alle Bürger zu gewährleisten. Der Rechtsstaat steht nicht über, sondern unter der Partei. Aufgabe der Gerichte ist es, Recht über Dispute zwischen Bürger:innen, Konflikte zwischen Unternehmer:innen oder über Straftaten zu sprechen. So soll Willkür im täglichen Leben reduziert werden, dies gilt aber nicht für die Partei. Die darf weiterhin unberechenbar bleiben und das Rechtssystem dafür nutzen. Das Recht wird so zu einem »effizienten Herrschaftsinstrument der Partei« ausgebaut.[18] Es geht also nicht darum, Menschenrechte zu wahren oder die Bevölkerung und vor allem Minderheiten auch vor dem Staat zu schützen. Dieses instrumentelle Rechtsverständnis steht in diametralem Gegensatz zur deutschen Rechtsordnung.

Ein weiteres Element der gesellschaftlichen Ordnung, das die Unterschiede aufzeigt, ist zudem die umfassende Kontrolle durch den Staatsapparat, die zur Durchsetzung der Ziele der Partei, aber auch zur Durchsetzung von Regeln und Gesetzen dient. Laut einer Studie von Comparitech, einer britischen Technologie- und Cybersicherheitsplattform, aus dem Juli 2022 sind chinesische Städte weltweit am dichtesten mit Überwachungskameras ausgestattet. Auf 1000 Einwohner:innen kommen ihren Berechnungen nach 372,8 Kameras. (Im Vergleich: Unter den Top 10 der nicht chinesischen Städte finden sich zum Beispiel Neu Delhi mit 26,7 Kameras pro 1000 Einwohner oder London mit 13,35 Kameras pro 1000 Einwohner).[19] Aber nicht nur die Überwachung des öffentlichen Raumes hat unter Xi Jinping massiv zugenommen, die Daten, die über jeden einzelnen Bürger und jede einzelne Bürgerin erfasst werden, sind enorm – von Bewegungsprofilen über Chat- und Suchverläufe, DNA-Datenbanken bis zu Stimmproben. Alles wird gespeichert und ausgewertet. Und im Zweifel gegen die Bürger:innen verwendet.[20]

Der dritte Bereich, in dem die Systemfrage zutage tritt, ist die Organisation der Wirtschaft. Obwohl der Beitritt Chinas zur Welthandelsorganisation eigentlich den Weg zur Marktwirtschaft ebnen sollte, ist dies nicht passiert. Die chinesische Führung hatte sich mit der Aufnahme 2001 dazu bekannt. Stattdessen wird allerdings alles darangesetzt, den Staatskapitalismus chinesischer Prägung zu perfektionieren. Die Illusion des Marktes hat über die letzten dreißig Jahre aber nach außen gut funktioniert. Investor:innen und Unternehmer:innen aus dem Westen glaubten, sie hätten es tatsächlich mit einem marktwirtschaftlichen System zu tun. Seit die Maskerade nicht mehr länger aufrechtzuerhalten ist, vertritt die chinesische Regierung ihr eigenes, staatlich gesteuertes Wirtschaftsmodell nun offensiv und baut die Kontrolle weiter aus. Chinas Wirtschaftssystem dient letztlich dem Machterhalt der Partei.

Und dennoch ist der staatlich gelenkte Kapitalismus

marxistisch-leninistischer Prägung eine riesige Herausforderung für das existierende internationale Handelssystem, weil er erfolgreicher und innovativer ist, als jemals für möglich gehalten wurde, weil er die ökonomische Logik der Überlegenheit des freien Marktes unterläuft und weil Chinas wachsende wirtschaftliche Macht die existierende Handelsordnung herausfordert.

Durch Chinas Rolle als globale Wirtschaftsmacht, Standardsetzer, Kreditgeber oder Technologiemacht hat die Art, wie Chinas Wirtschaft funktioniert, automatisch Auswirkungen auf die Welt – eine Art systemischer Kollateralschaden. Das Ziel muss gar nicht explizit lauten, andere Gesellschaften zu unterlaufen. Das Gleiche gilt natürlich auch für die westlichen Staaten, die einen ähnlichen systemischen Effekt haben: Auch wenn sie es nicht intendieren, werden sie von der chinesischen Führung als große Bedrohung wahrgenommen.

Chinas Angebot

In Peking existieren Konzepte für ein alternatives Wirtschafts- und Entwicklungsmodell, eine alternative globale Sicherheitsordnung und eine ideologische Grundlage in Form eines globalen Narrativs. Die Mittel, mit denen dies alles erreicht und umgesetzt werden soll, umfassen existierende und neue internationale Organisationen, einen global agierenden Medien- und Propagandaapparat und bilaterale Partnerschaften, bei denen besonders die zu Moskau im Fokus steht.

Das alternative Wirtschafts- und Entwicklungsmodell, das Xi Jinping seit Neuestem propagiert, ist zusammengefasst in der sogenannten Globalen Entwicklungsinitiative. Seit seiner (virtuellen) Rede vor der Generalversammlung der Vereinten Nationen im Herbst 2021 verdrängt diese die Neue Seidenstraße als prägenden Terminus in der Beschreibung der chinesischen Entwicklungs- und Wirtschaftszusammenarbeit in der offiziellen Rhetorik. Ort und Zeitpunkt für die Vorstellung der Initiative waren dabei natürlich kein Zufall. Die Implikationen der Pandemie waren weltweit deutlich, nicht nur mit Blick auf die hohen Todeszahlen, sondern vor allem auch auf den globalen wirtschaftlichen Schaden. Wie schon unter Hu Jintaos Führung versteht es die Partei, den eigenen Entwicklungsdiskurs äußerst geschickt mit dem der Vereinten Nationen zu verknüpfen.[21]

Als bedeutendste und gewichtigste internationale Organisation, die sich die globale Entwicklung ganz zentral zum Ziel macht, geben die Vereinten Nationen der chinesischen Initiative dank deren Verknüpfung mit ihrer Arbeit und ihrem Narrativ Gravitas und Glaubwürdigkeit. So hat die chinesische UN-Botschaft in New York einen »Freundeskreis« für die Staaten, die die GDI unterstützen, vorgestellt, und die chinesische Zeitung China Daily berichtet stolz, dass der UN-Generalsekretär Antonio Guteres die Initiative unterstützt, da sie die global gesteckten Entwicklungsziele voranbringt.[22] Auch für die Vereinten Nationen ist dies ein Gewinn: Ohne Chinas massiven wirtschaftlichen Erfolg der letzten Jahrzehnte sähe die Bilanz der globalen Entwicklung deutlich düsterer aus. Die Tatsache, dass die Millenniumsentwicklungsziele (Millennium Development Goals, MDGs) der UN in Asien erfolgreicher waren als anderswo, lag fast ausschließlich am chinesischen Wachstum. Der Nachfolger der MDGs wurden die

SDGs, die Ziele für nachhaltige Entwicklung (Sustainable Development Goals). Xi bezieht sich explizit auf diesen Prozess: »Wir müssen globale Entwicklungspartnerschaften fördern, die auf Gleichheit und Ausgewogenheit basieren, Synergien zwischen multilateraler Entwicklungszusammenarbeit fördern und die Implementierung der Agenda 2030 der UN für nachhaltige Entwicklung beschleunigen.«[23] Im Zentrum der Globalen Entwicklungsinitiative stehen große Themen: Armutsbekämpfung, Ernährungssicherheit, globale Gesundheit, Entwicklungsfinanzierung, Klimawandel und grüne Entwicklung, Industrialisierung, aber auch Fragen der digitalen Wirtschaft und Konnektivität. Die Initiative, die keine finanziellen Zusagen in Sachen Entwicklungshilfe macht, fand trotz mangelnder Konkretisierung, was das denn nun im Einzelnen bedeuten soll, Anklang, und zwar nicht nur bei den Vereinten Nationen. Laut chinesischen Aussagen haben sich bereits mehr als fünfzig Staaten dem »Freundeskreis« der Initiative angeschlossen.[24] Die Sprache, die im Kontext der Initiative gewählt wird, ist im Sinne der chinesischen Führung: Es ist zum Beispiel die Rede von einer Staffelung der Entwicklung, damit dann (später einmal) Menschenrechte eingehalten werden könnten, und von kollektiven Rechten, die vor individuellen Rechten stehen müssten, um Entwicklung zu erreichen.[25]

Nun kann man die Initiative als grün angepinselte Variante der Neuen Seidenstraße abtun, mit wenig konkretem Geld ausgestattet und von geringer praktischer Relevanz. Die Einordnung aber, die die Globale Entwicklungsinitiative in China erfährt, und die Tatsache, dass Xi persönlich sie auf großer Bühne angekündigt hat, spricht dafür, dass die Bedeutung nicht unterschätzt werden sollte. Es geht um weit mehr als Entwicklungskooperation, es geht um ein chinesisches Verständnis internationaler Zusammenarbeit, mit enormer Ambiguität, die flexible Gestaltungsmöglichkeiten zu- und den Akteuren alle Optionen offenlässt, und es geht im Zentrum um die Kommunistische Partei, die den Weg voranschreitet für die wirtschaftliche und soziale Entwicklung der bevölkerungsreichen Staaten des Globalen Südens mit ihrem enormem Wachstumspotenzial.[26]

Neben der noch recht nebulösen Globalen Entwicklungsinitiative hat Xi kurz darauf im April 2022 vor dem Hintergrund der russischen Invasion in die Ukraine die Globale Sicherheitsinitiative vorgestellt. In einer Rede beim chinesischen Boao Forum, Chinas Version der Weltwirtschaftskonferenz in Davos, sprach er sich dafür aus, der Vision einer gemeinsamen, umfassenden, kooperativen und nachhaltigen Sicherheit verpflichtet zu bleiben und zusammenzuarbeiten, um den Weltfrieden und die Sicherheit aufrechtzuerhalten und dabei die Souveränität und territoriale Integrität aller Länder zu respektieren. Gerade angesichts des russischen Angriffskrieges gegen die Ukraine wären diese Worte eigentlich ein wichtiges Signal des Respekts gegenüber den internationalen Normen, festgeschrieben in der Charta der Vereinten Nationen, gewesen, denen sich China als ständiges Mitglied des Sicherheitsrates besonders verpflichtet fühlen sollte. Allerdings war auch hier die genaue Wortwahl entscheidend, denn Xi fuhr fort, dass dazu natürlich auch die Nichteinmischung in innere Angelegenheiten gehöre, und forderte in einem klaren Signal an die NATO-Staaten ein Ablegen der Mentalität und des Blockdenkens des Kalten Krieges.[27]

Pünktlich zum Jahrestag der russischen Invasion legte die chinesische Führung dann noch einmal nach und veröffentlichte ein kurz zuvor auf der Münchner Sicherheitskonferenz 2023 angekündigtes Positionspapier zur Globalen Sicherheitsinitiative. Europa taucht – bis auf eine marginale Referenz zur Zusammenarbeit bei der Rüstungskontrolle in Afrika im Bereich der Kleinwaffen – in diesem »globalen« Rahmen nicht auf. Es fokussiert sich auf Südostasien, den Nahen Osten, Lateinamerika und die Karibik, die pazifischen Inselstaaten und natürlich auf Afrika. »Global« heißt eben nicht Europa oder die USA. Tatsächlich ist eine der Grundlagen sowohl der Globalen Entwicklungsinitiative als auch der Globalen Sicherheitsinitiative das Formen eines eigenen »China-Blocks«, der dazu in der Lage ist, die Interessen der chinesischen Regierung zu unterstützen und die USA in ihrer aktuellen globalen Vormachtstellung zurückzudrängen. Was man sich nicht darunter vorstellen darf, ist ein China, das die Funktionen der USA als globaler Sicherheitsgarant für ein Netz aus Partnern und Alliierten übernimmt. Die chinesische Führung zeigt keinerlei Bestrebungen, eine solch kostspielige Rolle einnehmen zu wollen – weder mit Blick auf die Stabilisierung fragiler Staaten in der eigenen Region, wie etwa Afghanistan, noch mit Blick auf den Schuldenerlass für zahlreiche asiatische und afrikanische Staaten, deren Volkswirtschaften durch Misswirtschaft, Korruption, Fehlplanung – und chinesische Kredite – in Schieflage geraten sind. Die institutionellen Formate, die in der Globalen Sicherheitsinitiative prominent erwähnt werden, sind solche, bei denen China in einer herausgehobenen Position steht – die Vereinten Nationen, das BRICS-Format aus Brasilien, Russland, Indien, China und Südafrika, die Shanghaier Organisation für Zusammenarbeit, deren Generalsekretariat in Peking sitzt, oder aber auch Chinas separate Kooperationsformate mit Staaten des Nahen Ostens und Afrikas.[28]

Chinas Instrumente

Der Mix an Mitteln, mit dem die chinesische Führung versucht, die eigene Ausgangslage im Systemwettstreit zu verbessern, ist umfangreich und flexibel. Von der Nutzung existierender und neu geschaffener internationaler Organisationen und Foren über einen weltweit agierenden Medien- und Propagandaapparat bis hin zu einem Netz aus bilateralen Partnerschaften, bei dem vor allem die Beziehung zu Russland von besonderer Bedeutung ist. Aber der Reihe nach.

In existierenden Organisationen, vor allem bei den Vereinten Nationen und ihren Sonderorganisationen, wie etwa der Ernährungs- und Landwirtschaftsorganisation (FAO), der Internationalen Zivilluftfahrtorganisation (ICAO) oder der Internationalen Fernmeldeunion (ITU), die für die Regelung der internationalen Telekommunikation, Standardisierung und Unterstützung der Entwicklungsländer beim Auf- und Ausbau ihrer Telekommunikations- und Internetinfrastruktur zuständig ist, versucht die chinesische Regierung, ihren Einfluss maßgeblich auszubauen. Bis in die Neunzigerjahre war Chinas Sichtbarkeit auf Ebene der Vereinten Nationen noch recht gering, seither hat sich dies jedoch massiv verändert. Im Laufe der letzten drei Jahrzehnte haben Chines:innen den Vorsitz in zahlreichen Sonderorganisationen übernommen, die von strategischer Relevanz für die chinesische Führung sind – darunter die FAO, die ITU und die ICAO, die Weltgesundheitsorganisation (WHO) und auch die Organisation für industrielle Entwicklung (UNIDO). 2020 saßen chinesische Offizielle vier von fünfzehn dieser UN-Organisationen vor. Ihre zunehmend gewichtigere Rolle in diesen Institutionen hat die chinesische Regierung bereits genutzt, um die Agenda zu bestimmen, unliebsame Stimmen und Kritik an China fernzuhalten, Taiwans internationale Sichtbarkeit und Partizipation so gering wie möglich zu halten und chinesische Vorstellungen von Menschenrechten, Entwicklung und Demokratie in der Sprache der UN zu befördern.[29]

Als die Kommunistische Partei 2020 ihre Kampagne startete, die Führung der fünften Organisation, der Weltorganisation für geistiges Eigentum (WIPO), zu übernehmen, regte sich Widerstand. Nicht nur deshalb, weil Chinas Referenzen beim Schutz geistigen Eigentums und die Verhinderung von industrieller Spionage eher fragwürdig sind, sondern vor allem auch, weil der schleichende Prozess der Machtvergrößerung über den Vorsitz in diesen technisch wirkenden, aber für die Entwicklung internationaler Ordnung so wichtigen Organisationen auf einmal aufzufallen schien. Dem folgte eine größere Aufmerksamkeit vor allem westlicher Staaten für die Besetzungen und eine verbesserte Koordinierung bei den Kandidaturen. Seit 2022 sitzt der ITU nun eine US-Amerikanerin vor, der WIPO ein Singapurer, die Juristin Liu Fang wurde 2021 vom Kolumbianer Juan Carlos Salazar als Generalsekretärin der ICAO abgelöst, und der ehemalige deutsche Entwicklungsminister Gerd Müller übernahm nach acht Jahren chinesischer Führung die Generaldirektorenrolle bei

Thalia Erlangen

Hugenottenplatz 6
91054 Erlangen
Tel. +49 9131 78090
Fax. +49 9131 780910
thalia.erlangen@thalia.de

Quittung

Ende der China-Illusion		
9783492058155	24,00	1
Bestellnr.: 204684095500010		

SUMME (1)	F	24,00
Bar	F	104,00
Rückgeld	F	-80,00
Betrag enthält 1,57 F MWSt:		
1: 7% = 1,57 Netto:		22,43

Steuernummer: -
Ust-Idnr.: DE148632587

TSE Transaktionsnummer.: 507554
Seriennr. Kasse: 515504
Prüfwert: tEFohWHbFymQQ+XI30iCIhibck5CuI
rf2QqQ0QbcSTPhAxXHw34tZ7D5f4yLbTeo5fP2iY
YhPEwecEqW17I2NKf3Ad/sloNIJv9rQVaWU2UmO4
q+eb5IbGb+eOljsBE8
Signaturzähler: 1097791

Kassierer: 753   Kasse: 00004
LadeNr: 0009   BonNr: 00141
Datum: 29.09.23 Uhrzeit: 18:18

Vielen Dank für Ihren Einkauf!
Besuchen Sie uns auch auf
www.thalia.de!

zeug in Luftnotlage« (eine bestehende Norm des Völkerrechts) angewendet hätte.[30] Auch wenn diese Argumentation keiner juristischen Überprüfung standhält, so scheint es der chinesischen Führung dennoch wichtig, Verwirrung zu stiften und eine Unklarheit der Rechtslage in den Raum zu stellen – und damit die Grenzen zwischen Recht und Unrecht zu verwischen und das Limit dessen, was ohne Widerstand akzeptiert wird, immer weiter zu verschieben.

Ein ähnliches Prinzip liegt der globalen Medienstrategie der chinesischen Regierung zugrunde. Die staatlich kontrollierte Presse in China ist ein wichtiges Werkzeug der Partei, um den Machterhalt zu sichern und das Narrativ über die eigene Politik, über Erfolge und Herausforderungen zu gestalten. Eine unabhängige Berichterstattung ist für chinesische Medienschaffende aufgrund der Zensurbestimmungen und der hohen Priorität, die die Kommunistische Partei dieser gesellschaftlichen Funktion zuweist, de facto unmöglich. Auch wenn bisweilen investigative Recherchen chinesischer Journalist:innen vor allem bei Themen wie lokaler Korruption oder Umweltverschmutzung möglich sind, da diese grundsätzlich den Kurs Xi Jinpings und die Antikorruptionskampagne stützen können.

Unter Xi hat die chinesische Regierung versucht, die globale Reichweite und Professionalisierung der staatlichen Nachrichtenkanäle in Presse, Rundfunk, Social Media und vor allem im Fernsehjournalismus massiv auszubauen – mit gemischtem Erfolg. Und das, obwohl die Bestrebungen der Partei dabei auf ein internationales Medienumfeld treffen, in dem Desinformation und Propaganda von zahlreichen Akteuren aktiv genutzt werden, um Polarisierung voranzutreiben und die politische Stimmung zu beeinflussen. Es ist ein Umfeld, in dem auch in den westlichen Industriestaaten das Vertrauen in den Wahrheitsgehalt von Berichterstattung insgesamt sinkt. Die USA sind dafür ein gutes Beispiel: Während vor dreißig Jahren noch 46 Prozent der Befragten einer Gallup-Studie angaben, großes oder ziemlich großes Vertrauen in Fernsehnachrichten zu haben, waren dies 2022 noch 11 Prozent.[31] In Deutschland ist das Vertrauen in die öffentlich-rechtliche Berichterstattung insgesamt höher, aber auch hier sinkt es in den letzten Jahren deutlich.[32] Dennoch ist die direkte Beeinflussung westlicher Bürger:innen durch chinesische Staatsmedien bislang keine besondere Erfolgsgeschichte. Der Versuch wird allerdings intensiv unternommen: Unter anderem das Team von MapInfluen.ce[33] um die Wissenschaftlerin Ivana Karaskova oder auch meine Kollegin Alicja Bachulska vom ECFR arbeiten seit Jahren daran, chinesische Einflussnahme in Europa über die Beeinflussung von Medien und Berichterstattung zu dokumentieren. China Radio International (CRI) spielt hier eine wichtige Rolle, nicht weil es direkt Botschaften übermittelt, sondern weil Inhalte von CRI von lokalen Radiostationen übernommen werden. Wenn es darum geht, Chinas Seite der Geschichte besser zu erzählen, sind die chinesischen Medienkanäle bislang allerdings weitgehend daran gescheitert – oder konnten zumindest seit der Coronapandemie dem Handeln der chinesischen Regierung kein überzeugendes Gesamtnarrativ gegenüberstellen. In allen führenden Industrienationen hat sich laut den Analyst:innen des Pew Research Center die Haltung gegenüber China seit 2020 massiv ins Negative gewandelt.[34]

Ein etwas anderes Bild zeigt sich jedoch, wenn man den Blick weitet. Während Chinas Auslandsfernsehsender

CGTN (China Global Television Network) auch in Afrika und Asien kaum Zugewinne bei den Zuschauern verzeichnen kann, sind Kooperationen mit einheimischen Sendern, die zum Beispiel einzelne Reportagen oder Nachrichtenfeatures von CGTN übernehmen, eine sehr nützliche Alternative.

Und noch erfolgreicher gestaltet sich dies bei Chinas staatlicher Nachrichtenagentur Xinhua. Laut dem US-Asienexperten Joshua Kurlantzick vom Thinktank Council on Foreign Relations (CFR) zeichnet sich im Bereich der Agenturmeldungen ein echtes Rennen um Marktanteile mit den etablierten westlichen Konkurrenten ab. In seinem Buch über Pekings globale Medienoffensive macht er dies als klare Erfolgsgeschichte aus.[35] Auch hier ist es nicht die Etablierung eines völlig eigenen Medienumfelds, die sich als besonders effektiv erweist, sondern die Integration in den bestehenden globalen Medienbetrieb und die gezielte Beeinflussung. Einer der großen Vorteile, den Kurlantzick dabei unterstreicht: Xinhua muss nicht nur kein Geld verdienen, es darf sogar Verluste machen. Xinhua ist in fast 200 Ländern mit einem Büro vor Ort, ist sehr viel professioneller und schneller darin geworden, Agenturmeldungen zu erstellen, und kann einen Teil des Contents kostenlos an Nachrichtenorganisationen abgeben – ein echter strategischer Vorteil gegenüber Akteuren wie Associated Press (AP), vor allem in Entwicklungs- und Schwellenländern. Ein besonderer Fokus liegt auf dem afrikanischen Kontinent. Es geht dabei nicht nur darum, wie künftig die großen Themen der Welt, die wichtigsten Ereignisse, die Neuigkeiten »erzählt« werden, welche Narrative dabei verfangen und wie daraus Geschichte entsteht, sondern auch, was überhaupt berichtet wird – und was nicht. Das globale

Narrativ mitzugestalten ist zentral für den langfristigen Erfolg Chinas im Systemwettbewerb.

Und es scheint zu funktionieren. In einer Untersuchung hat ein Forscherteam der Universitäten Yale, Harvard und Groningen 2022 herausgefunden, dass die zufällig ausgewählten Teilnehmer:innen in neunzehn Ländern auf sechs Kontinenten – von Kenia über Singapur bis Kanada oder Saudi-Arabien –, die eine repräsentative Auswahl von Botschaften der chinesischen Staatsmedien zu sehen bekamen, deutlich stärker als davor davon überzeugt waren, dass die Kommunistische Partei für Wachstum, Stabilität und kompetente Führung stehe. Dreimal so viele wie vor dem Konsum dieser Nachrichten. Eine negative Grundhaltung gegenüber China, die sich auch in den erwähnten Pew-Umfragen gezeigt hatte, ist offensichtlich kein Hinderungsgrund dafür, dass der Konsum der Botschaften aus der Hand chinesischer Staatsmedien einen Effekt hat. Sie kommen zu dem Schluss, dass die Konsument:innen chinesischer Botschaften über die Vorzüge des chinesischen Modells diese »insgesamt überzeugender finden als amerikanische Botschaften über die Vorzüge der Demokratie. (…) Der Anteil derjenigen, die das chinesische System gegenüber dem amerikanischen Modell bevorzugt, wächst um sechs Prozentpunkte«.[36]

Einzelne Forschungsergebnisse sollten nicht überbewertet werden, es wäre allerdings fahrlässig, zu glauben, dass in einem Sektor, in dem es lange eine Dominanz angloamerikanischer Berichterstattung durch Associated Press, BBC oder CNN gegeben hat, kein Wettbewerb lauert und dass die chinesische Führung durch die Erfahrungen – Erfolge und Misserfolge – in diesem Wettstreit der Narrative nicht immer besser darin würde, nicht nur Chinas Story, sondern gleich die der ganzen Welt zu erzählen. Denn sie weiß genau: Das, was heute Nachrichten sind, ist die Geschichtserzählung von morgen – und auch hier ist die Zusammenarbeit mit Russland für die gemeinsamen Botschaften von wachsender Bedeutung.

Ein drittes Instrument ist neben der Nutzung internationaler Organisationen und der Narrativ-Gestaltung der gezielte Einsatz bilateraler Partnerschaften. Die wirtschaftlichen und politischen Beziehungen zu Entwicklungs- und Schwellenländern sind für die chinesische Führung schon seit Gründung der Volksrepublik von hoher symbolischer Bedeutung. So überrascht es dann auch nicht, dass im Januar 2023 die erste Auslandsreise des frisch ernannten chinesischen Außenministers und vorherigen Botschafters in Washington Qin Gang nach Äthiopien, Gabun, Angola und Ägypten führte. Multilaterale Formate wie das Forum für China-Afrika-Kooperation (FOCAC), das es seit mehr als zwanzig Jahren gibt und das alle drei Jahre Afrikas Staats- und Regierungschefs mit Chinas Staatsführung zusammenbringt, spielen dabei eine Rolle, aber es sind vor allem bilaterale Partnerschaftsabkommen im Wirtschaftsbereich, wie im Abschnitt zur Neuen Seidenstraße beschrieben, die Peking vorantreibt. Dabei ist diese Form der Kooperation eine Wette auf die Zukunft: Je mehr Eisen die chinesische Führung im Feuer hat, desto höher die Chance, dass einige sich wie erhofft schmieden lassen, sprich: sich auszahlen und in langfristige Verpflichtungen und Partnerschaften münden, deren volle Tragweite sich erst in Jahrzehnten entfalten wird.

Es geht mit Blick auf die Staaten des sogenannten Globalen Südens deshalb nicht nur darum, kurzfristig für die chinesische Wirtschaft vorteilhafte Rohstoffdeals abzuschließen und Absatzmärkte für den chinesischen Export zu kultivieren. Immer deutlicher spricht die chinesische Führung inzwischen von der Alternative, die der chinesische Entwicklungsweg für die Welt darstelle. Die chinesische Form der Modernisierung sei ein neues »Modell für den menschlichen Fortschritt«. China, so Xi Jinping im Februar 2023 in einer Rede vor den Mitgliedern des Zentralkomitees der Partei und anderen hochrangigen Offiziellen, habe unter Beweis gestellt, dass der Mythos, dass modern synonym mit westlich zu sehen sei, endlich widerlegt ist. China habe Lösungen aufgezeigt, die einen besseren Weg in die Zukunft für die Menschheit weisen. Chinas Weg sei außergewöhnlich gewesen, die Kommunistische Partei habe China auf diesen Weg geführt und müsse dies auch weiter tun, aber Chinas Erfolg erweitere auch die »Wahlmöglichkeiten« für Länder auf ihrem Entwicklungsweg.[37] Auf dem Weg in die chinesische Moderne lauern aus Xis Perspektive vorhersehbare und nicht vorhersehbare Risiken und Herausforderungen. Darauf müsse man sich stets vorbereiten – und über die Fähigkeit und den Mut verfügen zu kämpfen. Das Sendungsbewusstsein der chinesischen Regierung ist inzwischen sehr viel expliziter als noch unter Xis Vorgängern und deutlich wehrhafter. In derselben Rede hebt Xi zum Beispiel hervor, wie eng Modernisierung und nationale Sicherheit verknüpft werden müssten, um erfolgreich zu sein.

Die wehrhaftere Seite zeigt sich auch darin, dass die Parteiführung versucht, gerade mit den Ländern Beziehungen auf- und auszubauen, die besonders antagonistisch zu den USA oder den westlichen Industriestaaten im Allgemeinen agieren.

Mit Nordkorea, Chinas einzigem formellen Allianzpartner, teilt Peking eine ideologische und historische Verbundenheit. Die geografische Lage des politisch und wirtschaftlich weitgehend isolierten Staates ist wichtig für die chinesische Sicherheit und Verteidigungsfähigkeit, da an der Grenze durch die Pufferfunktion keine direkte militärische Bedrohung existiert. Mit dem Iran besteht nicht nur eine große rhetorische Verbundenheit, die sich auf die lange Geschichte dieser großen »Zivilisationen« beruft, wie es in China gern formuliert wird,[38] sondern auch knallharte Geschäftsinteressen. Der Iran ist ein wichtiger Lieferant fossiler Energieträger für China (neben Saudi-Arabien oder auch Katar beim Flüssiggas), und zudem hat China in den Achtziger- und Neunzigerjahren zur nuklearen Proliferation beigetragen und Raketentechnologie exportiert.[39]

Der Iran ist übrigens das jüngste Mitglied der Shanghaier Organisation für Zusammenarbeit, jener regionalen Organisation unter chinesischer Führung, die China und acht weitere Staaten Eurasiens insbesondere im Bereich der Sicherheitskooperation zusammenbringt und die seit der Aufnahme Indiens und Pakistans 2017 nicht nur knapp 40 Prozent der Weltbevölkerung repräsentiert, sondern auch die größte Regionalorganisation der Welt darstellt und mit China, Russland, Pakistan und Indien vier Atommächte zusammenbringt (und mit dem Iran noch eine potenzielle fünfte gleich dazu). Die NATO bringt es in dieser Kategorie nur auf drei.

Die China-Russland-Achse

Bilaterale Partnerschaften sind essenziell, aber manche von ihnen sind deutlich essenzieller als andere. Denn um wirklich im Systemwettbewerb mit den USA und ihren Alliierten bestehen zu können, reichen traditionell enge Partnerschaften wie mit Simbabwe, Nordkorea oder Kambodscha nicht aus. Es reicht auch nicht aus, iranische Ölreserven genauso anzuzapfen wie saudi-arabische oder der nun größte Handelspartner Lateinamerikas zu sein. Ja, chinesische Konzerne sind eng in die Ökosysteme zukünftiger Wachstumsmärkte integriert. Ja, Chinas Führung hat bei vielen Fragen internationaler Ordnung große Teile des Globalen Südens hinter sich, vor allem wenn es – vollkommen zu Recht – darum geht, die immanenten Privilegien des Westens in der bestehenden internationalen Ordnung anzuprangern. Aber eine engere Zusammenarbeit mit dem größten Flächenstaat der Welt, einem ständigen Mitglied im Sicherheitsrat, einer Nuklearmacht, die sich nicht scheut, die USA herauszufordern, das hat noch einmal eine ganz andere Qualität.

Die chinesisch-russische Beziehung hat eine komplizierte und turbulente Geschichte. Für Nachbarn ist das natürlich nichts Ungewöhnliches: ob Grenzstreitigkeiten während des 17. Jahrhunderts, geregelte Handelsbeziehungen Anfang des 18. Jahrhunderts oder der dramatische Verlust von einer Fläche viermal so groß wie Deutschland an das Reich von Zar Alexander II. Mitte des 19. Jahrhunderts, als sich das russische Reich in den fernen Osten ausdehnte und die innenpolitisch geschwächte späte Qing-Dynastie

Niederlage und Demütigung ertragen musste. Vor 1860 war Wladiwostok noch chinesisch – danach nicht wieder. Vergessen hat man das in Peking nicht. Nach der chinesischen Revolution 1911, die das Ende des Kaiserreichs bedeutete und die Gründung der Republik China 1912 nach sich zog, und der russischen Revolution 1917, die ebenfalls das Ende des Zarenreichs mit sich brachte, ging es weiter auf und ab. Immer wieder gab es russische Vorstöße auf chinesisches Territorium, vor allem in Xinjiang, aber eben auch essenzielle Unterstützung für die junge Volksrepublik. In den Sechzigerjahren kam es dann zum Bruch zwischen der Sowjetunion und Maos China über ideologische und strategische Fragen.

Aus dem Zerwürfnis zwischen China und der Sowjetunion resultierte letztlich die Annäherung und Wiederaufnahme der diplomatischen Beziehungen zwischen den USA und der Volksrepublik in den Siebzigerjahren. Von Annäherung kann inzwischen keine Rede mehr sein zwischen Peking und Washington, dafür ist das Verhältnis zwischen Russland und China jetzt eine »No-limits«-Freundschaft. Und das hat einen Grund.

Wie David Rennie und Alice Su, die aus Peking und Taipeh für die englische Wochenzeitschrift *The Economist* berichten, in ihrem Beitrag zum ersten Jahrestag der gemeinsamen chinesisch-russischen Erklärung im Februar 2023 betonen, ist die Lektion, die die Kommunistische Partei aus der turbulenten Geschichte gezogen hat, entscheidend, um ihr heutiges Handeln verstehen zu können: China muss immer aus einer Position der Stärke agieren können, nur so kann es den Einmarsch fremder Truppen, Kolonialismus und Fremdbestimmung verhindern.[40] Das Kräfteverhältnis im russisch-chinesischen Umgang also zu Chinas Gunsten zu verschieben ist Grundlage für die vertiefte Zusammenarbeit mit dem nördlichen Nachbarn.

Und die Zusammenarbeit ist insbesondere seit der russischen Annexion der Krim 2014 extrem fruchtbar. Die Volkswirtschaften sind komplementär; um den Aufschwung nach der Coronakrise zu meistern, sind günstiges russisches Öl und Gas ausgesprochen hilfreich, und seit Beginn der Sanktionen gegen Russland 2014 nehmen die russischen Importe aus China zu,[41] ein Prozess, der sich seit der Invasion in die Ukraine 2022 weiter beschleunigt und vertieft. Aber nicht nur wirtschaftlich ist die Beziehung immer enger geworden, mit zunehmenden Vorteilen für China, auch bei der militärischen Zusammenarbeit und Rüstungstechnologie, verschiebt sich die Balance. Die größere Abhängigkeit von China, die so entsteht, dürfte Moskau natürlich nicht uneingeschränkt gefallen, doch die Zusammenarbeit mit chinesischen Akteur:innen in Forschung und Entwicklung ist für die russische Führung längst zu einem Rettungsanker – oder mit anderen Worten: alternativlos – geworden.

Auch militärische Übungen haben zugenommen und dabei geholfen, die beiden Militärapparate vertrauter miteinander zu machen und die Interoperabilität zu erhöhen. So flogen zum Beispiel während des Japan-Besuchs von US-Präsident Biden im Mai 2022 – also parallel zu Russlands Aggression in der Ukraine – russische und chinesische Kampfjets gemeinsame Manöver unweit des japanischen Luftraums.[42] Auch wenn von chinesischer Seite betont wird, dass seit dem Beginn der russischen Invasion keine neuen Manöver durchgeführt, sondern lediglich »Routineübungen« fortgesetzt werden,[43] wird bei genauerer Betrachtung klar, wie sich die Intensität und die Art und Weise der militärischen Zusammenarbeit und der Manöver verändert hat. Der Schulterschluss mit Russland – beschleunigt seit 2014, zementiert kurz vor der Invasion der Ukraine im Februar 2022 – ist Realität. An Chinas Seite zu stehen kann attraktiver sein, als wir uns in Deutschland und Europa eingestehen wollen.

Die russische Invasion in die Ukraine illustriert in erschütternder Weise, wie sich der Systemwettbewerb, Pekings neuer Machtanspruch und die Sicherheitsinteressen der Kommunistischen Partei bereits jetzt direkt auf Sicherheit und Wohlstand in Deutschland und Europa auswirken und wie trotz allem noch die Illusion besteht, dass alles vielleicht doch noch ganz anders kommt. Zu wenig wird darüber gesprochen, dass sich Peking vielleicht einfach im Klaren darüber ist, was auf dem Spiel steht, aber einem eigenen Kalkül folgend Entscheidungen trifft, die all unseren Vorstellungen widersprechen und was das für uns in Europa bedeutet. Ein China, das fest an der Seite Russlands steht, ein China, das uns den Rang abläuft bei den Autoexporten und grünen Technologien, ein China, das bereit ist für eine militärische Eskalation, ein China, das einfach nicht so werden will, wie wir das gerne hätten.

Chinas Führung hat unter Xi Jinping ein umfassendes Angebot für die Welt erarbeitet und den Instrumentenkasten, mit dem die eigenen Vorstellungen umgesetzt werden können, konsequent erweitert. Die Zeiten, in denen die kommunistische Elite die friedliche Koexistenz betonte, sind vorbei. Der Westen soll in seine Schranken verwiesen werden und der Erfolg des chinesischen Systems unter Beweis gestellt werden. Zu unterschätzen, wie ernst es der chinesischen Führung unter Xi Jinping damit ist, wäre fatal. Kommissionspräsidentin von der Leyen formulierte diesen Auftrag an Europa im März 2023 dann auch endlich einmal klar und deutlich: »Wir müssen gemeinsam zeigen, dass unser demokratisches System, unsere Werte und unsere offene Wirtschaft Wohlstand und Sicherheit für die Menschen schaffen können.«[44]

7
Realpolitik für Krisenzeiten

Es ist wenige Tage vor dem ersten Jahrestag der russischen Invasion in die Ukraine. Die Stimmung in Berlin ist ungefähr so trüb wie der Februarhimmel. Nichts, aber auch gar nichts ist gut an der aktuellen geopolitischen Lage. Die 59. Münchner Sicherheitskonferenz ist gerade zu Ende gegangen. Chinas wichtigster Außenpolitiker und Politbüromitglied Wang Yi war dort vor der versammelten transatlantischen außenpolitischen Elite von Wolfgang Ischinger gebeten worden, zu bestätigen, dass eine militärische Eskalation in der Taiwanstraße nicht unmittelbar bevorstehe. Er hätte seinen europäischen Zuhörer:innen damit einen großen Gefallen tun können. Alle im Raum warteten auf eine klare Ansage dazu, dass die Kommunistische Partei die gewaltsame Auseinandersetzung in nächster Zukunft nicht riskieren würde. Wang Yi zog es jedoch vor, dies nicht zu tun. Fast ein wenig wütend betonte er, was er gern bestätige, wäre, dass Taiwan immer schon Teil Chinas gewesen sei und »niemals« ein unabhängiger Staat werden würde.[1] So blieb Ischingers Versuch der Beruhigung bedeutungsschwer in der Luft hängen und machte damit alles nur noch schlimmer. Direkt im Anschluss fuhr Wang Yi nach Moskau. Beim Treffen mit dem russischen

Außenminister Sergej Lawrow war die Stimmung ausgelassen. Wenige Wochen später reiste Xi zu Putin. Ein weiterer Besuch unter Freunden, Gespräche über militärische Zusammenarbeit und die Herausforderungen, vor denen man so steht. Echte Partner.

Ich sitze mit einem jungen chinesischen Wissenschaftler beim Kaffee in Berlin. Er ist zum ersten Mal seit Langem wieder in Europa. Es tut gut, offen zu sprechen, sich auszutauschen, zu hören, was ihn bewegt und wie dieser Krieg, der in Europa so sehr den Alltag und die Nachrichten bestimmt, in China wirkt. Er wiederum erzählt von Frustration in Peking, von der kurzen Protestbewegung der Studierenden, der Schwierigkeit, seine Arbeit gut zu machen in einem Umfeld, in dem die Leine auch für die Wissenschaft von der Kommunistischen Partei immer kürzer gehalten wird. Rüstungskontrolle im Bereich von Nuklearwaffen ist sein Forschungsfeld. Es könnte aktueller nicht sein. Ist dies vielleicht der kleinste gemeinsame Nenner, der mit Peking gefunden werden kann? Kann man sich darauf einigen, wenigstens einen Nuklearkrieg zu verhindern, und gemeinsam eine rote Linie auch für Russlands Präsident Putin ziehen?

Olaf Scholz zumindest ist sichtlich stolz darauf, der chinesischen Regierung bei seinem Besuch in Peking Ende 2022 Xi das erneute Bekenntnis abgerungen zu haben, dass ein Atomkrieg niemals gewonnen werden kann und niemals geführt werden sollte.[2] Mit Blick auf die Drohgebärden aus Moskau schien dies ein Mindestmaß an Übereinstimmung mit Xi Jinping – nicht viel, aber auch nicht nichts. Ein kleiner diplomatischer Sieg in Zeiten, in denen diese so selten geworden sind. Aber die Sprache war nicht neu. Sowohl China als auch Russland hatten im Januar 2022, also kurz vor der Invasion in die Ukraine, in einem gemeinsamen Statement der fünf Nuklearmächte und ständigen Mitglieder des Sicherheitsrats diese Formel, die ursprünglich aus einer gemeinsamen Erklärung von US-Präsident Ronald Reagan und dem sowjetischen Staats- und Parteichef Michail Gorbatschow stammte,[3] bereits bekräftigt.[4] Durch Russlands nukleare Drohungen war der Wert dieses Statements seitdem deutlich gesunken.

Wenn das Verhindern der nuklearen Eskalation die zentrale Botschaft eines Kanzlers auf Staatsbesuch im Krisenmodus war, wenn es eine Fact-Finding-Mission über das, was möglich ist mit diesem Präsidenten, den er noch nicht persönlich kannte, sein sollte, warum reichte es dann nicht aus, allein anzureisen nur mit engem Berater:innenkreis? Stattdessen war an Bord der Kanzlermaschine, die aufgrund der strikten Covid-Bestimmungen nicht einmal für den Tag in Peking verweilte, sondern nach Korea weiterflog und den Kanzler am Abend auf dem Rückflug wieder einsammelte, eine Wirtschaftsdelegation mit großem Interesse, ihr Geschäft in China auszubauen. Ein Solo hätte die Nachdrücklichkeit, die Unbedingtheit der Forderung und das eigene Schwergewicht hervorgehoben. So machte Deutschland sich kleiner als nötig. Und das vor einer chinesischen Führung, die aus ihrer Loyalität gegenüber Moskau keinen Hehl machte und sich wahrscheinlich insgeheim selbst auf die Schulter klopfte dafür, dass man mit der billigen Wiederholung abgedroschener Phrasen davongekommen war, ja dem deutschen Kanzler noch einen kleinen Sieg mit auf den Weg geben konnte, der einen nichts kostete, den man aber sicher beizeiten in eine Forderung wenden konnte.

Als die Invasion begann, stand die chinesische Führung aufgrund der kurz zuvor erschienenen gemeinsamen Erklärung mit Putin, in der die grenzenlose Freundschaft zwischen den beiden Staaten beschworen wurde, im Zentrum des internationalen Interesses. Würde Peking seinen »Einfluss« auf Moskau geltend machen? Wäre dies nicht der richtige Moment, sich von der Partnerschaft zu »distanzieren«? Ja, könnte Xi Jinping sogar als Mediator einen Friedensschluss aushandeln und damit Chinas Rolle als verantwortungsbewusster Großmacht, die sich den Zielen der UN-Charta verschrieben hat und für friedliches Zusammenleben der Staaten einsetzt, echtes Profil geben?

Mich erreichten zahlreiche Anrufe in den ersten Tagen des Krieges, Journalist:innen fragten: »Führt der Weg zum Frieden in der Ukraine über Peking?« Mir schien die Überlegung abwegig. Zu deutlich war die gemeinsame Erklärung vom Februar: Man sprach von der »Neuverteilung der Macht in der Welt« und fuhr fort, dass es Akteure gebe, die sich »in die inneren Angelegenheiten anderer Staaten einmischen, ihre legitimen Rechte und Interessen verletzen und Widersprüche, Meinungsverschiedenheiten und Konfrontationen schüren und so die Entwicklung und den Fortschritt der Menschheit gegen den Widerstand der internationalen Gemeinschaft behindern«. Peking und Moskau gaben sich Rückendeckung bei den großen sicherheitspolitischen Fragen – die russische Seite bekräftigte ihre Unterstützung dafür, dass »jede Form der Unabhängigkeit Taiwans« abzulehnen sei, während die chinesische Führung deutlich machte, dass jede weitere NATO-Erweiterung inakzeptabel sei. Gemeinsam forderte man die NATO auf, »ihre ideologisierten Ansätze des Kalten Krieges aufzugeben und die Souveränität, Sicherheit und Interessen anderer Länder zu respektieren«. Das i-Tüpfelchen war die Unterstützung der chinesischen Regierung für »die Vorschläge der Russischen Föderation zur Schaffung langfristiger rechtsverbindlicher Sicherheitsgarantien in Europa«.[5] Das war keine hohle Phrase, kein abstrakter Plan. Es war Xi Jinpings formelle Unterstützung für einen klar kommunizierten russischen Vorschlag, der eine Absage an eine NATO-Mitgliedschaft der Ukraine und Georgiens genauso beinhaltete wie den Abzug aller US-Nuklearwaffen aus Europa, das Verbot, Waffen an der Grenze Russlands zu stationieren, und die Aufforderung, alle NATO-Truppen aus Gebieten zurückzuziehen, die einst zur Sowjetunion gehörten, auf das Niveau vor 1997.[6] Also auch alle NATO-Truppen aus den baltischen Staaten und Polen.

Man muss sich das noch einmal ganz klar vor Augen führen: In diesem Dokument unterschrieb die chinesische Führung, dass sie es begrüßen würde, wenn sich europäische Soldat:innen von NATO-Bündnisgebiet zurückzögen, damit sich der russische Präsident weniger bedroht fühlt. Die Annahme, dass die chinesische Führung nicht wusste, was sie hier unterschrieb, wurde im Anschluss in zahlreichen Expert:innenkreisen diskutiert. Auch hier hätte man gern die Illusion aufrechterhalten, dass dies eben »nicht wirklich« die Position der chinesischen Regierung sei, dass man dies »nicht ernsthaft« meine, dass man ja in Peking nicht habe wissen können, was Putin plante – obwohl man die nachrichtendienstlichen Berichte der USA genauso bekommen hatte wie die europäischen Partner. Diese hatten sie offensichtlich nicht wahrhaben wollen. Die chinesische Führung hingegen leitete die Berichte aus den USA an Moskau weiter. Wenn das Argument also ist, man habe nicht gewusst, was man da absegnete am 4. Februar 2022, würde man der chinesischen Führung unterstellen, dass sie sich hatte austricksen lassen vom gewieften Strategen Putin. Möglich, aber unwahrscheinlich.

Das Verhalten der chinesischen Führung gegenüber Russland änderte sich in den darauffolgenden Wochen und Monaten nicht – was Beobachter:innen aber nicht daran hinderte, immer wieder auf genau das zu hoffen. Zu spekulieren, dass sich die chinesische Position ändern würde, wenn man die Gräuel des Krieges, die Menschenrechtsverletzungen, die Zerstörung betrachtete, dass man den gravierenden Irrtum doch einsehen müsse, dass die wirtschaftlichen Kosten für China, an der Seite Russlands zu stehen, doch letztlich viel zu hoch sein würden, dass die Partei doch ein rationaler Akteur sei und Russlands Angriffskrieg doch nicht das eigene wirtschaftliche Wachstum opfern würde, dass China Europa doch nach wie vor brauche und sich deshalb nicht leisten könne, die EU und ihre Mitgliedsstaaten zu verprellen, und dass zu guter Letzt wenigstens die chinesische Führung die Lektionen aus der Ukraine davon abhalten würden, selbst auf eine militärische Lösung der Taiwan-Frage zu setzen. Kurzum: All die bestehenden grundlegenden Illusionen über das Wesen der Partei, die Prioritäten der Parteiführung mit Blick auf die eigene Wirtschaft, die Form der Abhängigkeiten, die Ambitionen des chinesischen Militärs, den Systemwettbewerb und die internationale Ordnung wurden erneut herangezogen, um das Handeln der chinesischen Führung zu (v-)erklären. Um sich rational und besonnen selbst zu vergewissern, dass man noch richtigliege.

Aber es kam anders. Chinas Konzerne verdoppelten ihre Halbleiterlieferungen an Russland, und die diplomatische

Zusammenarbeit wurde weiter ausgebaut. Die Attacken Pekings auf Europa und die USA blieben hart.

Auch wenn es also in den letzten Jahren so schien, als hätten sich viele Politiker:innen und Bürokrat:innen in Brüssel und in den Mitgliedsstaaten ein sehr viel realistischeres China-Verständnis zugelegt, war der Moment der existenziellen Krise in Europa doch wieder einer, in dem die Hoffnung auf eine alternative Realität und der Glaube an die Illusion dessen, was China sein könnte, zumindest kurzfristig überhandnahm.

24. Februar 2023 – Ein symbolträchtiger Tag

In der Nacht vor dem Jahrestag des Überfalls auf die Ukraine hatten 141 Staaten in der Generalversammlung der Vereinten Nationen Russlands Angriffskrieg verurteilt. Fast genauso viele wie im April des Vorjahres. Vor allem auch deutscher Diplomatie war es zu verdanken, dass die Gruppe derer, die dort ein deutliches Signal Richtung Russland abgaben, weiterhin so groß und durch die neue brasilianische Unterstützung sogar politisch noch schwergewichtiger geworden war. China enthielt sich weiterhin.

Am nächsten Morgen machten drei parallele Meldungen die Runde: »China legt Zwölf-Punkte-Plan vor.«[7] – »Russland verhandelt offenbar mit China über die Lieferung von Kamikazedrohnen«.[8] – »BASF baut Stellen in Europa ab.«[9] Alle drei fassten das, was zu beobachten war, symbolträchtiger zusammen, als man es sich hätte ausdenken können. Im 12-Punkte-Plan für den Frieden in der Ukraine fanden sich zwischen einer Reihe von Plattitüden die Aufforderungen an die Kriegsparteien zu einem sofortigen Waffenstillstand (der für Russland mit massiven Gebietsgewinnen einhergehen würde), ein Aufruf zu Verhandlungen, die Forderungen nach einem Ende der internationalen Waffenlieferungen an die Ukraine und der Aufhebung der Sanktionen gegen Russland. Der Plan war mit Russland koordiniert, die ukrainische Seite war im Vorfeld dagegen nicht über ihre Vorstellungen konsultiert worden. Das Dokument richtete sich klar an die Staaten, die ein Ende des Krieges aufgrund der globalen wirtschaftlichen Folgen, die dieser mit sich brachte, lieber heute als morgen sehen würden, denen die Ukraine selbst jedoch nicht so wahnsinnig wichtig war. Er richtete sich an alle in den westlichen Staaten, die ein Ende der Waffenlieferungen forderten, und er richtete sich an alle, die der chinesischen Führung vorwarfen, sich als ständiges Mitglied des Sicherheitsrates nicht klar genug zu positionieren. Es sollte die Illusion der verantwortungsbewussten Macht aufrechterhalten.

Die Ausführungen des *Spiegels*, der von den Plänen chinesischer Konzerne, Drohnen an Russland zu liefern, berichtete, machten hingegen, zusammen mit den Warnungen aus den USA, dass die chinesische Regierung die Lieferung von Artilleriemunition in Erwägung ziehe,[10] deutlich, wie groß der Spagat zwischen den wolkigen Worten und den harten strategischen Realitäten für Peking geworden war. Deswegen und weil er wenig realistisch und konkret war und keinen russischen Truppenrückzug von allen seit Februar besetzten Gebieten vorsah, stieß der chinesische »Friedensplan« in Europa auf breite Skepsis. In einem ungewöhnlich undiplomatischen Statement ging der niederländische Botschafter in China Wim Geerts so weit, zu sagen, dass dieser Plan politisch motiviert sei und nur dazu diene, russische Kriegsverbrechen zu verschleiern und dem Westen die Schuld am Angriffskrieg zu geben.[11] Die Fronten verhärteten sich.

Auch am 24. Februar 2023 teilte BASF bei einer Bilanzpressekonferenz mit, dass man im zweiten Halbjahr 2023 von »Aufholeffekten, insbesondere in China« ausgehe, aber in Europa bis Ende 2026 mehr als 2000 Stellen abbauen würde.[12] In Deutschland würde davon die Produktion von Düngemitteln und TDI, einem Ausgangsstoff für Schaumstoffmatratzen und Sitzpolster, betroffen sein. Kunden in Europa bräuchten sich aber laut BASF keine Sorgen machen, sie würden auch künftig zuverlässig beliefert – wenngleich aus den USA, Korea und China. Und während der Ludwigshafener Chemieriese in China 10 Milliarden Euro investiert, sollen über die nächsten Jahre etwa 250 Millionen Euro in Europa eingespart werden.

Nichts, was in diesem Buch steht, ist geheim. Alle Informationen sind frei verfügbar und zum Teil seit Jahren bekannt. Wenn also gut zu belegen ist, warum die Kommunistische Partei inzwischen für die Wirtschaft zu einem erheblichen Risikofaktor geworden ist, dass Chinas Führung auf wirtschaftliche Dominanz setzt und letztlich die internationale Konkurrenz auf dem heimischen Markt und international verdrängen möchte; wenn offensichtlich ist, dass Xi bereit ist, den Konflikt mit Europa in Kauf zu nehmen im Wettstreit mit den USA; wenn immer klarer wird, dass Chinas Militär nach globaler Macht strebt; die militärischen Drohgebärden um Taiwan immer stärker zunehmen; wenn jeden Tag deutlicher wird, dass China bei grünen Technologien zum wichtigsten Wettbewerber geworden ist und wie wenig

Interesse es in Peking gibt, multilaterale Prozesse bei globalen Gütern zum Wohle aller, inklusive der Entwicklungsländer, voranzubringen; und wenn letztlich klar wird, dass die chinesische Führung unter Xi Jinping davon überzeugt ist, internationale Regeln und Abmachungen zu den eigenen Gunsten verschieben zu können; wenn all dem so ist – was machen wir dann damit? Kopf in den Sand? Hoffen, dass das Problem verschwindet? Nichts?

Ein neues Narrativ

Um etwas zu tun, muss vor allem das Narrativ der Besonnenheit zurückerobert werden. Pragmatisch und besonnen kann auch zügiges und entschlossenes Handeln sein, zukunftsorientierte, mutige Schritte, die kurzfristige Kosten gegen langfristige Katastrophen aufwiegen. Das, was jahrelang als »Realpolitik« galt, die Zusammenarbeit mit Autokratien, die notwendigen Kompromisse, wirkt inzwischen mehr als anachronistisch. Die Realpolitiker:innen von gestern sind die Träumer:innen von heute. Wer besonnen und realistisch handeln möchte, braucht das Gegenteil von Abwarten und Stillstand.

Dafür muss sich die Botschaft ändern – niemand macht sein Kreuz bei einer Partei, wenn diese nur von »Kosten«, »Herausforderungen« oder »Opfern, die wir zu tragen bereit sein müssen« spricht. Wie beim Klimawandel wird es auch mit Blick auf China schwer sein, den Absturz abzuwenden, wenn der Boden unter den Füßen erst einmal begonnen hat wegzubrechen. Es gibt Kipppunkte. Wenn die Windbranche durch den zunehmenden Preis- und Innovationsdruck auf internationaler Ebene nicht mehr wettbewerbsfähig ist, braucht es viel (staatliches) Kapital, um sie wieder aufzubauen oder zu erhalten. Wenn in der Elektromobilität chinesische Kund:innen einmal den Weg zu einheimischen Anbietern gefunden haben, wird es schwer werden, sie zurückzugewinnen – vor allem, wenn die Konkurrenz aus China nicht nur günstiger, sondern auch technisch auf gleichem oder höherem Niveau agiert.

Wir brauchen ein Ende der Illusionen, ein Ende der Geschichten, die wir uns selbst gern erzählen, damit wir uns besser fühlen, die Situation ist weder ausweglos noch wird sie sich von alleine lösen.

Die Voraussetzung für mutiges Handeln ist aber, dass nicht nur politische und wirtschaftliche Eliten das Problem erkennen und benennen, sondern eine breite deutsche und europäische Öffentlichkeit einen Kurswechsel mitträgt. Deutschland hat Interessen. Deutschland hat politische, wirtschaftliche und – nicht erst seit der von Bundeskanzler Olaf Scholz postulierten »Zeitenwende« – auch militärische Macht. Deutschland hat Partner. Damit hat die Bundesregierung alle Zutaten in der Hand für echte Handlungsfähigkeit. Man muss sich jetzt nur trauen, sich dieser auch zu bedienen.

Die Kommunistische Partei Chinas tut Europa einen großen Gefallen damit, dass sie den eigenen Aufstieg leichtfertig aufs Spiel setzt – durch Fehlentscheidungen, Machtmissbrauch und Allmachtsfantasien wird der lineare Pfad zur größten Wirtschaftsmacht der Welt seit ein paar Jahren zu einem eher holprigen Unterfangen.

China unter Xi Jinping ist ein totalitär geführtes Land mit enormem Potenzial und Sendungsbewusstsein, das selbst vor großen internen Herausforderungen steht, dessen Führung aber den Anspruch darauf erhebt, die Welt so umzugestalten, dass Kontrolle über Freiheit steht, Politik über Recht und Macht über Regeln. Es ist ein Land, das aus existenziellen Gründen die grüne Transformation rasant mitgestaltet, dessen Unternehmer:innen und Forscher:innen voller Kreativität und Innovationsfähigkeit stecken und einen Anspruch auf eine Führungsrolle in internationalen Märkten erheben. Es hat eine Regierung, die einer eigenen hochideologischen und machtdominierten Rationalität folgt. Eine Regierung, die sich – politisch, wirtschaftlich und militärisch – auf einen möglichen Krieg vorbereitet. Ein solcher würde Deutschland und Europa wirtschaftlich und politisch direkt betreffen. Die Verflechtungen sind eng, US-Sanktionen würden sofortigen Handlungsdruck auslösen, Lieferketten würden unterbrochen, und die Frage nach der Rolle der USA als Sicherheitsgarant Europas würde sich neu stellen.

Selbst wenn sich die Partei in Anbetracht der zahlreichen Probleme, vor denen sie zu Hause steht, vielleicht schon überlebt hat, wenn sie bereits in genau jenem Zyklus aus Macht und Niedergang gefangen ist, den Xi so unbedingt vermeiden will, werden die Herausforderungen nicht kleiner. Ein China ohne die Führung der Kommunistischen Partei ist langfristig möglich und denkbar, aber kurz- und mittelfristig nicht wahrscheinlich.

Diversifizierung und De-Risking sind politische Entscheidungen

Wichtigste Grundannahme, die jeden Entscheidungsprozess künftig leiten sollte, ist dabei die Prämisse, dass die chinesische Führung sich nicht ohne Weiteres an Regeln halten wird, auch dann nicht, wenn sie gemeinsam erarbeitet werden – es sei denn, die Verhandlungspartner haben genügend Druckmittel in der Hand, die vereinbarten Regeln auch durchzusetzen. Um aus einer solchen Position der selbstbewussten Stärke, die der viertgrößten Volkswirtschaft der Welt durchaus angemessen wäre, auch langfristig auftreten zu können, ist die Verringerung der eigenen Verwundbarkeiten vonnöten. In Berlin ist die Diskussion inzwischen in diesem Bereich angekommen. Der Ukraine-Schock sitzt tief. Auch wenn nach wie vor gebetsmühlenartig wiederholt wird, dass man kein Decoupling von China wolle, spricht man von zwei anderen »D« inzwischen doch sehr offen: Diversifizierung und De-Risking (Risikominderung).

Damit ist gemeint, dass Unternehmen prüfen sollen, ob, wo und wie es in ihrem Geschäftsmodell oder ihrer Lieferkette Schwachstellen gibt, bei denen eine nicht ohne Weiteres zu behebende Abhängigkeit von »einem einzelnen Land« besteht. Im gesamten europäischen Diskurs wird vorsichtig darauf geachtet, China als genau dieses eine Land nicht zu sehr hervorzuheben. Es müsse »für alle Länder« gleichsam gelten, man wolle von »niemandem« abhängig sein. Das ist natürlich Unsinn. Es ist die Illusion der Neutralität. Natürlich geht es um China. Unsere Abhängigkeiten von den Niederlanden sind eher weniger problematisch für die deutsche Volkswirtschaft, auch wenn dorthin sogar mehr deutsche Exporte gehen als in die Volksrepublik.[13] Aber die gefühlte Realität spiegelt eben nicht immer Handelsrealität wider. So nehmen zahlreiche Europäer die USA, eine der offensten Volkswirtschaften der Welt, als wahnsinnig protektionistisch wahr und kritisieren die Subventionen für die E-Mobilität, während die

Autoexporte aus China in den letzten zwei Jahren so stark zugenommen haben, dass sie Deutschland als zweitgrößten Exporteur in kürzester Zeit eingeholt haben.

Die Verlagerung von Produktionsstätten oder die Umstellung des Zuliefersystems geht mit zusätzlichen Kosten einher, zumal sich nicht selten die Frage stellt, wohin man denn diversifizieren soll – bei den Importen kritischer Rohstoffe mag etwas gehen, Lithium soll dann eben künftig zum Beispiel verstärkt aus Serbien kommen, auch im Norden Schwedens oder vor der Küste Norwegens sind Vorkommen, die zwar nicht kostengünstig sind, aber zumindest regional als Alternativen in Frage kommen. Erste Maßnahmen zur Analyse von Abhängigkeiten und Zielsetzungen für die Diversifizierung wurden im Critical Raw Materials Act der EU im März 2023 vorgenommen. In einem ebenso essenziellen Bereich wie den aktiven Wirkstoffen von Antibiotika sind ähnliche Schritte dringend nötig, die Abhängigkeit ist enorm. Fast 80 Prozent dieser essenziellen Wirkstoffe kommen aus China.[14] Das erste Mal konnten deutsche Bürger:innen diese Abhängigkeit aufgrund der Lieferkettenunterbrechungen im Rahmen der Coronapandemie spüren.

Diversifizierung und De-Risking bringen Kosten mit sich, die von allen, die ein Interesse am Erhalt des Systems haben, gern hinter anderen Argumenten versteckt werden. Der indische Markt? Zu kompliziert. Lateinamerika? Schwierig, da kann man nichts machen. Natürlich ist an den Einwänden durchaus etwas dran. Gespräche, die man mit deutschen Unternehmensvertreter:innen führt, die beispielsweise versucht haben, im indischen Markt Fuß zu fassen, beginnen oft mit einem Stöhnen. Und dann kommt der Vergleich zu China, wo alles besser, reibungsloser, weniger chaotisch laufe – und erst die Regulierung in Indien, Datenlokalisierung, Local-Content-Klauseln, und jedes Genehmigungsverfahren dauert ewig. Aber auch das Nichthandeln hat Kosten, und schaut man daher auf ein paar Zahlen jenseits der gefühlten Realität, kann man die Diversifizierungsprozesse bei einigen Firmen schon sehr deutlich beobachten. So sollen in Indien bis 2025 mehr als 25 Prozent der iPhones produziert werden – die sanfte Abkehr von China, wo fast die gesamte Apple-Produktion noch vor Kurzem herkam, ergibt für den kalifornischen Tech-Riesen in der Risikokalkulation inzwischen Sinn. Die Angst vor erneuten Lieferkettenunterbrechungen durch politische Entscheidungen der Kommunistischen Partei und weitere US-Sanktionen gegenüber China ist groß. Für den schwedischen Telekommunikationskonzern Ericsson ist Indien schon jetzt der Ort mit den meisten Arbeitnehmer:innen im globalen Vergleich und nach den USA der nunmehr zweitgrößte Absatzmarkt.

Es hat keinen Sinn, deutsche Unternehmen nur freundlich zu bitten, sich doch einmal ihr China-Risiko anzuschauen. Zwar gibt es Sektoren, in denen das China-Geschäft so schwierig wird, dass die Konzerne von alleine diversifizieren. Andere Bereiche, gerade die, bei denen die chinesische Regierung weiterhin Know-how und Investitionen benötigt, werden jedoch attraktiv bleiben. Wenn es eine politische Einschätzung gibt, dass in einigen dieser Bereiche eine zu große Abhängigkeit von China vorliegt, dann muss eine politische Entscheidung dazu führen, dies zu ändern. Dazu gehört dann auch, das Risiko richtig zu beziffern und Maßnahmen zu ergreifen, die die Anreizstruktur für Konzerne verändern, sowie aufzuzeigen, dass die derzeitige Politik bereits jetzt Kosten verursacht. Inflation, Energiepreissteigerungen – dies sind Resultate der aktuellen Lage: geopolitische Risiken, Abhängigkeit von einzelnen autoritären Staaten, fragile Lieferketten.

Wenn sich das China-Geschäft weniger lohnt und Alternativen attraktiver werden, verschiebt sich auch der Markt. Etliche Unternehmen werden protestieren, und das ist auch in Ordnung, schließlich sind sie gewinnorientierte Konzerne, aber es ist nicht klug, Unternehmen in eine Lage zu zwingen, in der sie Entscheidungen treffen müssen, vor denen die Politik zurückschreckt. Die regulatorische Unklarheit im Bereich der 5G-Technologie, die aus der Zögerlichkeit der Bundesregierung entstanden ist, wird für Unternehmen, Kund:innen und sehr wahrscheinlich auch die Steuerzahler:innen Kosten nach sich ziehen. Eine klare Entscheidung vor Jahren hätte das Hin und Her verhindert und Kosten gespart. Die Politik muss den nötigen Rahmen schaffen, das kann man nicht dem Markt überlassen. Der reguliert sich ungern selbst. Aber da Wirtschaftsunternehmen ein Interesse an Gewinnmaximierung haben, werden viele einen innovativen Weg finden, (auch) in einem neu abgesteckten Rahmen Geld zu verdienen. In dieser Hinsicht ist auf den Kapitalismus und die deutsche Industrie für gewöhnlich Verlass.

Zu einer ehrlichen Erzählung gehört also auch, dass es sich bei der Aufgabe, neue Märkte zu entwickeln, eben nicht um Naturgesetze handelt, sondern dass dazu der politische Wille gehört, neue Märkte und neue Beziehungen aufzubauen. Und dass zu zeigen, wie ernst es einem mit dem Markt in Indonesien, der Produktion in Vietnam oder dem Innovationszentrum in Korea ist, eben auch bedeutet, die politische Aufmerksamkeit zu erhöhen – geduldiges und kontinuierliches Engagement auf allen

Ebenen ist nicht genug. Und auch nicht der Fingerzeig auf Brüssel. Eine aktive deutsche Führungsrolle ist notwendig, um auf EU-Ebene Koalitionen zu schmieden und Prozesse zu beschleunigen – von Freihandelsabkommen bis zum Neudenken der Entwicklungszusammenarbeit auch als strategische Industriepolitik. Der Markt regelt nichts davon allein. Der Markt hat auch das China-Geschäft nicht geöffnet. Das war die Politik.

Attraktiv ist, wer liefert – und wer liefert, hat Gestaltungsmacht

Um in diesem Diversifizierungs- und De-Risking-Bestreben auf der anderen Seite auch Partner zu finden, die ein langfristiges Interesse an der Zusammenarbeit haben, muss die eigene Attraktivität groß bleiben. Es fällt uns insbesondere in Deutschland ausgesprochen leicht, all unsere Schwächen und Probleme, Unzulänglichkeiten und Komplexe aufzuzählen. Bisweilen schlägt man die Zeitung auf und fragt sich, wo man eigentlich lebt – nichts scheint zu funktionieren im doch früher so vermeintlich tadellosen Deutschland: keine Lehrer:innen mehr, Facharbeiter:innen-Mangel, rechte Parolen auf einer Demonstration im Herzen Berlins, rassistische Gewalt, Kinderarmut, Inflation, Energiepreischaos, verfehlte Klimaziele und eine Ampelregierung, die sich untereinander nicht ausstehen kann. An allen diesen Punkten ist etwas dran, und es ist wichtig, diese immer wieder anzusprechen und nicht darin nachzulassen, Missstände anzuprangern und zu beheben. Es ist aber auch klar, dass unsere demokratische Grundordnung und der freie Markt, unser Rechtssystem und der Dialog zwischen allen Mitgliedern der Gesellschaft diese offene Debatte ermöglichen und dass die Stärkung der demokratischen Strukturen, unseres Bildungssystems, unserer Diversität und Chancengleichheit die Attraktivität dieses Deutschlands als moderne Volkswirtschaft stärker beeinflussen werden als die Frage der Energiepreise – auch mit Blick auf Deutschland als Wirtschaftsstandort. Deutschland ist global betrachtet ein attraktiver Partner nicht trotz der demokratischen Strukturen und der kontroversen Debatte, sondern gerade deswegen.

Es lohnt sich für Deutschland und Europa, sich auf das zurückzubesinnen, was bislang richtig gut geklappt hat. Die deutsche und europäische Klimapolitik hat das globale Narrativ und damit die ökonomische Logik verändert. Wir haben die Grundlagen der Energiewende entwickelt und können diese auch weiter mitgestalten. Der Wettbewerb mit China ist dabei Ansporn, effizienter, ressourcensparender, schneller und besser zu sein. Weil eine wirtschaftliche Logik zugrunde liegt, können viel mehr Mittel dafür mobilisiert werden, als wenn dies nicht der Fall wäre. Es geht eben nicht mehr nur um Klimaschutz, sondern auch um Arbeitsplätze und Wettbewerbsfähigkeit. Mit Blick auf die Beschleunigung bürokratischer Prozesse können Lektionen aus der rasanten Konstruktion der Flüssiggasterminals gezogen werden. Die »Zeitenwende« hat gezeigt, dass Deutschland zu diesen Maßnahmen durchaus in der Lage ist – wenn der politische Wille da ist. Ähnlich wie im Fall Russlands reduziert dabei das konsequente Voranschreiten bei der grünen Transformation und der digitalen Entwicklung unsere eigene Abhängigkeit und sorgt dafür, dass wir aus einer Position der Stärke handeln und verhandeln können – auch wenn es bei China nicht um Gas oder Öl, sondern um Solarpaneele, Batterien für Elektroautos und Seltene Erden geht.

Es ist aufgrund der Entwicklungen in den USA, aber genauso innerhalb Chinas, aufgrund der Prioritäten und der Paranoia der Kommunistischen Partei nicht nur möglich, sondern sehr wahrscheinlich, dass der Trend vor allem im Bereich der Hochtechnologien zu parallelen Wirtschaftswelten weitergehen wird – jede mit eigenen Spielregeln, eigenen Machtstrukturen, mit Akteuren, die nur in einer Welt zu Hause sind, und Grenzgängern, die den Spagat schaffen. Auf diese Entwicklung sollten sich Deutschland und Europa vorbereiten.

Um Wettbewerbsverzerrungen, die durch den Staatskapitalismus Chinas entstehen, abzufedern, können und werden staatliche Investitionen künftig wahrscheinlich eine stärkere Rolle spielen – in den USA und in Europa. Das kann zu Angst vor Staatswirtschaft und Protektionismus führen. Hier hängt viel von der politischen Kommunikation ab: Der Staat kann als Investmentkapitalgeber gesehen werden, der gemeinsam mit privaten Anleger:innen eine Anschubfinanzierung für den Wandel des deutschen Wirtschaftsmodells zu einem noch globaleren, vernetzteren, nachhaltigeren und weniger vom chinesischen Markt getriebenen System zur Verfügung stellt – und sich gern mit einem satten Gewinn für die Staatskasse bei erfolgreicher Transformation wieder verabschiedet. Es ist ja auch nicht so, als wäre diese Form der Unterstützung unbekannt – man denke an die Lufthansa während der Coronapandemie. Der deutsche Staat war hier in der Krise mit Milliardenkrediten und dem Kauf eines Aktienpakets eingesprungen, das Unternehmen hat diese frühzeitig wieder zurückgezahlt. Die Aktien wurden verkauft – mehr als

700 Millionen Euro Gewinn konnte die deutsche Bundesregierung so einfahren.[15] In Zukunftsindustrien macht diese Form der Staatshilfe auf Zeit viel Sinn. Forderungen für mehr Unterstützung, zum Beispiel in Form von Quoten für Produkte aus EU-Produktion, gibt es aus der Windindustrie schon jetzt.[16] Je attraktiver und erfolgreicher die deutsche und europäische Wirtschaft, desto attraktiver ist es nicht nur für internationale Akteure, Teil dieses Ökosystems zu sein – desto schwieriger wird es auch für die chinesische Regierung, langfristig ein abgekoppeltes alternatives zweites Wirtschaftssystem zu bauen, das große Anziehungskraft entfaltet.

Auch wenn es der Befindlichkeit der Deutschen, die sich in der moralischen Überlegenheit des Mittelweges besonders wohlfühlen, nicht gerade entgegenkommt, davon zu sprechen, dass man den Systemwettbewerb »gewinnen« möchte, sollte doch zumindest Einigkeit darüber bestehen, dass man ihn lieber nicht verlieren will.

Nur konsequente Konditionalität macht glaubwürdigen Dialog möglich

Wichtige Basis deutscher Politik gegenüber China ist die Vielschichtigkeit des Ansatzes, die Tiefe des politischen, aber auch des zivilgesellschaftlichen, kulturellen und wissenschaftlichen Dialogs. All diese Dialogformate müssen auf den Prüfstand. Die chinesische Regierung ist bereit, diese Formen der Zusammenarbeit als Druckmittel einzusetzen, um unbequeme politische Äußerungen aus Deutschland und Europa zu verhindern.

Die Tatsache zum Beispiel, dass Merics, das größte private China-Forschungsinstitut Europas mit Sitz in Berlin, das zum Ziel hat, das Verständnis der chinesischen Politik und Wirtschaft zu vertiefen, und durch konsequente Datenauswertung und rigorose Analyse zu einer deutlichen Verbesserung der Chinakompetenz in Europa beigetragen hat, von der chinesischen Führung mit Sanktionen belegt wird, ist nicht hinnehmbar. Merics-Forscher:innen dürfen unter anderem nicht mehr nach China einreisen. Bislang wurde dies von der Bundesregierung – sowohl unter Angela Merkel als auch unter Olaf Scholz – unter eher mildem Protest akzeptiert. Es ist ein weiteres dieser »schwierigen« Themen, die man dann »anspricht«. Die chinesische Führung ist sehr gut darin, bei diesen »schwierigen« Themen zuzuhören. Ob es auch nur den geringsten Effekt hat, bleibt jedoch fragwürdig. Die Wahrscheinlichkeit, dass Peking erneut Sanktionen dieser Art ausspricht, wenn etwas nicht so läuft, wie Xi Jinping sich das vorstellt, dürfte damit jedenfalls steigen – nicht sinken. Denn sie haben für die chinesische Führung keinen inakzeptablen Preis.

Den Wert des Austauschs bestimmt aber nicht nur die chinesische Führung, den Wert bestimmen vor allem wir. Die Frage ist also: Warum ist uns an welcher Form des Austauschs gelegen? Wissenschaftler:innen wollen im Dialog mit chinesischen Kolleg:innen bleiben und Feldforschung betreiben können. Umwelt- und Klimaschutzorganisationen suchen den Kontakt zu chinesischen Partnerinstitutionen für technischen und intellektuellen Austausch. Politische Stiftungen sind in China weiterhin vor Ort, um zivilgesellschaftliche Interaktionen zu ermöglichen. An Bereitschaft zum Dialog mit China mangelt es in Deutschland auf keinen Fall. Chinas Führung hat Interesse am Dialog mit der deutschen Bundesregierung aus wirtschaftlichen und politischen Gründen. Deutschland ist wichtig – auf vielen Ebenen. Aber anstatt dies geschickt zu nutzen, verschenken wir Möglichkeiten – und so finden dann im Juni 2023 Regierungskonsultationen statt, bei denen zum ersten Mal auf deutschem Boden auf Wunsch der chinesischen Regierung keine Fragen bei der Pressekonferenz zugelassen werden. Ein Zugeständnis ohne jegliche erkennbare Gegenleistung. Wir handeln bislang meist sehr berechenbar für die chinesische Regierung, es wird Zeit, das zu ändern. Aber was wären echte Konditionalitäten, um diesem Dialog auch Gewicht zu geben? Keine herausgehobenen »Regierungskonsultationen« auf Kabinettsebene, ohne Visaerleichterungen für Journalist:innen oder eine Erweiterung des Spielraums für die politischen Stiftungen in China? Keine Staatsbesuche ohne Vertreter:innen von Menschenrechtsorganisationen und Wissenschaft? Einen möglichen Austausch zur technischen Umsetzung des Emissionshandels? Gern. Aber nur, wenn zunächst Sanktionen gegen Forschungsinstitute aufgehoben werden? Eine solch unerwartete Verknüpfung wäre neu für Deutschland, so etwas machen wir eigentlich nicht. Aber es wäre höchste Zeit dafür.

Wer eine regelbasierte Ordnung will, muss sie bauen

Die letzte Illusion, von der wir uns verabschieden sollten, um langfristig erhalten zu können, was uns wichtig ist, ist die heilige Kuh der multilateralen und regelbasierten internationalen Ordnung. Bislang beschränkt sich der Anspruch in Deutschland darauf, die liberale internationale Ordnung »aufrechtzuerhalten« oder sich für den »Erhalt« der regelbasierten internationalen Ordnung »einzusetzen«. Wir können inzwischen allerdings klar sehen, dass die chinesische Führung nicht mehr bereit ist, sich an Regeln zu halten, solange keine signifikanten Sanktionsmechanismen oder Anreizstrukturen vorhanden sind. So werden die Mechanismen der existierenden Ordnung, die Normen und Paragrafen des internationalen Rechts unwirksam. Aus einer neuen Position der Stärke können verhandelte Verträge gebrochen, jahrzehntealte Normen neu interpretiert oder die Ansprüche anderer einfach ignoriert werden. Sanktionen mit Blick auf Russland werden derzeit nur deshalb nicht offensichtlich umgangen, weil Abhängigkeiten bei Halbleiterlieferungen oder kommerziellen Flugzeugen vorliegen. Der Preis wäre zu hoch. Die chinesische Führung hat nicht vor, sich zu tief ins eigene Fleisch zu schneiden, möchte aber so schnell wie möglich diese Abhängigkeiten verringern. Was nicht funktioniert, ist der Appell an Verantwortung. Was leider auch immer weniger funktioniert, sind Anreizstrukturen. Das ist eine besonders harte Erkenntnis. Auch wenn auf dem Papier bei einem EU-China-Investitionsabkommen europäischen Unternehmen Rechte und Zugänge zugesichert würden, schafft dies eben noch lange keine Sicherheit, dass dies in der Realität auch passiert.

Noch komplizierter wird dies in Fragen internationalen Rechts. Es gibt eben keine Institution, die hier Recht auch durchsetzen kann. Den Anschein zu wahren, man würde sich im Rahmen des Rechts bewegen, ist zwar nach wie vor auch für die Kommunistische Partei wichtig. Aber es wird immer schwieriger, dies mit anderen Interessen zusammenzubringen – territoriale Integrität und Russlands

Angriffskrieg, Souveränität und Kriegsverbrechen. Die Vereinten Nationen haben in ihrer Bedeutung gerade hinsichtlich der russischen Invasion in die Ukraine eine kleine Renaissance erlebt. Der Sicherheitsrat bleibt eines der wenigen Gremien, in dem diese Form des internationalen Austauschs auf Basis gemeinsam vereinbarter Regeln möglich ist, die Generalversammlung ein Ort, an dem man internationale Koalitionen und Stimmungsbilder auch in Abstimmungsergebnissen bemessen kann. Und dennoch bleibt es vor allem eins: Auslegungssache. Die Regeln und Normen dessen, was wir als »regelbasierte internationale Ordnung« beschreiben, sind vor allem für kleinere und größere Staaten gemacht, die damit ihre Rechte gegenüber den mächtigen Akteuren durchsetzen können sollen, und damit zum größten Teil auch im Sinne Deutschlands. Sie basieren auf universell gültigen Prinzipien, denen sich auch China einmal bei Unterzeichnung der UN-Charta 1945 verpflichtet hatte.

Das existierende Konstrukt der Institutionen – von der Welthandelsorganisation über die Weltgesundheitsorganisation bis zum multilateralen Prozess des Klimarahmenabkommens der Vereinten Nationen – kann die Spannungen, die durch den Systemwettbewerb entstehen, kaum noch aushalten. Das ist unerfreulich, aber je länger wir das Problem anstarren und darauf hoffen, dass wir retten können, was noch zu retten ist, desto mehr werden wir zu Nachlassverwaltern einer alten Ordnung, deren Zeit vorbei ist. Wir sind in einer Situation angekommen, in der wir – als eine Art multilaterales Ordnungs-Back-up – alternative Strukturen und Institutionen bauen können und müssen. Attraktive Alternativen. Alternativen, die funktionieren und immer offen bleiben für alle, die bereit sind, sich an die Spielregeln zu halten, aber die auch wehrhafter sind gegenüber denen, die es nicht tun. Ein Netz aus modernen Freihandelsabkommen kann eine Rückversicherung für eine immer weniger funktionierende Welthandelsorganisation werden, ein »Klimaclub« schnelleres Handeln für mehr Klimaschutz vorantreiben. Bislang fehlen aus Europa allerdings attraktive Vorschläge, die nicht nur die G7-Staaten zusammenbringen oder ein Netz bilateraler Aktivität aufspannen. Wie können Ordnungsstrukturen geschaffen werden, die auch für Entwicklungs- und Schwellenländer interessant sind, die ein Interesse an Regeln für die Zusammenarbeit haben? Nur ist das Schaffen neuer, funktionsfähiger Strukturen deutlich anstrengender, als nur immer wieder die Einhaltung der existierenden Regeln anzumahnen.

Dafür muss man die existierende Ordnung nicht auf einen Schlag über den Haufen werfen, auch hier bilden Diversifizierung und Risikominderung eine kluge Richtschnur, aber sie sind nicht genug und zu defensiv. Die multilaterale internationale Ordnung war nie statisch. Sie hat sich immer weiterentwickelt – aber nicht immer stand Deutschland als treibende Kraft im Zentrum. Gerade weil wir aber ein Interesse daran haben, dass sich andere Staaten an Regeln halten, tragen wir besondere Verantwortung dafür, die Bedingungen dafür zu schaffen. Fangen wir damit an, ehrlich zu fragen: Welche Institutionen und Regeln brauchen wir für das 21. Jahrhundert, die unseren Interessen und Werten entsprechen für Handel, Technologie, Klimaschutz, Sicherheit? Was sind wir bereit, dafür zu investieren, nicht nur finanziell? Wie viel Macht und Wohlstand sind wir bereit, neu zu verteilen?

Wir müssen die aktuelle Lage als echte Krisensituation

verstehen. Nur so wird die Dringlichkeit des Handelns der Größe der Herausforderung gerecht werden.

In die Geschichte wird die russische Invasion in die Ukraine nicht nur als der Moment eingehen, an dem der zwischenstaatliche Angriffskrieg mit all seiner brutalen Zerstörungswut nach Europa zurückkehrte, sondern auch als die Zeit, in der die letzten Illusionen über das, was die strategischen Prioritäten der chinesischen Regierung unter Xi Jinping sind, aufgegeben werden mussten. Und in der sich ein neues, mutiges Europa dieser Herausforderung stellte. Das bleibt zumindest zu hoffen. Aber vielleicht bleibt das dann meine persönliche Illusion.

Dank

Dieses Buch wäre nicht möglich gewesen, wenn Martin Janik vom Piper Verlag mich nicht eines Tages einfach angerufen hätte. Auf dem Hof einer Berliner Grundschule sind die ersten Gedanken zu dieser Publikation entstanden. Mein herzlicher Dank gilt deshalb Martin ganz persönlich, seiner Lust auf China-Bücher, der Fähigkeit, ein solches Projekt unkompliziert möglich zu machen, und der großen Portion Vertrauen, die er mir entgegengebracht hat. Die tolle Zusammenarbeit mit dem Team vom Piper Verlag war eine große Freude und ein echtes Geschenk.

Ich danke meinen Kolleg:innen vom European Council on Foreign Relations (ECFR) Mark Leonard, Jeremy Shapiro und Vessela Tcherneva dafür, dass sie mir erlaubt haben, mir drei Monate Zeit für dieses Buch zu nehmen, und mich von Anfang an in diesem verrückten Unterfangen unterstützt haben. Ein großer Dank gebührt ganz grundsätzlich all meinen fantastischen Kolleg:innen in ECFRs sieben Büros in ganz Europa – von Berlin über Paris, London, Warschau, Madrid, Rom bis Sofia – für ihre Inspiration, ihre vielen klugen Gedanken, dafür, dass sie alle für ein starkes Europa brennen und dass ich jeden Tag von ihnen allen lerne.

Ein spezieller Dank geht dabei an »mein« Asien-Team, die unfassbar tollen Kolleg:innen, die mir in den letzten

Monaten den Rücken frei gehalten haben und mich immer wieder ermutigen, inspirieren und zum Lachen bringen. Ein dicker, fetter Dank an euch: Alicja Bachulska, Frédéric Grare, Sonia Li, Alexander Lipke, Elli-Katharina Pohlkamp, Vladimir Shopov und vor allem an Manisha Reuter, die alles immer beisammenhält, die klügsten Ratschläge für alle Lebenslagen parat hat und mit ihrer Intelligenz, ihrem Humor, ihrer Tatkraft, ihrem Organisationstalent und vor allem ihrer großen Menschlichkeit mein Leben seit langer Zeit bereichert.

Über die letzten Jahre meiner Forscher:innentätigkeit habe ich so viele kluge und beeindruckende Menschen kennengelernt und von ihnen gelernt, von Thinktank- und Uni-Kolleg:innen über Politiker:innen bis zu Regierungs- und Industrievertreter:innen oder Journalist:innen. Die zahlreichen Gespräche haben dazu beigetragen, dass ich mehr verstanden habe, mich selbst und viele Annahmen hinterfragen konnte und mir die Lust an der Forschung nie vergangen ist. Einige von ihnen möchte ich hier stellvertretend erwähnen, weil ihre Gedanken mir besonders häufig geholfen haben, meinen eigenen Kopf zu entwirren oder neue (aber dafür wenigstens komplexere) Gedankenknoten zu kreieren. Ein großer Dank geht deshalb an Mikko Huotari, Bernhard Bartsch, Angela Stanzel, Abigael Vassilier, Helena Legarda, Max J. Zenglein, Nadine Godehardt, Marina Rudyak, Katja Drinhausen, Jana Puglierin, Gustav Gressel, Kadri Liik, Claudia Major, Wolfgang Niedermark, Fridolin Strack, Ferdinand Schaff, Patricia Schetelig, Niels Tomm, Kerstin Petretto, Manuel Fröhlich, Sebastian Heilmann, Oliver Radtke, Angela Köckritz, Rachel Tausendfreund, Jan Techau, Rene Summer, Olaf Schulz, Simon Rinas, Xifan Yang, Georg Fahrion, Dana

Heide, Kai Strittmatter, David Rennie, Christoph Giesen, Stuart Lau, Lene Winther, Finbarr Bermingham, Noah Barkin, Alexander Gabuev, Peter Sparding, Manuel Lafont-Rapnouil, Philip Green, Jörg Wuttke, Rana Mitter, Todd Hall, Ivana Karaskova, Jürgen Matthes, Petra Sigmund, Alexander Roth, Jörn Beißert, Martin Thümmel, Anne Braun, Olivier Portoff, Jakub Jakobowksi, François Godement, Mathieu Dûchatel, Matt Turpin, Ryan Hass, Sarah Raine, Axel Gugel, Thomas Kleine-Brockhoff, Garima Mohan, Bonnie Glaser, Lykke Fries, Carl Bildt, Norbert Röttgen, Ivan Krastev, Timothy Garton Ash und all die beeindruckenden Wissenschaftler:innen und Gesprächspartner:innen aus China, mit denen ich in den vergangenen fünfzehn Jahren im Austausch war und die ich an dieser Stelle aus guten Gründen nicht namentlich nennen möchte.

Ein spezieller Dank geht an: Agatha Kratz, Frankreichs China-Supertalent und meine wichtigste Partnerin bei vielen der Analysen, die dieses Buch untermauern; meine fantastischen Klima-Co-Konspirator:innen Byford Tsang und Jenny Tollmann, von denen ich so viel an Einordnung, Verständnis, Wissen und Offenheit für den interdisziplinären Austausch bekommen habe; Thorsten Benner, dessen unermüdliche Ermutigungen den einen oder anderen düsteren Forscher:innenmoment in eine kleine Sternstunde verwandelt haben; Jan-Peter Kleinhans, der mit einem Enthusiasmus die Halbleiter-Lieferkette auseinanderdividiert, dass einem zwar etwas schwindelig wird, aber dessen Euphorie mehr als ansteckend gewirkt hat; Olivia Lazard, deren Wissen bei Klimaschutz und Seltenen Erden ihresgleichen sucht und deren Freundschaft mein Leben so bereichert hat; Reinhard Bütikofer, der mir das Rezept für seinen Zaubertrank schuldet, der ihn mit dieser unfassbaren Energie und dem Willen ausstattet, die Welt zu einem besseren Ort zu machen, und der mich immer motiviert, mehr zu tun und weiter zu denken; Sabine Stricker-Kellerer, die nicht nur den ganzen Text gelesen und kommentiert, sondern mir als weise China-Beobachterin und großes Vorbild auch den Trick mit dem Affen beigebracht hat und eine der wichtigsten Ratgeberinnen bei kniffligen Sachlagen ist; Nick Bouchet, der mir das Rechnen mit Wörtern gezeigt und die Angst vor langen Texten ausgetrieben hat; und Yanmei Xie und Michael Kovrig, die im trüben Berlin oder sonnigen Barcelona deutlich machen, warum sich unsere Arbeit jeden Tag lohnt. Ein großer Dank geht außerdem an Judith Osterhoff für moralische und ästhetische Unterstützung im Kiez und Argumentatives-Testkaninchen-Spielen und Jörg Lamatsch, ohne dessen fantastische Unterstützung dieses Buch nie fertig geworden wäre.

Zu guter Letzt geht noch ein ganz besonderer Dank an die Menschen, die all dies ganz persönlich ermöglicht haben: Ich danke Pia Fuhrhop, der klügsten Frau des außenpolitischen Berlins, mit dem wärmsten Herzen, die gelesen, kommentiert und immer beruhigt und ermutigt hat. Ich danke meinen Eltern Jutta und Holger Oertel und meiner Schwester Julia Töllner für ihre Unterstützung bei Kinderbetreuung und -bespaßung, für Weihnachtsbesuche und FaceTime-Frühstücke und für ihr intensives Testlesen und enthusiastisches Kommentieren. Drei Lehrer:innen in der Familie zu haben kann ein echter Segen sein, wenn man mal ein Buch schreibt. Mit Andrew Small gibt es eine Person, ohne die dieses Buch nie geschrieben worden wäre, deren Gedanken mich jeden Tag begleiten, mein intellektueller Sparringpartner und bester Berater, der zum Glück genau weiß, wie dankbar ich ihm für alles bin. Der größte Dank bleibt reserviert für Lotte und Eddie, die wichtigsten Menschen in meinem Leben, die nicht von Anfang an von dieser ganzen Sache mit dem Buch überzeugt waren und dennoch ganz viel Geduld und Liebe für ihre leicht gestresste Mama zur Verfügung gestellt haben.

Literaturempfehlungen

Aust, Stefan/Geiges, Adrian: *Xi Jinping – der mächtigste Mann der Welt*, Piper 2021.
Bollard, Allan: *Economists at War: How a Handful of Economists Helped Win and Lose the World Wars*, Oxford University Press 2020.
Chin, Josh/Lin, Liza: *Surveillance State: Inside China's Quest to Launch a New Era of Social Control*, St. Martin's Press 2022.
Chorzempa, Martin: *The Cashless Revolution: China's Reinvention of Money and the End of America's Domination of Finance and Technology*, Public Affairs New York, 2022.
Clark, Duncan: *Alibaba. The House that Jack Ma Built*, HarperCollins 2016.
Economy, Elizabeth: *The World According to China*, Polity 2022.
Fang, Fang: Wuhan Diary: *Tagebuch aus einer gesperrten Stadt*, Hoffmann und Campe 2020.
Garver, John W.: *China's Quest: The History of the Foreign Relations of the People's Republic of China*, Oxford University Press 2016.
Gokhale, Vijay: *The Long Game: How the Chinese Negotiate with India*, Vintage 2021.
Heilmann, Sebastian: *Das politische System der Volksrepublik China*, Springer VS 2015.

Hierse, Lin: *Wovon wir träumen: Vom Tochtersein und dem Erbe der Migration*, Piper 2022.

Hillman, Jonathan E.: *Chinas digitale Seidenstraße: Der globale Kampf um die Herrschaft über die Daten*, Plassen Verlag 2022.

Kurlantzick, Joshua: *Beijing's Global Media Offensive. China's Uneven Campaign to Influence Asia and the World*, Oxford University Press 2022.

Lee, Felix: *China, mein Vater und ich: Über den Aufstieg einer Supermacht und was Familie Lee aus Wolfsburg damit zu tun hat*, Ch. Links Verlag 2023.

Leys, Simon: *The Hall of Uselessness: Collected Essays*, New York Review Books Classics 2013.

Lovell, Julia: *Maoismus: Eine Weltgeschichte*, Suhrkamp 2023.

Mitter, Rana: *China's Good War: How World War II Is Shaping a New Nationalism*, Belknap Press 2022.

Miller, Chris: *Chip War: The Fight for the World's Most Critical Technology*, Scribner 2022.

Oertel, Janka: *China and the United Nations: Chinese UN Policy in the Areas of Peace and Development in the Era of Hu Jintao*, Nomos 2014.

Pantsov, Alexander/Levine, Steven: *Mao. Die Biografie*, S. Fischer 2014.

Pantsov, Alexander/Levine, Steven: *Deng Xiaoping. A Revolutionary Life*, Oxford University Press 2015.

Rogin, Josh: *Chaos Under Heaven: Trump, Xi and the Battle for the Twenty-First Century*, Houghton Mifflin 2021.

Rudd, Kevin: *The Avoidable War: The Dangers of a Catastrophic Conflict between the US and Xi Jinping's China*, Public Affairs 2022.

Shum, Desmond: *Chinesisches Roulette: Ein Ex-Mitglied

der roten Milliardärskaste packt aus. Der brisante Insiderbericht aus Chinas Elite*, Droemer 2022.

Strittmatter, Kai: *Die Neuerfindung der Diktatur. Wie China den digitalen Überwachungsstaat aufbaut und uns damit herausfordert*, Piper 2018.

Small, Andrew: *The Rupture: China and the Global Race for the Future*, Hurst Publishing 2022.

Small, Andrew: *The China-Pakistan Axis. Asia's New Geopolitics*, Hurst Publishing 2015.

Theveßen, Elmar: *Kampf der Supermächte: Amerika und China auf Konfrontationskurs*, Piper 2022.

Vogel, Ezra: *Deng Xiaoping and the Transformation of China*, Belknap Press 2011.

Weber, Isabella: *Das Gespenst der Inflation. Wie China der Schocktherapie entkam*, Suhrkamp 2023.

Wei, Lingling/Davies, Bob: *Superpower Showdown, How the Battle Between Trump and Xi Threatens a New Cold War*, Harper Business 2020.

Zhao, Ziyang: *Prisoner of the State: The Secret Journal of Premier Zhao Ziyang*, Simon & Schuster, 2010.

Anmerkungen

1. Simon Leys: »The Curse of the Man Who Could See the Little Fish at the Bottom of the Ocean«, in: *The Hall of Uselessness: Collected Essays*, New York Review Books Classics 2013, S. 404 (Übersetzung aus dem Englischen durch die Autorin).
2. Koalitionsvertrag »Mehr Fortschritt wagen«, 2021, S. 19, https://www.spd.de/fileadmin/Dokumente/Koalitionsvertrag/Koalitionsvertrag_2021-2025.pdf.
3. https://www.sueddeutsche.de/wirtschaft/oekonomie-china-finanzkrise-weltwirtschaft-zeitenwende-1.5767198
4. https://themarket.ch/interview/joerg-wuttke-china-ist-viel-abhaengiger-von-europa-als-umgekehrt-ld.8574.

Einleitung: Warum unsere Annahmen auf den Prüfstand müssen

1. Für einen hervorragenden Überblick über die Rolle Volkswagens in China lohnt sich die Lektüre von Felix Lee: *China, mein Vater und ich. Über den Aufstieg einer Supermacht und was Familie Lee aus Wolfsburg damit zu tun hat*, Ch. Links Verlag 2023.
2. BDI-Grundsatzpapier »China – Partner und systemischer Wettbewerber«, Januar 2019, https://bdi.eu/media/publikationen/#/publikation/news/china-partner-und-systemischer-wettbewerber.
3. https://open-telekom-cloud.com/de/blog/vorteile/die-sichere-cloud-made-in-europe.
4. https://www.handelsblatt.com/politik/deutschland/it-infrastruktur-deutsche-bahn-wegen-nutzung-von-huawei-technik-unter-druck/29049514.html.
5. https://www.spiegel.de/wirtschaft/unternehmen/vw-boss-oliver-blume-haelt-an-umstrittenem-werk-in-xinjiang-fest-a-a8060b7a-d1ba-4cb7-a0e6-3294db5439cf.

1 Die Partei ist kein Stabilitätsanker, sondern ein Risikofaktor

1 Zitat Maos aus einem Brief an Deng Xiaoping in Alexander Pantsov und Steven Levine: *Deng Xiaoping. A Revolutionary Life*, Oxford University Press 2015, S. 145.
2 https://www.visualcapitalist.com/visualizing-50-years-of-global-steel-production.
3 Siehe hierzu: Alexander V. Pantsov/Steven I. Levine: *Mao. The Real Story*, Simon & Schuster 2013. Deutsche Ausgabe: *Mao. Die Biografie*, S. Fischer 2014.
4 Vgl. ausführlich dazu: Roderick MacFarquhar: *Mao's Last Revolution*, Harvard University Press 2006, Introduction.
5 Resolution on Certain Questions in the History of Our Party since the Founding of the People's Republic of China, 27.06.1981, aus dem digitalen Archiv des Wilson Center in englischer Übersetzung, Abschnitt 19, https://digitalarchive.wilsoncenter.org/document/resolution-certain-questions-history-our-party-founding-peoples-republic-china.
6 Für einen neuen Überblick über diesen schrittweisen Prozess, der immer wieder von der Angst vor Inflation und Kontrollverlust geprägt war, siehe Isabella Weber: *Das Gespenst der Inflation. Wie China der Schocktherapie entkam,* Suhrkamp 2023.
7 Zur Geschichte der Wirtschaftspolitik mit speziellem Fokus auf die Rolle der Inflationsbekämpfung siehe: Isabella M. Weber: *Das Gespenst der Inflation*, Suhrkamp 2023.
8 Vgl. für die Hintergründe der Entwicklung 1989 die Darstellung von Konrad Seitz: *China. Eine Weltmacht kehrt zurück*, Berliner Taschenbuchverlag 2002, S. 263 ff., und für das direkte Zitat S. 269.
9 Vgl. dazu *Zhao Ziyang, Prisoner of the State,* Simon & Schuster, 2010.
10 Simon Leys: »The Curse of the Man Who Could See the Little Fish at the Bottom of the Ocean«, a.a.O., S. 407.
11 Siehe John W. Garver: *China's Quest: The History of the Foreign Relations of the People's Republic of China*, Oxford University Press 2016, S. 486 ff. und 496 ff.
12 Vgl. Janka Oertel: »1989 with Chinese Characteristic«, in: *Reassessing 1989*, September 2019, https://www.gmfus.org/news/1989-chinese-characteristics.
13 https://data.worldbank.org/indicator/SI.POV.GINI?end=2019&locations=CN&start=1990&view=chart.
14 Vgl. Chunlin Zhang: »How Much Do State-Owned Enterprises

Contribute to China's GDP and Employment«, 15. Juli 2019, https://documents1.worldbank.org/curated/en/449701565248091726/pdf/How-Much-Do-State-Owned-Enterprises-Contribute-to-China-s-GDP-and-Employment.pdf.

15 Vgl. Jérôme Doyon: »Influence without Ownership: the Chinese Communist Party Targets the Private Sector«, https://www.institutmontaigne.org/en/analysis/influence-without-ownership-chinese-communist-party-targets-private-sector.

16 Dana Heide: »Der Kontrollverlust: Wie die Kommunistische Partei ihren Einfluss in deutschen Unternehmen ausbaut«, 1. November 2022, https://www.handelsblatt.com/politik/international/china-der-kontrollverlust-wie-die-kommunistische-partei-ihren-einfluss-in-deutschen-konzernen-ausbaut/28780256.html.

17 Bekanntmachung des Staatsrates zu »Made in China 2025«, Mai 2015, http://www.gov.cn/zhengce/content/2015-05/19/content_9784.htm.

18 打造具有国际竞争力的制造业，是我国提升综合国力、保障国家安全、建设世界强国的必由之路. http://www.gov.cn/zhengce/content/2015-05/19/content_9784.htm.

19 Vgl. Martin Chorzempa: *The Cashless Revolution: China's Reinvention of Money and the End of America's Domination of Finance and Technology*, Public Affairs New York, 2022.

20 Kai Strittmatter: *Die Neuerfindung der Diktatur. Wie China den digitalen Überwachungsstaat aufbaut und uns damit herausfordert*, Piper 2018.

21 Für mehr über Alibaba ist Duncan Clark: *Alibaba. The House that Jack Ma Built*, HarperCollins 2016, eine exzellente Quelle.

22 http://www.xinhuanet.com/english/2021-03/05/c_139784906.htm.

23 Ruihan Huang und Joshua Henderson: »Is There a Method Behind China's Tech Crackdown Madness?«, 21. Oktober 2021, https://macropolo.org/china-tech-crackdown-software-hardware/?rp=m.

24 https://www.reuters.com/world/china/alibaba-founder-jack-ma-returns-china-school-visit-scmp-citing-sources-2023-03-27/.

25 https://www.zeit.de/politik/2020-11/corona-massnahmen-asien-china-vietnam-japan-suedkorea-erfolge.

26 Lin Jianhua, »Erhebliche Vorteile des sozialistischen Systems chinesischer Prägung« (中国特色社会主义制度的显著优势,), 11.04.2022, http://www.qstheory.cn/dukan/hqwg/2022-04/11/c_1128548439.htm.

27 https://www.nytimes.com/2022/01/28/business/olympic-sponsors-china-beijing.html.
28 Janka Oertel: »Games Changer«, ECFR Commentary, https://ecfr.eu/article/games-changer-how-china-is-rewriting-global-rules-and-russia-is-playing-along.
29 https://www.ohchr.org/sites/default/files/documents/countries/2022-08-31/22-08-31-final-assesment.pdf.
30 https://www.scmp.com/news/china/policies-politics/article/1871444/chinas-soccer-mad-president-xi-jinpings-passion.
31 https://taz.de/Proteste-in-China/!5900247.
32 Nachdem die chinesischen Behörden die Didi-App aus dem App Store entfernen ließen, sank der Marktwert von Didi innerhalb von Tagen um 20 %, dies vernichtete 14 Mrd. US Dollar in Wert. Siehe auch: https://asia.nikkei.com/Business/China-tech/Didi-shares-crash-nearly-20-erasing-14bn-in-value zur Stimmung internationaler Investoren siehe https://www.ft.com/content/2253f8ff-f589-468d-ab69-22b589f4ad5d.
33 Jason Douglas: »China's Economic Growth Fell to Near-Historic Lows as Covid Took a Bite«, 17. Januar 2023, https://www.wsj.com/articles/chinas-economic-growth-fell-to-near-historic-lows-as-covid-took-a-bite-11673921199?mod=hp_lead_pos1.

2   Die kommunistische Führung setzt auf wirtschaftliche Dominanz

1 Siehe hierzu Julia Lovel: *Maoism. A Global History*, Vintage 2020, S. 445.
2 Tianlei Huang und Nicholas R. Lardy: »Can China revive growth through private consumption?«, 10. Januar 2023, https://www.piie.com/blogs/realtime-economics/can-china-revive-growth-through-private-consumption.
3 https://www.destatis.de/DE/Methoden/WISTA-Wirtschaft-und-Statistik/2020/01/privater-konsum-deutschland-012020.pdf?__blob=publicationFile.
4 Logan Wright und Allen Feng: »COVID-19 and China's household debt dilemma«, 12. Mai 2020, https://rhg.com/research/china-household-debt.
5 https://www.caixinglobal.com/2023-02-16/xi-says-china-must-boost-consumer-spending-foreign-investment-this-year-101998810.html.
6 https://chinapower.csis.org/china-middle-class.

7 https://www.theguardian.com/world/2023/feb/09/elderly-chinese-people-protest-wuhan-medical-benefits-cuts-covid.
8 Persönliches Gespräch mit der Autorin, Zitat freigegeben durch Max J. Zenglein.
9 Jürgen Matthes: »China-Abhängigkeiten der deutschen Wirtschaft: Mit Volldampf in die falsche Richtung«, IW-Kurzbericht, Nr. 68, Köln 2022.
10 Siehe Agatha Kratz und Janka Oertel: »Home Advantage. How China's Protected Market Threatens Europe's economic power«, April 2021, https://ecfr.eu/publication/home-advantage-how-chinas-protected-market-threatens-europes-economic-power.
11 https://www.ndrc.gov.cn/xxgk/zcfb/fzggwl/202112/P020211227540591870254.pdf.
12 https://www.cgdev.org/sites/default/files/examining-debt-implications-belt-and-road-initiative-policy-perspective.pdf.
13 Cláudio Silva: »How Angola's honeymoon with China came to an end«, 10. Mai 2022, https://www.theafricareport.com/202465/how-angolas-honeymoon-with-china-came-to-an-end.
14 International Debt Report 2022, World Bank, https://openknowledge.worldbank.org/bitstream/handle/10986/38045/9781464819025.pdf?sequence=5&isAllowed=y.
15 https://www.wsj.com/articles/how-china-flexes-its-political-muscle-to-expand-power-overseas-11546890449.
16 Tham Siew Yean und Kevin Zhang, Assessing Challenges Facing the ECRL's Economic Accelerator Projects (EAPs), 6 July 2021, S. 4, https://think-asia.org/bitstream/handle/11540/13879/ISEAS_Perspective_2021_90.pdf?sequence=1.
17 https://www.rferl.org/a/montenegro-billion-dollar-chinese-highway/32217524.html.
18 https://asiatimes.com/2018/06/siemens-embraces-wise-and-powerful-belt-and-road.
19 https://www.bu.edu/gdp/2023/01/19/small-is-beautiful-a-new-era-in-chinas-overseas-development-finance.
20 https://www.ft.com/content/19add278-aa83-45f8-a84f-12750f32258f.
21 US-China Economic and Security Review Commission: »2021 Report to Congress«, November 2021, https://www.uscc.gov/sites/default/files/2021-11/2021_Annual_Report_to_Congress.pdf.
22 Siehe hierzu auch Jonathan E. Hillman: *The Digital Silk Road: China's Quest to Wire the World and Win the Future*, Profile Books 2021.

23 https://www.afdb.org/en/documents/infrastructure-financing-trends-africa-2019-2020.
24 Daten der GSMA, siehe https://www.gsma.com/mobileeconomy/sub-saharan-africa.
25 Siehe ASPI: »Mapping China's Tech Giants«, https://chinatechmap.aspi.org.au/#/homepage.
26 https://www.wsj.com/articles/huawei-technicians-helped-african-governments-spy-on-political-opponents-11565793017.

3 Chinas Führung will das transatlantische Bündnis schwächen

1 »Rede von Bundeskanzler Scholz anlässlich des 60. Jahrestages der Unterzeichnung des Élysée-Vertrages am 22. Januar 2023 in der Sorbonne«, https://www.bundesregierung.de/breg-de/aktuelles/rede-von-bundeskanzler-scholz-anlaesslich-des-60-jahrestages-der-unterzeichnung-des-élysée-vertrages-am-22-januar-2023-in-der-sorbonne-2159840.
2 Cora Jungbluth et. al.: »Gewinne deutscher Investoren in China – eine erste empirische Bestandsaufnahme« vom 20. April 2023, https://www.iwkoeln.de/studien/juergen-matthes-sonja-beer-eine-erste-empirische-bestandsaufnahme.html.
3 https://www.bea.gov/news/2023/us-international-trade-goods-and-services-december-and-annual-2022. https://www.bbc.com/news/business-64563855.
4 Jamil Anderlini und Clea Caulcutt: Europe must resist pressure to become »America's followers,« says Macron, Politico, 9. April 2023, https://www.politico.eu/article/emmanuel-macron-china-america-pressure-interview/.
5 Siehe z. B. Jörg Wuttke, Chef der Europäischen Handelskammer in China und Repräsentant der BASF in China im Interview: https://derindustriepodcast.podigee.io/35-beyond-china.
6 Siehe Jan-Peter Kleinhans: »Testimony before the U.S.–China Economic and Security Review Commission, Hearing on ›U.S.–China Competition in Global Supply Chains‹«, 9. Juni 2022, https://www.stiftung-nv.de/sites/default/files/jan-peter_kleinhans_testimony.pdf.
7 Digital sovereignty: Commission proposes Chips Act to confront semiconductor shortages and strengthen Europe's technological leadership, 8. Februar 2022, https://ec.europa.eu/commission/presscorner/detail/en/ip_22_729.
8 https://www.aspi.org.au/report/critical-technology-tracker.
9 Siehe John Lee und Jan-Peter Kleinhans: »Mapping China's

semiconductor ecosystem in global context. Strategic Dimensions and Conclusions«, Juni 2021, https://merics.org/sites/default/files/2021-06/China%E2%80%99s%20Semiconductor%20Ecosystem_0.pdf.

10 https://techcrunch.com/2023/05/21/china-bans-micron/?guccounter=1&guce_referrer=aHR0cHM6Ly93d3cuZ29vZ2xlLmNvbS88&guce_referrer_sig=AQAAAKz_Px6Qu5lJUkEh88Wv4hX9lbVU51NcFta5q9ez_vpL1Zcw6at-YxAVeplTv6HSLpgybCidkCjEpJRRR1IweGzmTuG9ZJfV5VlUmY9GMofVOd2dzqU0etWdERr_vAel3XJBs26FCC-_Huyu-19lCUiBLXoFTD4qJNcn2w2JdepL.

11 https://www.ft.com/content/baa27f42-0557-4377-839b-a4f4524cfa20.

12 https://www.bis.org/publ/qtrpdf/r_qt2212x.htm.

13 Joshua P. Koffer: »The Dollar and the United States' Exorbitant Power to Sanction«, Symposium on Unilateral targeted Sanctions 2019, https://www.cambridge.org/core/services/aop-cambridge-core/content/view/419F2FDF5BF6E052258DEE592853D6C3/S2398772319000199a.pdf/the-dollar-and-the-united-states-exorbitant-power-to-sanction.pdf.

14 https://www.auswaertiges-amt.de/en/newsroom/news/instex/2586730.

15 Siehe hierzu die exzellente Beschreibung eines der besten China-Journalisten des 21. Jahrhunderts, Chris Buckley, der viele Jahre für die *New York Times* aus Peking berichtete: https://archive.nytimes.com/sinosphere.blogs.nytimes.com/2013/11/09/portrait-of-deng-as-reformer-in-1978-plenum-ignores-history.

16 https://www.nytimes.com/2015/07/10/world/asia/china-stock-market-crash-communist-xi-jinping.html.

17 https://www.vox.com/2015/7/8/8911519/china-stock-market-charts.

18 https://www.scmp.com/economy/china-economy/article/3195054/chinas-yuan-becomes-most-traded-foreign-currency-russian.

19 https://www.wsj.com/articles/saudi-arabia-considers-accepting-yuan-instead-of-dollars-for-chinese-oil-sales-11647351541.

20 https://foreignpolicy.com/2022/09/21/china-yuan-us-dollar-sco-currency.

21 Xi Jinping, **推进党的建设新的伟大工程要一以贯之**, 求是 (Qiushi), 10. Februar 2019, http://www.qstheory.cn/dukan/qs/2019-10/02/c_1125068596.htm.

22 https://www.ft.com/content/07ce707d-1cf5-4e9e-ba43-4555ea13b290.
23 Siehe für einen umfangreichen Einblick in diese Phase auch Josh Rogin: *Chaos Under Heaven: Trump, Xi and the Battle for the Twenty-First Century*, Houghton Mifflin 2021.
24 Lingling Wei und Bob Davies: *Superpower Showdown, How the Battle Between Trump and Xi Threatens a New Cold War*, Harper Business 2020, für eine Zusammenfassung des Scheiterns vor allem Kapitel 1.
25 Für eine umfangreiche Darstellung des gesamten Zeitraums und die Entwicklung der europäisch-amerikanisch-chinesischen Dreiecksbeziehung ist eine unbedingte Leseempfehlung Andrew Small: *The Rupture: China and the Global Race for the Future*, Hurst Publishing 2022.
26 https://www.economist.com/europe/2020/02/20/how-sweden-copes-with-chinese-bullying.
27 https://www.politico.com/news/magazine/2020/05/07/whats-behind-chinas-new-behavior-in-europe-242529.
28 https://www.politico.eu/article/eu-calls-out-china-for-hitting-hospitals-with-cyberattacks.
29 Majda Ruge mit Janka Oertel: »Serbia's coronavirus diplomacy unmasked«, ECFR Commentary, 26. März 2020, https://ecfr.eu/article/commentary_serbias_coronavirus_diplomacy_unmasked.

4 Chinas Militär strebt nach globaler Macht

1 Offizielle Übersetzung des Berichts für den 20. Parteitag der Kommunistischen Partei Chinas vom 16. Oktober 2022, https://english.news.cn/20221025/8eb6f5239f984f01a2bc45b5b5db0c51/c.html.
2 Meia Nouwens: »China's Military Modernisation: Will the People's Liberation Army complete its reforms?«, 7. Dezember 2022, https://www.iiss.org/blogs/analysis/2022/12/strategic-survey-2022-chinas-military-modernisation.
3 Peter Mattis: *Analyzing the Chinese Military: A Review Essay and Resource Guide on the People's Liberation Army*, Eigenverlag 2015.
4 http://www.gov.cn/xinwen/2022-06/13/content_5695496.htm.
5 Evan A. Feigenbaum: »The Deep Roots and Long Branches of Chinese Technonationalism«, Carnegie Endowment for International Peace, 12. August 2017, https://carnegieendowment.

org/2017/08/12/deep-roots-and-long-branches-of-chinese-tech-nonationalism-pub-72815.

6   Elsa Kania: »In Military-Civil Fusion, China is Learning Lessons from the United States and Starting to Innovate«, 27. August 2019, https://thestrategybridge.org/the-bridge/2019/8/27/in-military-civil-fusion-china-is-learning-lesssons-from-the-united-states-and-starting-to-innovate.

7   Staatsrat der Volksrepublik China: »China's National Defense in the New Era«, White Paper on Defence, Juli 2019, http://english.www.gov.cn/archive/whitepaper/201907/24/content_WS5d3941ddc6d08408f502283d.html.

8   https://www.lemonde.fr/en/economy/article/2023/04/07/airbus-announces-helicopter-deal-with-chinese-firm-during-macron-visit_6022044_19.html.

9   Matthew P. Funaiole, Joseph S. Bermudez Jr. und Brian Hart: »China's Opaque Shipyards Should Raise Red Flags for Foreign Companies«, 26. Februar 2021, https://www.csis.org/analysis/chinas-opaque-shipyards-should-raise-red-flags-foreign-companies.

10 https://www.ncsc.gov.uk/speech/cyberuk-2023-lindy-cameron-welcome.

11 US-China Economic and Security Review Commission: »2019 Annual Report to Congress«, November 2019, S. 360.

12 https://www.scmp.com/news/china/article/3211438/china-aims-launch-nearly-13000-satellites-suppress-elon-musks-starlink-researchers-say.

13 https://www.sipri.org/sites/default/files/2022-04/fs_2204_milex_2021_0.pdf, S. 4.

14 https://ecfr.eu/article/the-weight-of-history-why-the-recent-thaw-in-south-korea-japan-relations-may-not-last/.

15 https://www.theguardian.com/world/2019/aug/01/hong-kong-protests-china-military-breaks-silence-to-warn-unrest-will-not-be-tolerated.

16 https://www.ohchr.org/sites/default/files/documents/countries/2022-08-31/22-08-31-final-assesment.pdf.

17 https://eur-lex.europa.eu/legal-content/EN/TXT/PDF/?uri=OJ:L:2021:099I:FULL&from=EN.

18 https://www.reuters.com/article/us-health-coronavirus-usa-june-idUSKBN2412PN.

19 https://www.tagesschau.de/inland/toennies-coronainfektionen-guetersloh-101.html.

20 https://www.thehindu.com/news/national/indian-army-says-20-soldiers-killed-in-clash-with-chinese-troops-in-the-galwan-area/article61668218.ece.
21 Yuen Yang und Benjamin Parkin, China admits 4 soldiers died in Himalayan Clash with Indian Soldiers, Financial Times 19.02.2021, https://www.ft.com/content/ea623ccf-a57d-4cae-9cec-7b4b209d6bdf.
22 Vijay Gokhale: »A Historical Evaluation of China's India Policy: Lessons for India-China Relations«, 13. Dezember 2022, https://carnegieindia.org/2022/12/13/historical-evaluation-of-china-s-india-policy-lessons-for-india-china-relations-pub-88621.
23 Frédéric Grare: »Fish and ships: Chinese fishing and Europe's Indo-Pacific strategy«, 24. August 2021, https://ecfr.eu/publication/fish-and-ships-chinese-fishing-and-europes-indo-pacific-strategy.
24 Siehe z. B. https://amti.csis.org/island-tracker/china/.
25 https://www.businessinsider.com/photos-show-details-of-chinese-south-china-sea-military-bases-2022-12.
26 Euan Graham: »The Hague Tribunal's South China Sea Ruling: Empty Provocation or Slow-Burning Influence?«, 18. August 2016, https://www.cfr.org/councilofcouncils/global-memos/hague-tribunals-south-china-sea-ruling-empty-provocation-or-slow-burning-influence.
27 Taiwan Relations Act, US Congress 1979 https://www.congress.gov/bill/96th-congress/house-bill/2479.
28 https://www.pacom.mil/About-USINDOPACOM/.
29 https://www.wsj.com/articles/u-s-to-expand-troop-presence-in-taiwan-for-training-against-china-threat-62198a83.
30 Charlie Vest, Agatha Kratz und Reva Goujon: The Global Economic Disruptions from a Taiwan Conflict, Rhodium Group Note, 14.12.2022, https://rhg.com/research/taiwan-economic-disruptions/.
31 https://www.rnd.de/politik/pelosi-besuch-in-taiwan-norbert-roettgen-nennt-zeitpunkt-falsch-ZMRHVXSHMZH6LMA357RV5WMJBA.html.
32 https://www.auswaertiges-amt.de/en/newsroom/news/g7--foreign-ministers-statement/2561876.
33 https://www.reuters.com/world/china/taiwan-says-43-chinese-air-force-planes-crossed-taiwan-strait-median-line-2022-12-26.
34 https://www.reuters.com/world/asia-pacific/taiwan-braces-new-china-pressure-tactic-disputed-strait-2023-04-06/ja.

35 https://www.bbc.com/news/world-asia-65236459.
36 https://www.scmp.com/news/china/diplomacy/article/3188192/chinese-envoy-france-lu-shaye-doubles-down-taiwan-re-education.
37 https://www.globaltimes.cn/page/202212/1282382.shtml.
38 https://www.aspi.org.au/report/new-sino-russian-high-tech-partnership.
39 Gemeinsame Erklärung China-Russland, 4. 02. 2022, http://www.en.kremlin.ru/supplement/5770.
40 Datenset des CSIS China Power Project: https://docs.google.com/spreadsheets/d/1sdoeaJUihsW6Hfj8ltFNXKoZ7tPJ8-P6xufQTelIerk/edit#gid=0 plus die jüngsten Manöver um Taiwan vom Dezember 2022, die zum Zeitpunkt der Erstellung noch nicht in der Datenbank erfasst werden konnten.
41 https://news.cgtn.com/news/3241544e77637a6333566d54/share_p.html.
42 https://www.rand.org/pubs/tools/TLA2045-3.html.
43 https://jamestown.org/program/changes-in-beijings-approach-to-overseas-basing, https://www.brookings.edu/wp-content/uploads/2019/09/FP_20190930_china_basing_karlin_dreyfuss.pdf.
44 https://www.bundeswehr.de/de/dschibuti-basis-operation-atalanta-58364.
45 https://www.wsj.com/articles/china-seeks-first-military-base-on-africas-atlantic-coast-u-s-intelligence-finds-11638726327.
46 Reid Standish: »Tajikistan Approves Construction Of New Chinese-Funded Base As Beijing's Security Presence In Central Asia Grows«, 28. Oktober 2021, Radio Free Europe, https://www.rferl.org/a/tajikistan-approves-chinese-base/31532078.html.
47 Siehe beispielsweise Nargis Kassenova: »How China's Foreign Aid Fosters Social Bonds With Central Asian Ruling Elites«, 7. Dezember 2022, https://carnegieendowment.org/2022/12/07/how-china-s-foreign-aid-fosters-social-bonds-with-central-asian-ruling-elites-pub-88579; Yang Jiang: »China leading the race for influence in Central Asia. The West needs to catch up«, https://www.diis.dk/en/research/china-leading-the-race-influence-in-central-asia.
48 https://www.nato.int/nato_static_fl2014/assets/pdf/2022/6/pdf/290622-strategic-concept.pdf.
49 https://www.reuters.com/article/news-darfur-china-report-colidCAN1356992920080314.

50 Siehe Andrew Small: *The China-Pakistan Axis. Asia's New Geopolitics*, Hurst Publishing 2015, S. 134.
51 https://www.sipri.org/yearbook/2022/09.
52 http://www.china.org.cn/world/2023-02/22/content_85120520.htm.
53 https://www.wsj.com/articles/chinese-built-armored-trucks-make-appearance-in-chechnya-33af6e4a.
54 https://www.politico.com/news/2023/03/16/chinese-rifles-body-armor-russia-ukraine-00087398.

5 China ist kein Partner beim globalen Klimaschutz

1 Video der Pressekonferenz von Ursula von der Leyen und Charles Michel ist hier verfügbar: https://www.youtube.com/watch?v=dH5aXeUH5tA.
2 Xi Jinpings Rede vor der Generalversammlung der Vereinten Nationen in englischer Übersetzung, 23. September 2020, https://news.cgtn.com/news/2020-09-23/Full-text-Xi-Jinping-s-speech-at-General-Debate-of-UNGA-U07X2dn8Ag/index.html.
3 http://english.scio.gov.cn/internationalexchanges/2022-11/21/content_78530152.htm.
4 https://www.climatechangenews.com/2022/09/02/collapse-of-g20-talks-in-bali-spark-fears-of-backtracking-on-climate-pledges/
5 https://data.worldbank.org/indicator/EN.ATM.CO2E.PC?locations=CN-US-EU.
6 https://www.theguardian.com/world/2022/aug/22/china-drought-causes-yangtze-river-to-dry-up-sparking-shortage-of-hydropower.
7 https://www.scmp.com/news/china/science/article/3177034/climate-change-takes-china-sea-levels-record-high-study-finds.
8 Jianqiang Liu: »Analysis: Nine key moments that changed China's mind about climate change«, 25. Oktober 2021, https://www.carbonbrief.org/analysis-nine-key-moments-that-changed-chinas-mind-about-climate-change.
9 https://www.spiegel.de/wissenschaft/natur/feinstaub-pekings-luftverschmutzung-erreicht-dramatische-werte-a-877150.html.
10 In der Übersetzung hier: https://cset.georgetown.edu/publication/china-14th-five-year-plan/.
11 Jinlong Sun: »Assuming the Historic Mission of Building a More Beautiful China«, 12. Mai 2022, http://en.qstheory.cn/2022-05/12/c_749953.htm.

12 https://ec.europa.eu/eurostat/statistics-explained/index.php?title=Renewable_energy_statistics#Share_of_renewable_energy_more_than_doubled_between_2004_and_2021.
13 https://www.bmz.de/de/aktuelles/aktuelle-meldungen/deutschland-steigert-klimafinanzierung-2021-125970.
14 https://energyandcleanair.org/wp/wp-content/uploads/2022/02/EN-China-coal-and-steel-briefing-Feb_2022.pdf.
15 Swithin Liu: »Guest post: Why China is set to significantly overachieve its 2030 climate goals«, 19. Mai 2022, https://www.carbonbrief.org/guest-post-why-china-is-set-to-significantly-overachieve-its-2030-climate-goals.
16 Angaben der chinesischen Regierung, http://finance.people.com.cn/n1/2023/0213/c1004-32622902.html, aufgenommen u. a. von Lauri Myllyvirta, einem der wichtigsten europäischen Beobachter der chinesischen Klima- und Emissionspolitik, https://twitter.com/laurimyllyvirta/status/1625118886541623297?s=43&t=Mp3ayd-o-KgpfYNZlMKUag.
17 https://wfo-global.org/wp-content/uploads/2023/03/WFO_Global-Offshore-Wind-Report-2022.pdf, S. 4–5.
18 https://www.wind-energie.de/fileadmin/redaktion/dokumente/publikationen-oeffentlich/themen/06-zahlen-und-fakten/20230116_Status_des_Offshore-Windenergieausbaus_Jahr_2022.pdf.
19 https://www.bundesregierung.de/breg-de/themen/klimaschutz/windenergie-auf-see-gesetz-2022968.
20 https://www.straitstimes.com/asia/east-asia/china-s-economic-powerhouse-plans-more-offshore-wind-power-than-world-builds-in-a-year.
21 https://www.china-briefing.com/news/chinas-lithium-ion-battery-industry-overcoming-supply-chain-challenges.
22 https://asia.nikkei.com/Spotlight/Electric-cars-in-China/CATL-goes-all-in-on-next-gen-sodium-ion-EV-batteries.
23 https://www.reuters.com/article/siemens-gamesa-r-china-idUSL8N2PY1VN.
24 Stand 2022, siehe https://www.umweltbundesamt.de/themen/klima-energie/erneuerbare-energien/erneuerbare-energien-in-zahlen#uberblick.
25 https://www.basf.com/cn/en/media/news-releases/cn/2022/09/BASF_first_plant_Zhanjiang_Verbund_site.html.

6 Willkommen im Systemwettbewerb

1 我们不输入别国模式，坚决反对其他国家将自己的模式强加给中国；我们也不输出中国模式，不会要求别国复制中国的做法, Sun Yeli, Vize-Minister der Propagandaabteilung, bei der Pressekonferenz des Zentralkomitees der Kommunistischen Partei Chinas, 24. Oktober 2022. Siehe auch https://www.globaltimes.cn/page/202210/1277811.shtml.
2 https://www.fmprc.gov.cn/wjbxw_new/202302/t20230220_11027619.shtml, eine englische Version ist unter etwas weniger dramatischem Titel verfügbar unter: https://www.fmprc.gov.cn/mfa_eng/wjbxw/202302/t20230220_11027664.html.
3 Chen Chao, Wang Yiwei: »Synergies Between the Global Development Initiative and the Belt and Road Initiative«, *Beijing Daily*, 27. Mai 2022.
4 https://www.sueddeutsche.de/politik/olaf-scholz-interview-rohstoffe-1.5716815.
5 Als Beispiel: https://www.cicero.de/aussenpolitik/deutsche-china-strategie-baerbock-atomkraft-autoindustrie; https://www.berliner-zeitung.de/politik-gesellschaft/china-waehrend-baerbock-die-moralkeule-schwingt-spricht-macron-die-wahrheit-aus-li.338109.
6 Nationale Sicherheitsstrategie der USA 2022, https://www.whitehouse.gov/wp-content/uploads/2022/10/Biden-Harris-Administrations-National-Security-Strategy-10.2022.pdf.
7 European External Action Service, Vorlage für den Foreign Affairs Council vom 17. Oktober 2022.
8 Koalitionsvertrag 2021 zwischen SPD, Bündnis 90/Die Grünen und FDP: »Mehr Fortschritt wagen. Bündnis für Freiheit, Gerechtigkeit und Nachhaltigkeit«, https://www.bundesregierung.de/breg-de/service/gesetzesvorhaben/koalitionsvertrag-2021-1990800.
9 Xi Jinping, Rede auf dem 20. Parteitag der Kommunistischen Partei Chinas.
10 http://www.en.kremlin.ru/supplement/5770.
11 Xi Jinping, 推进党的建设新的伟大工程要一以贯之, Qiushi, 10/2019, http://www.qstheory.cn/dukan/qs/2019-10/02/c_1125068596.htm.
12 http://www.en.kremlin.ru/supplement/5770.
13 https://decodingchina.eu/de/demokratie/.
14 Ebd.
15 Ebd.

16 中国的民主, 中华人民共和国 国务院新闻办公室, 4. Dezember 2021, http://www.gov.cn/zhengce/2021-12/04/content_5655823.htm.
17 Timothy Garton Ash, Ivan Krastev, Mark Leonard: »United West, Divided from the Rest. Global Public Opinion One year Into Russia's War on Ukraine«, Februar 2023, https://ecfr.eu/publication/united-west-divided-from-the-rest-global-public-opinion-one-year-into-russias-war-on-ukraine.
18 Moritz Rudolf: »Xi Jinpngs ›Rechtsstaatskonzept‹«, https://www.swp-berlin.org/publications/products/aktuell/2021A30_rechtsstaatskonzept_china.pdf.
19 Siehe https://www.comparitech.com/vpn-privacy/the-worlds-most-surveilled-cities/.
20 https://www.nytimes.com/2022/06/21/world/asia/china-surveillance-investigation.html.
21 Siehe für mehr Details Janka Oertel: *China and the United Nations: Chinese UN Policy in the Areas of Peace and Development in the Era of Hu Jintao*, Nomos 2014.
22 https://www.chinadaily.com.cn/a/202209/21/WS632ae1fba310f-d2b29e78ff7.html.
23 Xi Jinpings Rede vor der 76. UN-Generalversammlung, 21. September 2021, http://www.news.cn/english/2021-09/22/c_1310201230.htm.
24 Wang Yi: »The Global Development Initiative Enjoys Broad Support from the International Community«, 25. April 2022, https://www.fmprc.gov.cn/eng/zxxx_662805/202204/t20220425_10673499.html.
25 Mercedes Page: »Unpacking China's Global Development Initiative«, 1. August 2022, https://www.lowyinstitute.org/the-interpreter/unpacking-china-s-global-development-initiative.
26 Xi Jinpings Rede auf dem Boao Forum, 21. April 2022, https://news.cgtn.com/news/2022-04-21/Full-text-Xi-Jinping-s-speech-at-2022-Boao-Forum-for-Asia-19ppiaI90Eo/index.html.
27 https://www.economist.com/china/2022/06/09/chinas-global-development-initiative-is-not-as-innocent-as-it-sounds.
28 The Global Security Initiative Concept Paper, 21.02.2023, https://www.fmprc.gov.cn/mfa_eng/wjbxw/202302/t20230221_11028348.html.
29 https://www.washingtonpost.com/politics/2020/03/03/china-already-leads-4-15-un-specialized-agencies-is-aiming-5th.

30 Kathrin Hille et al.: »China steps up condemnation of balloon shooting by US«, https://www.ft.com/content/78959cfd-da92-47d9-9d69-3de468e2ed6d.
31 https://news.gallup.com/poll/394817/media-confidence-ratings-record-lows.aspx.
32 https://www.mdr.de/nachrichten/deutschland/panorama/mdrfragt-umfrage-ergebnis-pressefreiheit-100.html.
33 https://mapinfluence.eu/en/.
34 https://www.pewresearch.org/global/2020/10/06/unfavorable-views-of-china-reach-historic-highs-in-many-countries.
35 Joshua Kurlantzick: *Beijing's Global Media Offensive. China's Uneven Campaign to Influence Asia and the World*, Oxford University Press 2022.
36 Mattingly, D. et al.: »Chinese State Media Persuades a Global Audience That the ›China Model‹ is Superior: Evidence From A 19-Country Experiment«, 25. August 2022, https://osf.io/5cafd.
37 Xi Jinpings Rede über das Studium und die Umsetzung des Geistes des 20. Nationalkongresses der Kommunistischen Partei Chinas, 7.02.2023, https://www.gov.cn/xinwen/2023-02/07/content_5740520.htm: »中国式现代化，打破了"现代化=西方化"的迷思，展现了现代化的另一幅图景，拓展了发展中国家走向现代化的路径选择，为人类对更好社会制度的探索提供了中国方案。中国式现代化蕴含的独特世界观、价值观、历史观、文明观、民主观、生态观等及其伟大实践，是对世界现代化理论和实践的重大创新。中国式现代化为广大发展中国家独立自主迈向现代化树立了典范，为其提供了全新选择..«
38 https://www.globaltimes.cn/page/202302/1285381.shtml.
39 Paul K. Kerr: »Chinese Nuclear and Missile Proliferation«, 1. Februar 2023, https://crsreports.congress.gov/product/pdf/IF/IF11737.
40 https://shows.acast.com/drumtower/episodes/drum-tower-waiting-games.
41 Alicia García-Herrero, Jianwei Xu: »The China-Russia trade relationship and its impact on Europe«, 14. Juli 2016, https://www.bruegel.org/working-paper/china-russia-trade-relationship-and-its-impact-europe.
42 https://www.reuters.com/world/asia-pacific/russian-chinese-jets-conducted-joint-patrol-moscow-says-2022-05-24.
43 Hintergrundgespräch der Autorin mit Vertreter:innen des chinesischen Militärs.

44 Grundsatzrede zu China der Kommissionspräsidentin Ursula von der Leyen, 20. 03. 2023 in Brüssel: https://ec.europa.eu/commission/presscorner/detail/de/speech_23_2063.

7 Realpolitik für Krisenzeiten

1. Video der Rede und der Diskussion ist verfügbar auf der Website der Münchner Sicherheitskonferenz: https://securityconference.org/mediathek/asset/main-stage-i-china-in-the-world-0230218-1126/ ab Minute 27:00 ist der Taiwan-Austausch zu hören.
2. https://www.ft.com/content/66a8aa7b-b7a1-48f2-b893-9716dec8efce.
3. https://www.reaganlibrary.gov/archives/speech/joint-soviet-united-states-statement-summit-meeting-geneva.
4. https://www.whitehouse.gov/briefing-room/statements-releases/2022/01/03/p5-statement-on-preventing-nuclear-war-and-avoiding-arms-races.
5. Alle direkten Zitate sind übersetzt aus der englischen Version der gemeinsamen Erklärung vom 4. Februar 2022: http://en.kremlin.ru/supplement/5770.
6. Siehe dazu Stefan Meister: »Die Zukunft der europäischen Sicherheit – Was möchte Russland?«, 12. Januar 2022, https://www.zois-berlin.de/publikationen/zois-spotlight/die-zukunft-der-europaeischen-sicherheit-was-moechte-russland.
7. https://www.handelsblatt.com/politik/international/ukraine-krieg-china-legt-zwoelf-punkte-plan-vor-das-steht-drin/29001038.html.
8. https://www.spiegel.de/politik/krieg-gegen-die-ukraine-russland-verhandelt-offenbar-mit-china-ueber-die-lieferung-von-kamikaze-drohnen-a-ed315c23-ab33-45ec-a6dc-aeb837e7d30a.
9. https://www.spiegel.de/wirtschaft/unternehmen/basf-will-weltweit-2600-stellen-streichen-viele-davon-in-deutschland-a-a3590c0e-a297-4b53-87fb-2ac49d04cee6.
10. https://www.washingtonpost.com/national-security/2023/02/24/china-russia-artillery-ukraine.
11. https://www.netherlandsandyou.nl/your-country-and-the-netherlands/china/latest-news/news/2023/02/24/op-ed-ambassador-geerts.
12. https://www.basf.com/global/de/media/news-releases/2023/02/p-23-131.html.
13. Außenhandelsstatistik: https://www.destatis.de/DE/Themen/Wirtschaft/Aussenhandel/Tabellen/rangfolge-handelspartner.html.

14 Siehe hierzu ausführlich Michael Bayerlein: »Offene strategische Autonomie der EU im Bereich Arzneimittel. Überwindung von Importabhängigkeiten bei Antibiotika durch EU-Behörde HERA«, SWP-Aktuell 2022/A 75, 05.12.2022. https://www.swp-berlin.org/10.18449/2022A75/.
15 https://www.tagesschau.de/wirtschaft/unternehmen/lufthansa-bund-aktien-verkauft-corona-101.html.
16 https://www.offshore-windindustrie.de/news/ticker/kritische-infrastrukturen-siemens-gamesa-ceo-fordert-quote-fuer-windturbinen-aus-eu-produktion-artikel4837.

Register

A
Afrika 26, 52, 97 f., 105 f., 181 ff., 230 f., 236 ff.
Alibaba 60 ff., 106
Annexion der Krim 32, 178 ff., 243
Ant Financial 63
Arabischer Frühling 52, 199
AUKUS 154, 179

B
Ballonabschuss 233
Bao Fan 66
Batterierevolution 206
BDI 21, 26
Biden, Joe 111 ff., 122 ff., 142, 211 ff., 217, 243
ByteDance 62, 65

C
Chiang Kai-shek 38 f., 166
China-Geschäft 19 ff., 66, 91, 124, 134, 260 ff.
Chinas Militär 146 ff., 169, 178 ff., 183, 202, 254, 287
Chips 119 ff.
Corona 14, 19, 35 f., 41, 50, 61, 66, 70 ff., 95 ff., 103, 124, 140 ff., 169, 188 f., 193, 198, 201, 235, 243, 259, 264
Cyberaktivitäten 141, 152 f., 185

D
De-Globalisierung 110 f.
Demokratie 17, 46, 167, 170, 219 ff., 232, 237
Deng Xiaoping 29, 36, 43 ff., 83, 128 f.
De-Risking 257 ff., 262, 270
DiDi 64 f.
digitale Überwachung 61, 73 f., 79, 156, 221, 225
digitale Währung 14, 128, 131
Diversifizierung 26, 89, 111 f., 141, 257 ff., 270
Dombrovskis, Valdis 136 f.
Dschibuti 106, 182

E
Ein-China-Politik 166, 174
Ein-China-Prinzip 166, 179
Energiewende 14, 263
Entwicklungsländer 14, 97, 202 f., 231, 236, 255, 270
Erneuerung der chinesischen Nation 147
Evergrande 86
Exim (Export-Import Bank) 100 ff.

F
Facebook 62
Finanzkrise 52 f., 218

Finanzmärkte 53, 66, 119, 130 ff., 144, 198
FinTech 86, 128
Freedom of Navigation Operations (FONOPS) 162
Freihandel 37

G

Globale Entwicklungsinitiative 227 ff.
Globaler Süden 104, 202, 229, 238, 241
Globale Sicherheitsinitiative 229 f.
Global Gateway Initiative 26
Großer Sprung nach vorn 36, 39, 42, 60
grüne Transformation 167, 195 ff., 201 ff., 207 ff., 228, 244, 254, 257, 263

H

Halbleiter 14, 120 ff., 136, 144, 155, 174, 187, 251, 268
Heimvorteil 91, 207
Huawei 27, 62, 105 ff., 139
Hu Jintao 29, 49 ff., 80 ff., 85, 227
Hungersnot 40, 199

I

Immobilienblase 53, 78, 119
Immobiliensektor 86 f., 198
Industriepolitik 84, 212, 262
Inflation Reduction Act 136, 211 f.
Interdependenz 15, 84
internationale Ordnung 110, 115 f., 217 ff., 241, 251, 267 ff.
internationales Finanzsystem 126 f., 131
internationales Recht 217, 233, 268
Iran 46, 85, 89, 127, 131 ff., 185, 240

J

Jiang Zemin 29, 49 ff.

K

Klimapolitik 17, 23, 197, 200, 263
Klimaschutz 22, 188 ff., 200 ff., 208 f., 213, 263, 270, 291
Klimawandel 16, 192, 197 ff., 218 f., 228, 255
Koreakrieg 39
Korruption 44, 49 ff., 99, 119, 149, 230, 234
Kulturrevolution 36, 41 ff., 78, 199
künstliche Intelligenz 150 f.

L

LAC (Line of Actual Control) 157 f.
level playing field 117
Leyen, Ursula von der 118, 188, 245
Liberalisierung 35, 46, 51, 130, 147
Liu He 138
Liu Xiaobo 88, 140
Lockdown 67, 72 f., 159

M

Made in China 2025 58 f., 93, 205
Ma, Jack 62 ff.
Mao Zedong 30, 36 ff., 51 ff., 61 ff., 78, 81 ff., 242
Marktwirtschaft 38, 50 f., 225
Marx, Karl 54

MDGs (Millennium Development Goals) 227
Medianlinie 174
Meinungsfreiheit 223 f.
Menschenrechte 20, 28 ff., 34, 47, 70, 73 f., 142, 156, 170, 222 ff., 228, 232, 251, 267
Merics (Mercator Institute for China Studies) 90, 222, 265 f.
Merkel, Angela 188, 215, 266
Modernisierung 19, 50, 148 f., 178, 198, 218, 239

N
nachhaltige Produktion 210
nationale Sicherheit 58, 82 ff., 88, 108, 112 ff., 134, 139, 145, 150, 160, 239
Neue Seidenstraße 95 ff., 227 f., 238
»No first use«-Politik 148
Norinco 151
Null Covid 66, 69, 73, 76 f., 96

O
Olympische Winterspiele 2022 69 ff.
Omikron 73, 76

P
Pandemie 13 f., 19, 36, 50, 66 ff., 72 f., 77 f., 88, 95, 103, 124, 140 ff., 169 f., 188 f., 193, 198, 201 ff., 218 f., 227, 235, 259, 264
Pelosi, Nancy 170 ff.
Privatsektor 50, 53
Putin, Wladimir 71, 144, 178 f., 184, 187, 247 ff.

Q
Qin Gang 238
Qing-Dynastie 38, 241
Quad (Quadrilateral Security Dialogue) 154

R
Renminbi 128, 131 ff.
Reziprozität 145
Russland 15, 22, 38, 71, 85, 89, 98, 109, 131 ff., 144, 147 ff., 169, 175 ff., 184 ff., 196, 204, 218, 221, 230 f., 238 ff., 247 ff., 263, 268, 271

S
Samsung 120
Sanktionen 47, 74, 84, 118, 127 f., 131 ff., 142 ff., 156, 169, 178, 184, 243, 253, 257, 260, 266 ff.
Schuldenfalle 99
SDGs (Sustainable Development Goals) 228
Selenskyj, Wolodymyr 144, 176
Seltene Erden 14, 195, 202, 206 ff., 264
Shanghaier Organisation für Zusammenarbeit 132, 184, 231, 240
Shenzhen 76, 150, 223
Solarenergie 89, 206 f.
Sowjetunion 40 ff., 48, 55, 84, 135, 175, 178, 242, 250
Staatskapitalismus 16, 225, 264
Südchinesisches Meer 28, 157, 161 ff., 180
Südostasien 161, 230
Systemwettbewerb 21, 38, 46, 214, 218 ff., 231, 237, 241, 244, 251, 265, 269, 293

T

Taiwan 14, 28, 88, 118 ff., 123, 141, 153, 157, 161, 165 ff., 179, 232, 246, 251, 254
Technologietransfer 90, 111, 138, 144
Tech-Sektor 61
Telekom 27
Tencent 60 ff., 106
TikTok 62, 159
Trump, Donald 49, 92, 111 ff., 136 ff., 170, 189
Tsai Ing-wen 173 ff.
TSMC 120, 123
TTC (Trade and Technology Council) 142
Twitter 62

U

Uiguren 28, 74, 156
Ukraine 15 f., 25, 71, 84, 109, 118, 132 f., 136, 143 f., 153, 167 ff., 173, 177 ff., 184 ff., 196, 203, 229, 243 ff., 258, 269 ff.

V

Versammlungsfreiheit 223 f.
Verteidigungsstrategie 146
Volksbefreiungsarmee 45, 80, 148 ff., 165, 170 f., 175 ff., 181 ff.
Vučić, Aleksandar 70, 141

W

Wang Yi 246
Weltraum 105, 152 f., 185
Windenergie 92, 205 ff.
Wirtschaftsmacht 43, 110, 226, 256
Wirtschaftspolitik 23, 41, 82, 129
Wirtschaftswachstum 36 ff., 44 ff., 62, 78, 192
»Wolfskrieger«-Diplomatie 143
WTO 50 f.

X

Xi Jinping 16 f., 23 f., 27 ff., 41, 49, 52 ff., 64, 68 ff., 93 ff., 104, 112 ff., 124, 129 ff., 135 ff., 144 ff., 157, 161, 165, 178 f., 188 ff., 197 ff., 218 ff., 225 ff., 234, 239, 244 ff., 254 ff., 266, 271
Xinhua 236
Xinjiang 28, 70, 73 f., 142, 156, 184, 242

Y

Yan'an 83

Z

Zeitenwende 48, 256, 263
Zentrale Militärkommission 29, 149, 154
Zhao Ziyang 44 f.
Zhou Yongkang 55
Zusammenbruch der Sowjetunion 135, 175, 178

Showdown in der Weltpolitik

Elmar Theveßen
Kampf der Supermächte
Amerika und China auf Konfrontationskurs

Piper, 336 Seiten
ISBN 978-3-492-07300-4

Joe Biden richtet die USA auf einen großen Konflikt mit China aus, es geht um nicht weniger als um die Vorherrschaft in der Welt. Das Buch analysiert den Wettlauf der Weltmächte, der sich durch die Ukraine-Krise dramatisch verschärft hat und in einen viel schlimmeren Krieg ausarten kann. Die alte politische und wirtschaftliche Ordnung der Welt wird vom autoritären Regime in Peking angegriffen und droht zu zerbrechen.

PIPER

Leseproben, E-Books und mehr unter www.piper.de